Biblioteca Era

Guiomar Rovira

◆

Mujeres de maíz

Guiomar Rovira

◆

Mujeres de maíz

Ediciones Era

Primera edición: 1997
ISBN: 968-411-395-1
DR © 1996, Ediciones Era, S. A. de C. V.
Calle del Trabajo 31, 14269 México, D. F.
Impreso y hecho en México
Printed and made in Mexico

Índice

A Jesús, por ese amor que nos desborda y que es la vida

Introducción: De pedazos de corazón está poblada la selva

Un frío paralizante recorre el cuerpo. Subimos a los Altos de Chiapas, empiezan a asomar los geranios de las vestimentas zinacantecas. Frío y silencio. Seguro caminar de pies descalzos, manos vacías palpando el aire convertido en espesa bruma. El misterio lo invade y lo engulle todo en esa masa informe y lechosa que apela a los anales del tiempo. Imperturbables, dueños de la niebla y de la paciencia infinita, los indígenas siguen caminando, parte misma de una niebla de siglos que arrastran sobre sus lomos.

Conforme caminan, las mujeres de colores van abriendo una senda, encontrando a cada paso dónde poner el otro. Viejo, encallecido y femenino, el pie derecho sigue al izquierdo. Atrás y adelante sólo hay nubes espesas. Danza de espectros que ahora trazan una ruta. Tras de ellas, la nada. Por delante, la esperanza.

Como una flor que brota y rompe el capullo para ofrecer a la vida fragancias y colores, la ilusión y los sueños se cuecen en el comal de las tortillas, se hinchan, se doran y se comen. Pasan luego a la sangre y de la sangre a los hijos y al futuro. Un futuro que florece en la fuerza para ser mejores y en la obstinación de una lucha.

Una comunidad indígena en la densidad de la selva Lacandona, territorio zapatista. Entramos en la choza de nuestras amigas. El fuego del fogón es más chico que el fuego del reencuentro. Abrazos, risas. Cada una de nuestras amigas, delgadísimas y chiquitas, cabe en mi pecho como si yo fuera hombre. Doña Teresa nos sonríe y dice: "Sabíamos que iban a llegar hoy ustedes. Esta tarde había una mariposita blanca volando y volando aquí en la cocina alrededor de nosotras". La mariposita había avisado a esta mujer tojolabal que llegaríamos. Teresa es ya bisabuela y tiene el pelo cano y apenas unos tres o cuatro dientes. Es mujer verdadera, sabia, recta y digna. No deja que ninguna de las muchachas de su familia vaya a la ciudad de sirvienta. Ella es la partera del pueblo desde hace cincuenta y cinco años, cuando llegaron aquí a poblar la selva.

A la mañana siguiente, Teresa se aleja al monte con un hacha por leña que traerá cargada de la frente. Mientras, sus hijas matan un pollo escuálido. Es para nosotros. Es su forma de corresponder a nuestro "no están solos". Es la alegría de dar cuando nada se tiene. Es la ilusión de compartir, de buscar compañía, puesto que ellos, dice la bisabuela, no quieren nada para sí. "Todo es a nivel nacional", exponen con convencimiento.

Queda claro. Degustamos el caldo como un elixir de amor que nos hará invencibles por un día, el caldo es la pócima mágica que conjura el olvido. Este pueblo, estas mujeres, este sentimiento, pasará ya a formar parte indeleble de nosotros como la leche materna. Por supuesto su huella es mucho más grande que la de las magdalenas de Proust: aquí sería el caldo en busca del tiempo encontrado y del tiempo por venir. Mojado con tortillas, sol de la esperanza, y sal, la sal de la tierra.

"Chenek", frijoles. "Uha", tortillas. "Nolob", huevitos. "Mojbactik", somos compañeros. Recibimos clases de tojolabal en un lugar remoto, en una cañada de la selva. Empieza el intercambio. Yo soy de más allá del mar. Qué es el mar. Es una gran extensión de agua, así como era La Realidad cuando llegaron a poblar, una gran laguna, pero mucho más grande, no se ve el fin, no hay tierra, sólo hay agua y más agua, ni un árbol.

—¿A poco...?

La conversación termina con el cuerno que llama a la reunión.

—Con permiso, compañerita, hay junta.

Todos se alejan, quedamos solos bajo la ceiba centenaria. La ceiba que agarra la tierra y mantiene unida con sus raíces la bola del mundo. La ceiba entre cuyas ramas se descubren las estrellas por la noche y los pájaros en el día.

Aquí las mujeres no hablan español. Pero nos entienden. Sólo llegar, tras doce horas de camino, hemos visto pasar a tres de ellas con unos pollos degollados. Una vez más nos ofrecen lo que no tienen, o lo mejor de sí mismos. Horas más tarde hemos degustado la carne tirante del pollo flaco. Frijoles, chiles, tortillas y té de limón, ya se acabó el café. Terminamos el banquete, algunos sobrecogidos, otros displicentes, como en un restaurante. Somos trece periodistas. Recojo los platos y junto los huesos. "Para algún perrito", les digo a las señoras que no han dejado de observarnos. Ellas se mondan de la risa. Yo no entiendo. Luego veré que los huesos los repartirán entre los niños.

"No, no hay paso, no van a pasar hasta que les avisemos." Una mujer indígena con su hijo colgado del pecho, descalza, menuda, con su vestidito de colores, se interpone entre la verja de madera y nosotros, cuatro periodistas. Ella, como zapatista, se encarga esta noche de vigilar el acceso a la fiesta donde los insurgentes bailan.

"Se regresan ustedes", nos dice. Cualquiera discute. El tono de su voz nos pliega. Es una orden. Una orden muy en serio, zapatista. Una orden que choca por quien la dice, una señora con niño, recién salida de la cocina, que apenas habla español, que viste de colores, una mujer que todos pensaríamos que no entiende más que de niños y cocina, a quien hablaríamos de tonterías con una sonrisa boba. Esa mujer que aparentaba ser nadie es la que ahora nos manda y nos obliga a alejarnos rápido, sin rechistar. Ella se queda allí, seria, en la puerta, balanceándose en un pie para dormir a su bebé que le devora el pecho.

La noche cae implacable con toda su oscuridad. No hay corriente eléctrica en este pueblo. Nos retiramos dando traspiés en el lodazal del camino. Luego nos sentamos en una banca de la escuela para contemplar las estrellas. Pasa un enorme cometa hacia el sur. Estamos deprimidos, decido que aunque ya nos digan que sí podemos ir no tengo ganas de ir. Quiero dormir.

En esto la redonda luz de una linterna nos enfoca.

"Vamos a bailar, no estén tristes, ahora vamos a bailar todos." Han pasado casi dos horas. Nosotros, desde la ceiba, escuchábamos de lejos el rumor de la fiesta, la música, los discursos. Nosotros, los periodistas, los excluidos, los únicos humanos que quedamos en el pueblo, todos sus habitantes congregados allí abajo.

Ya no tenemos humor, pero este señor, chiquito, con cara de duende, parece tan feliz de por fin podernos decir que vayamos que quién se niega. Sin rechistar, nos levantamos y lo seguimos.

"No estén tristeando, vamos al baile, ahora van a bailar." La sonrisa y el entusiasmo de él nos empujan. El hombre avanza delante nuestro con la linterna. Lo seguimos silenciosos. Aún tenemos clavada la tristeza. Cientos, miles de estrellas presiden el camino. Las luciérnagas escriben sus mensajes en el aire oscuro.

Todos nos ven entrar, la fiesta ya casi ha acabado, somos los únicos no indígenas. La señora de antes nos sonríe, ahora está sentada entre las demás mujeres. Su bebé descansa en el suelo, tumbado encima del rebozo donde lo llevaba cargado. Entre los pies de las mujeres, debajo de las bancas, descubro a todos los niños del pueblo. Todos están en la fiesta, todos están dormidos.

Una muchacha nos ofrece atole de arroz. Lo sorbemos desde un rincón. Luego voy a saludar a mis amigas. Ya están cansadas, se van a ir a dormir. Los cuatro niños yacen en unos plásticos. Como Rosario está embarazada me ofrezco a ayudarlas cargando a uno de los chiquitos hasta la casa. Me inclino hacia adelante. Ruth me pone el chiquito en la espalda, luego me alcanza el rebozo para que lo ate. Pero yo no sé qué hacer con esa tela. Todas las mujeres se han girado y se ríen. No sé cargar niños. No sé si debo hacer el nudo por encima del hombro o por debajo. Por fin Ruth me lo compone. Yo me yergo con cuidado, poniendo las manos atrás, con la sensación de que el niño caerá. Eso causa el regocijo general. "¡Que no se cae!"

Avanzamos por la noche en fila india, Felisa carga en su espalda al Clinton, Ruth a la Yoli, Berta al Ángel, yo al Donai, Teresa las cosas y Rosario su panza. Hay mucho lodo y sólo una linterna. Llegamos a la choza, Teresa agita el fuego del comal y una pequeña llamita rompe la oscuridad. Las mujeres tienden a sus niños dentro de la choza dormitorio de pocos metros cuadrados y una sola estancia. Los chiquitos duermen todos en el suelo, ellas en unas maderas y Rosario y su marido en otras. Amontonados. "Es la pobreza", mascula Ruth, fumándose un cigarro y mirando a lo lejos, perdidos los ojos, cansada. Me pone la mano en la espalda.

Como dice Eduardo Galeano, son hombres y mujeres que me aumentaron el alma.

I. Dos mundos en el mismo mundo

Chiapas, en los albores del año 2000, cuenta con miles de personas sometidas a un régimen de pobreza y sufrimiento escalofriante. Los más de quinientos años transcurridos desde que los españoles pusieron sus pies en estas tierras han dejado un saldo ensombrecedor. Quienes pagaron con el despojo el "encuentro" entre dos mundos fueron las culturas del mundo de este lado, las otrora ricas civilizaciones de Mesoamérica.

Pero ahí siguen. Por las montañas de Chiapas, por los valles, por las selvas, pueden apreciarse los colores de las ropas de sus mujeres.

Han sido muchos años de resistencia. De hecho, muchas de ellas ni siquiera hablan español, conservan los derivados del maya. Han mantenido la lumbre de sus antepasados. Pero a qué precio. Jamás han ido a la escuela, jamás han conocido un médico, han parido hijos en el lodo y los han visto morir de hambre, de explotación, de miseria.

Como una figura mítica, emblema de la paciencia, la mujer sigue bordando flores en sus ropas tradicionales, llenando de alegría roja, azul, amarilla, la tierra chiapaneca, convertida en parte integral del paisaje, ensimismada.

En 1994 llegó la hora de despertar. Como diría una muchacha, "a nuestra gente cada tanto le toca morir para seguir viviendo". No podía ser más que un despertar violento. Poco a poco la mujer indígena va levantando el rostro de la tierra, mira a su alrededor, se sobrecoge, se repliega, se rebela, cae y vuelve a levantarse. Siente que una semilla anidó de improviso en su corazón, la esperanza.

El zapatismo trajo consigo una toma de conciencia de la realidad. "Es verdad que estamos aplastadas", dicen ellas ahora. "Nosotras, en el olvido del olvido, ni cuenta nos habíamos dado. Ahora empezamos a hablar, a decir nuestra palabra. Ahora al menos sabemos cómo estamos de aplastadas."

La palabra retomada, la palabra convertida en lento despertar, la palabra conjurando dolores y sufrimientos, la palabra arma, la palabra fuego, la palabra cambio.

"El camino está abierto ya", afirmaría la abuela tojolabal Trinidad, convertida por azares del destino en comandante del EZLN. Desde el mismo corazón de la permanencia, las indígenas aportarán la voz enmudecida de un pueblo, de sus luchas y sus anhelos, de sus formas de resistencia, sus odios, amores y carencias. Chiapas 1996. Las mujeres siguen casándose a los trece años, son vendidas por unas botellas de aguardiente o unas cajas de refrescos o una vaca. Empieza un nuevo día. La escritora Rosario Castellanos se inclina sobre la bola de cristal y sube a los parajes de San Juan Chamula. Ella describe las primeras horas de la madrugada: "A tientas las mujeres se inclinan y soplan la ceniza para desnudar el rostro de la brasa. Alrededor del jacal ronda el viento. Y bajo la techumbre de palma y entre las cuatro paredes de bajareque, el frío es el huésped de honor".

Guiándose más por el tacto que por la vista, la mujer prepara desde temprana hora las tortillas y el pozol para el marido y los hijos. Cuando amanece, ella ya lleva cuatro horas despierta. La luz empieza a penetrar por entre los tablones del jacal, que se descubre ennegrecido, impregnado de humo.

Prosigue Rosario Castellanos con otra imagen, las indias en San Cristóbal: "Iba con su fardo a cuestas, enmedio del arroyo, porque a las personas de su raza no les está permitido transitar en las aceras. Turbada por el gentío, aturdida por el lenguaje extraño que le golpeaba los oídos sin conmover su inteligencia, maravillada y torpe, avanzaba Marcela".

Las muchachas jóvenes ya con hijos, descalzas, con la marca de la miseria en la mirada. Y luego el azote de la belleza de sus rostros abiertos, sus bordados de colores, de flores... Poseen aún los hilos de la ilusión aunque la historia ha sido, en estos lares y para ellas más que para nadie, un Oficio de Tinieblas.

Sin entender castellano, las indias abordan las calles de la ciudad con sus trenzas negras, sus lazos y rebozos. Las niñas hacen lo mismo. Van en grupito y exponen a los turistas sus pulseras de hilos, sus muñequitas de barro, sus prendedores de pelo, animalitos miniatura, zapatistas de trapo. A veces, el periplo de las tzotziles con su mercancía acaba en tragedia. Las hacen pasar al traspatio de la casa y allí las fuerzan o les pegan o les roban. Nadie va a reclamar por ellas y sin hablar español van a ser incapaces de defenderse. Cuántos señores de San Cristóbal no habrán gozado hasta hoy de la violación de las indias.

La esencia de la conquista dejó el vicio de creer en una superioridad "natural" otorgada ni más ni menos que por una instancia legitimadora sobreterrena, el Dios cristiano. Las mujeres indígenas parieron esclavos, hijos a los que no poder alimentar, hombres que sufrirían el látigo de los patrones blancos, que serían aniquilados por multitud de enfermedades, que se verían obligados a embrutecerse, a negarse a sí mismos, a olvidar su cultura y tradiciones, a volverse locos. La lógica de la enajenación, de la irracionalidad vuelta contra uno y su pueblo.

Pero los caminos del devenir histórico son insondables. Y las veredas de la esperanza son las más recónditas, las menos accesibles, son como raíces que anidan en la tierra y forman una red compleja. Y crece el árbol de la vida. Y a cada fracaso sigue un anhelo de victoria en el futuro, en las generaciones por venir.

Y a pesar de todo lo adverso en sus existencias, las indígenas enseñaron a sus hijos e hijas a gozar del sol de la mañana, a amar la vida, a dar gracias a la tierra, a la lluvia, a los astros.

Son las mujeres y hombres de maíz.

Y algo se rompió en esa inamovible escena de los siglos. El 1° de enero de 1994 esas mismas mendigas, esas vendedoras miserables, esas tzotziles guardadoras de rebaños, tomaron ciudades. San Cristóbal recibió una sacudida tremenda, los indios se habían rebelado y allí andaban. Largas trenzas abundantes se esparcían sobre las camisas café del uniforme, bajo la gorra. Pantalones negros y botas. Eran las insurgentes, con la mirada segura, ya no la mirada huidiza o suplicante de la india en la ciudad.

Las milicianas, con el uniforme verde y café, se amontonaban a un lado del pórtico del palacio municipal, como sus compañeros, jóvenes vestidos igual que ellas, con armas, igual que ellas, indios al fin y al cabo, igual que ellas. "Somos soldados del Ejército Zapatista de Liberación Nacional. Luchamos por nuestro pueblo, para que haya un mejoramiento."

La radio ofrecía su mensaje. Entre cánticos revolucionarios, se anunciaron las leyes de guerra del EZLN. La Ley de Mujeres dejó a más de uno de piedra.

El levantamiento indígena de 1994 en ningún momento se vengó del agravio de quinientos años de etnocidio. Al revés, el zapatismo propuso la conciliación de todos los mexicanos. Con las armas en la mano, dieron prioridad a la palabra, "la voz de los sin voz". Y para sorpresa de todo México y el mundo, ese "¡Ya basta!" traía lecciones de dignidad, maneras de entender la vida y la sociedad más generosas, más democráticas, más humanas.

Y en los resquicios de "el hablar armado de los más pequeños y olvidados" surgieron los susurros, la palabra de las más pequeñas, las más olvidadas dentro de los olvidados, las mujeres indígenas de Chiapas. Y ellas contaron su lucha, su sufrimiento, su orgullo, sus esperanzas.

Hablaron y hablaron y hablan. Y ya nada las podrá callar. Sus voces despertaron a otras, indignaron a muchas, espantaron a unos cuantos, fueron menospreciadas en muchos casos. Pero se oyeron. Y aquí están.

LAS INDIAS, MÁS DE MEDIO MILENIO DANDO A LUZ MUERTE Y EXPLOTACIÓN

Rosario Castellanos narra en su novela un hecho acaecido en una finca entre una patrona blanca y una mujer india. Este relato sirve de parábola de los quinientos años de colonización.

"–Cuando Idolina nació yo no tenía leche. Me exprimieron los pechos, me hicieron tomar pólvora disuelta en trago... Y todo inútil. La niña estaba ya ronca de tanto llorar. Tenía hambre y yo no pude darle de comer –Isabel se pasó ambas manos por el pelo como para alisarlo–. Vivíamos en la finca de mi primer marido. Hasta el quinto infierno. Allí nos acorralaron las lluvias y me llegó la hora del mal trance. Primeriza, sin nadie que me aconsejara, tuve que arreglármelas lo mejor que pude. ¿Un médico? ¡Ni soñarlo! Entre la indiada hay comadronas con experiencia y alguna me atendió. Salí de mi cuidado sin mayores tropiezos. Las dificultades comenzaron después. Idolina lloraba de hambre... Supe que allí cerca había una recién parida como yo: Teresa Entzin López. Mandé que la trajeran. Le ofrecí las perlas de la virgen para que sirviera de nodriza a Idolina. No quiso. Era flaca, entelerida. Alegaba que su leche no iba a alcanzar para dos bocas. Hasta se huyó de la finca. Pero yo di órdenes a los vaqueros de que la buscaran. Batieron el monte como en las cacerías. Hallaron a Teresa zurdida en una cueva con su criatura abrazada. No hubo modo de llevarla a la casa grande más que arrastrándola [...]

"–¿Y Teresa consintió en quedarse?

"–¡Qué iba a consentir! Tú me buscaste el genio, le dije. Ahora nos entenderemos por las malas. En la majada de la casa grande había un cepo. Allí la tuve, a sol y sereno. Y ella nos engañó a todos. Para que la soltáramos se fingió conforme con lo que se le mandaba. Después descubrí que le estaba mermando la leche a Idolina para dársela a su hija. Tuve que separarlas [...]

20

"–¿Y la otra criatura?

"–Murió [...] ¿Y por qué no iba a morir? ¿Qué santo tenía cargado? Teresa no es más que una india. Su hija era una india también."

LAS RAÍCES

Hubo un tiempo antiguo, "tiempo todavía sin tiempo", dicen los choles, cuando el mundo fue formado en esta oscuridad líquida por el padre-madre, antes aún de que el sol fuera a su vez concebido. Con la llegada de los españoles Dios dejó de ser dualidad masculina y femenina, y pasó a ser uno, único y macho, el Padre. Y jamás a partir de entonces una mujer ocuparía un lugar igual al hombre.

Anteriormente, en varias de las grandes dinastías mayas hubo mujeres que ocuparon el puesto máximo de poder político y religioso. Palenque –donde ahora prevalecen unas de las más importantes ruinas de ese pasado– tuvo reinas antes de tener reyes y en todos los bajorrelieves se puede observar cómo los reyes sucesivos tratan de arreglárselas con ellas. Incluso una mujer de la dinastía de Palenque fue reina de Copán en Honduras.

Con la cristianización, todos los cultos autóctonos fueron perseguidos. Un régimen patriarcal absoluto se impuso. La tradición oral maya describe bien lo que hicieron los conquistadores: "Para que su flor viviese dañaron y sorbieron la flor de nosotros". Esa flor puede asociarse a la mujer, la madre, la esencia, la vida dentro de la vida.

El historiador Jan de Vos hace una reflexión que nos abre las puertas a entender la tragedia real del "descubrimiento de América" en sus dimensiones humanas: "¿Qué sintieron y pensaron los indios –y a esto agreguemos las indias– al ver llegar a los primeros conquistadores y ser sometidos –violadas– por ellos? ¿De qué manera se las arreglaron para suavizar el impacto de las enfermedades, del trabajo forzado, del tributo de guerra, de la derrota moral, del silencio de sus dioses, de la aparición de nuevos cultivos y de animales domésticos desconocidos?"

La historia a veces sólo puede ser contada con interrogantes. ¿Era una maldición divina, un apocalipsis? Los dioses que habían venerado los habían abandonado o eran inferiores al dios de los blancos españoles. "El embate iconoclasta nunca antes visto en tierras chiapanecas debe haber causado entre los indios un impacto descomunal porque al caer templos y esculturas cayeron también los dioses que los moraban", dice Jan de Vos.

21

No obstante, como señala García de León en su libro *Resistencia y utopía,* el papel de las mujeres en las culturas antiguas no quedó del todo borrado. Y ellas reaparecieron en cada brote de inconformidad indígena: "Las antiguas sacerdotisas, importantes en la religión, hablaron ahora por la boca de las imágenes sagradas de las vírgenes o de las mujeres elegidas que desde la conquista dirigieron o aconsejaron las grandes sublevaciones".

Tres fueron las grandes sublevaciones indígenas en Chiapas: la de los chiapanecas y zoques de 1532 a 1534, la de los indios de Cancuc y demás pueblos de la provincia de los zendales en 1712 y la de los chamulas en 1869-1870. En todas ellas había una mujer encabezándolas.

La resistencia de los pueblos mayas sería secreta y soterrada. En las manos de las mujeres estaría salvaguardar la lengua, los ritos, las tradiciones, las costumbres que heredarían a sus hijos e hijas hasta hoy. Les tocó a ellas, porque los hombres tuvieron que salir, buscar trabajos, enrolarse, aprender español, abandonar el hogar, mientras ellas, sumidas en la miseria, mantenían allí la lumbre de lo permanente.

Jan de Vos señala en su libro: "Los universos en donde esta estrategia –la resistencia velada– dio mejor resultado fueron el hogar y la milpa, los dos lugares más fáciles de defender de la intromisión de los clérigos y jueces. Las dos corrientes más ricas de tradición india se transmiten en el seno de la familia gracias al cuidado de las mujeres y por medio del trabajo campesino a cargo de los hombres".

Siempre hay mujeres hacedoras de la historia. En 1813, cuando el primer brote de insurgencia hace repicar las campanas de San Cristóbal, las monjas de la Encarnación son acusadas de complicidad con los rebeldes. En la guerra de la independencia, la heroína Josefa Ortiz de Domínguez tuvo sus homólogas entre las mujeres de la parroquia de Comitán. Durante la denominada "Noche Terrible", del 22 al 23 de octubre de 1863, cuando los conservadores invaden la ciudad de San Cristóbal, las mujeres solas son las protagonistas de una revuelta ante la ausencia de sus hombres, sometidos a la leva forzosa. Los conservadores incendiaron el palacio municipal y las mujeres respondieron saliendo a las calles, tomando la cárcel y empujando a los soldados fuera de la ciudad. El antropólogo Andrés Aubry explica: "Rebeliones, insurgencia, guerra de la independencia, guerras de reforma, la noche terrible y ahora... En cada periodo de transición, la mujer viene a tomar un lugar".

Una vez conquistado Chiapas por los españoles, Diego de Mazariegos fundó en 1528 la Ciudad Real, ahora San Cristóbal de Las Casas, que es una de las ciudades más antiguas no sólo de México, sino de todo el continente americano. Eran setenta los conquistadores que la moraban y debían organizar su defensa porque en todas las montañas aledañas estaban los indios, enemigos potenciales e invisibles. Crearon un escudo humano regalando tierra a sus aliados de guerra de otros estados, y así surgen los barrios de la ciudad, alrededor del centro. En cuanto terminó el trazado urbano, en 1529, hubo un acuerdo del Cabildo y una comisión se fue a México. Su objetivo era conseguir que se autorizara la importación de doscientas mujeres indígenas de otros lares.

Desde entonces y en adelante, el excedente de población femenina caracterizó a la ciudad. Para las que no encontraban marido o aquellas que estimaban que no había esposo de su rango, se construyó el convento de las monjas en 1595.

Después, en 1712, se hizo la Casa de Recogidas Santa Rosa de Viterbo "para mujeres públicas y escandalosas". La prostitución era la única salida para muchas mujeres solas. "Los domingos, los frailes se iban a cantar el rosario por las calles para espantar a las prostitutas", explica el antropólogo Andrés Aubry.

En el siglo XVIII el número de hombres viudos era muy reducido, en cambio en los archivos municipales se registraron siete y ocho veces más viudas. Las mujeres abandonadas, que eran muchas, se declaraban como esposas de difunto en las estadísticas oficiales.

En 1778 hay trescientas sesenta y cinco hijas y sólo ciento sesenta y tres hijos registrados en los censos, lo que indica que los varones están fuera en el campo y que la ciudad está llena de mujeres.

Los hombres partían a las fincas temporadas enteras, a las guerras, a otros estados a buscar trabajo, eran víctimas de enfermedades, cárceles y enganchadores. La diferencia entre los dos sexos es directamente proporcional a la pobreza: es mínima entre los españoles y mayúscula entre los indios, con setenta por ciento de población femenina.

No obstante, también los grandes señores estaban ausentes, iban a vigilar sus haciendas, a controlar las propiedades rurales. Las mujeres quedaban a cargo de la ciudad, la casa y los hijos. De ahí surge el mito de la "mamá grande" coleta, la matriarca que contra viento y marea levanta la familia.

Muchas veces el marido nunca regresaba. Las madres se veían abocadas a ejercer oficios como el tristemente célebre de "atajadora de caminos". Las coletas se apostaban en las entradas de la ciudad para interceptar a las indígenas que bajaban con sus fardos de productos al mercado. Les robaban la mercancía o les daban una cantidad irrisoria de dinero que arrojaban al suelo.

Durante varios siglos, San Cristóbal ofreció una situación cómoda para los hombres. Por porcentaje les correspondían varias mujeres, podían cambiar, gozar de queridas... Y como dice la antropóloga feminista Dolores Juliano, por cuestiones demográficas las hembras desarrollaron una cultura de concesión. Con tal de ganar y no perder al hombre, necesario para la supervivencia, ellas se sometían a sus designios y acataban su voluntad, renunciando a buscar un plano de igualdad.

ALGUNAS MUESTRAS DEL ARCHIVO HISTÓRICO

Las denuncias de malos tratos y los litigios entre consortes que Angélica Inda recoge en el Archivo Histórico Diocesano de San Cristóbal de Las Casas dan una idea de cómo hombres y mujeres entendían sus relaciones y por tanto las usanzas y los límites en los compromisos maritales.

Juana Mandujano exponía en el siglo XVIII la siguiente queja: "Como hase el tiempo de catorse años de haver contribuido estado de matrimonio con mi conzorte Pablo Gómez quien me ha maltratado grandemente en varios términos, pues haora cumplira quatro años que de tantas patadas que me dio aborte una Chriaptura de quatro meces. Pues todo esto rezulta de tener mi espozo un concumbinato que hase el tiempo de diez años con un Muger Soltera llamadase Juana Ortega con quien ha tenido quatro hijos, y por esta he esprimentado tantisimos trabajos, desnudeces, pues todo cuanto adquiere mi espresado esposo se lo da la regerida muger, sin darme a mi ni un medio real para mantenerme con las Chriapturas que obstengo, pues del dia a la noche me hayo en un puro travajo para adquirir mi manutención necesaria, pues este hombre solamente cuando salgo con bien de mis partos me da quatro pesos, y ya no save de otras cozas".

Juana Mandujano denuncia también que en el rancho su esposo tiene otra concubina "pues con mi hija la mando traer a mi Cassa y a Vista de ella tubo sus deleites ymperfectos". Los golpes y malos tratos son práctica habitual del marido de Juana: "pues hasta mis hijos en mi bientre me los quier matar".

Un hombre llamado Manuel Mandujano acude en 1783 a la justicia y denuncia que "hazen dies y nueve dias que se halla apartada de mi mi espos Yrena Ynteriano, sin más motibo que haberla yo regañado y haberle dado dos golpes, por haberme respondido mal".

En 1820 se fecha otro documento de un tal Santiago Piñeyro que también reclama le sea devuelta su esposa, sobre la que reivindica su derecho. El texto de la declaración dice: "Que por haber contenido a mi Esposa en ciertas expreciones impropias del Carácter de una Muger circunspecta, modesta y noble, y por el deceo que tengo de cultibar una Alma viciada con los principios de la educación y reducirla a una política cristiana". Resulta que la esposa de Santiago Piñeyro se refugió en casa de su madre, llevando consigo sus pertenencias. Santiago se cree con derecho a reclamarla y, aunque reconoce que pega a su mujer, explica: "Me harán cargo, es cierto, que maltrato a mi Consorte, mas he apuntado el motivo. A mas de esto e ignoran los que la patrocinan, que todo estado es una cruz, y que cada uno a su vez padesca las molestias que le son consiguientes. ¿No sabran que mi Esposa es mia, con un Derecho perfecto, y que ninguno tienen accion para perturbarme arbitrariamente la pocesion de esta alaja, que la Yga. me la dio por consorte y compañera?"

LAS VIDAS DE LA MUJERES COLETAS

Cuenta la antropóloga Diane Rus que los indios chamulas entienden que hay "xinolanes" (señoras ladinas) y "batz'i anzetik" (mujeres indígenas verdaderas). En las fiestas de Chamula, las xinolanes son representadas por hombres vestidos de mujer que "bailan danzas escandalosas, sexualmente explícitas, en las cuales se mofaban abiertamente de todas las reglas sociales mientras que las chamulas se cubrían apropiadamente la cara con sus chales".

Diane Rus dice de su primer contacto en los ochenta con las coletas: "Nuestras primeras imágenes fueron mujeres envueltas en chales negros, mujeres balanceando canastas y bultos, mujeres empujándose en las calles, para hablar con acento áspero a los vendedores indígenas".

Rápidamente tuvo una imagen clara de la "ladina acaparadora: una mujer pobre del mercado que aguarda en los caminos que van hacia el pueblo y arrebata sus productos a los indígenas indefensos pagando casi nada por ellos".

San Cristóbal era una población enclavada en sí misma. No fue hasta 1948 cuando la carretera panamericana la unió con el resto de México. Sobrevivir no era sencillo.

Diane se dio cuenta de que los estereotipos que se había formado se caían al profundizar en la realidad. La mujer coleta tuvo que trabajar y luchar por sobrevivir con sus hijos, en muchos casos sin la ayuda del hombre. Y Diane Rus se puso a documentar estas vidas.

Como la de Feliciana Bautista, del barrio de Cuxtitali, que le contó que heredó el oficio de su madre: la matanza y la venta de cerdo. Para conseguir el ganado porcino tenían que caminar varios días por veredas y caminos de lodo. Tres mujeres solas, ella, su madre y su hermana. Cada día había que matarlos, limpiarlos y destazarlos.

"Las mujeres sí hacíamos trabajo duro. ¡En ese entonces la muchacha que mataba los puercos era maciza! Se mataban cuatro o seis al día. Y yo, mi trabajo era de lavar las tripas, porque en esos tiempos se pagaba para lavar las tripas."

Pero la carnicería no era su única ocupación: "Ya más grandecitas mis hermanas, ganaba yo de lavar. En ese entonces eran cincuenta centavos la docena de ropa, bien barato. A veces me pagaban pero a veces no me pagaban. Y en ese entonces los pantalones eran de puro lodo. Venían los hombres del camino con el lodo hasta el cinturón".

Carmen Solís Rosales, del barrio de Mexicanos, expone a Diane: "Pues mi historia no es larga, nada más es muy triste, sí, porque tiene el sufrimiento y tiene el trabajo. Con mi madre yo estoy trabajando desde muy pequeña. Tendría yo acaso unos ocho años cuando yo ya sabía vender estos tamales. Fue mi madre quien nos enseñó a nosotros y antes pues fue mi abuelita quien le enseñó a mi mamá. Fuimos ocho hijos, cuatro se murieron, cuatro vivimos. Somos tres mujeres y un varón. Ésta es nuestra historia del trabajo –del puro trabajo–, no hay otra cosa más que el trabajo".

Carmen Solís no se despegó de su madre hasta que ésta falleció. Era la suya un ejemplo de "mama grande" coleta que exigía que la hija más pequeña se quedara para servirla y cuidarla.

La señora Elena Paniagua tiene una tienda surtida de todo tipo de cosas. El suyo es un apellido famoso, su abuelo era un poeta chiapaneco. A pesar de su linaje, le dice a Diane, su vida tampoco parece cómoda: "Empecé a trabajar como niña de doce años vendiendo jabón, vendiendo dulces, vendiendo pasteles, vendiendo ponche, cargando la mesa en mi cabeza, cargando un canasto aquí y otro canasto aquí. Propiamente yo trabajaba todo el tiempo de mi niñez, y la vida fue completamente dura y amarga para mí".

LAS COLETAS ANTE EL CONFLICTO

Hoy en día, algunas señoras de antiguo abolengo de la ciudad se refugian en valores trasnochados, sacan a relucir como trofeos sus certificados de origen, sus apellidos, su estirpe y árbol genealógico. El alzamiento zapatista ha conmovido el inmutable orden de las cosas de cinco siglos. No pudiendo aceptar que los indios tienen iniciativa propia, los coletos buscan en los extranjeros, las familias de izquierda o el obispo Samuel Ruiz el origen de la sublevación.

Los primeros días de la guerra, algunos sectores no dudaban en afirmar que el movimiento zapatista era extranjero porque no podía ser que en él hubiera mujeres indias de las de allí, siempre tan sumisas.

Marta Figueroa, abogada mestiza, también se sorprendió frente a las zapatistas: "Cuando viene el 1° de enero, voy al parque a ver qué necesitan, cuántos son y de qué tamaño voy a hacer la olla de café. Cuando los vi armados y uniformados la sorpresa fue mayúscula, pero ver a estas mujeres vestidas de militar sin perder su identidad fue lo más impactante, llevaban sus moños, sus prendedores, aretes, collares... Decían además que eran más fáciles las actividades militares que las domésticas de una indígena".

Ante la evidencia de que los artífices del desmán no eran "extranjeros perniciosos", las clases pudientes de la ciudad arremetieron contra el obispo Samuel Ruiz.

Las manifestaciones de los "auténticos coletos" en su contra se recrudecieron en febrero de 1995. En ellas, las acomodadas señoras de la ciudad y sus maridos no dudaban en enarbolar pancartas como: "Violación masiva contra Ofelia Medina y Marisa Kramsky".

Marisa, luchadora social cercana a la diócesis y al gobierno de transición de Amado Avendaño, asumió la agresión con sentido del humor: "Bueno, compañero, a ti te perdono el IVA" (de la violación más-iva).

Ofelia Medina, la actriz que ha acompañado constantemente a los niños indígenas de la selva con un fideicomiso, sufrió repetidas veces insultos y fue expulsada de un restaurante por una propietaria "auténtica".

Las indígenas que acudieron a encuentros y convenciones en la ciudad fueron rechazadas en los hoteles donde tenían reservadas habitaciones por el mero hecho de "ser indias" y por tanto huéspedes indeseables.

El odio del mestizo hacia el indio tiene unas raíces profundas y complejas. Se finca en las historias contadas de padres y madres a hijos, en la dureza que implicó para los conquistadores someter estas tierras y en el provecho que sacaron de sus gentes. Para justificar su brutalidad, los blancos sólo esperaron alguna respuesta brutal de sus atacados para volverlos a someter.

La conciliación de las razas es muy difícil. Los prejuicios anidan en el inconsciente colectivo y tienen quinientos años de raíces.

Marisa Kramsky es una coleta que ahora está del lado de los indios. No obstante, ella misma dice: "Los compas me llaman patrona en rebeldía". Por el mismo hecho de ser hija de la sociedad ladina de San Cristóbal, Marisa es una patrona, de niña fue atendida por sirvientas indígenas. Nieta de alemanes, Marisa, de treinta y nueve años –en 1995–, ha roto todas las expectativas de comportamiento que por origen y condición le correspondían. Desde los trece o catorce años, encerrada tras los visillos de la sociedad ladina, se dio cuenta del racismo. A los veintidós, Marisa dejó su casa: "Eso era visto como imposible, mi familia era mal vista; cómo una niña de sociedad se va de casa sin casarse, yo era hija del diablo. En el fondo me tenían por rara, por loca. Más adelante me casé y después me divorcié y eso fue aun peor de mal visto, que una mujer divorciada se quedara fuera de la casa de sus papás es que se quedaba en un burdel".

Marisa, dadas las presiones sociales y las contradicciones que la aquejaban, era una fotógrafa que cayó en un proceso de depresión personal. Hasta que a los treinta y tres años rompió otro tabú y tuvo un hijo sola.

"Yo resurgí el 1° de enero, había estado un poco muerta, poco participativa en movimientos o luchas. Con los zapatistas vi que tenía que participar plenamente, sin medidas, aunque dé la vida. De repente sentí que brincaron cinco siglos. Fue algo muy bonito. Bueno, chingao, si no estoy sola, no soy yo el mundo. Descubrí que al trabajar por los demás trabajas para ti mismo. Mi hijo Ismark ama a los hermanos indígenas. La última vez, en el diálogo de San Andrés, la comandante Andrea lo abrazó de una manera tan bella. Además, él dice que Tacho es su amigo. Ismark ya es parte de este cambio, en el fondo también estoy en esto por él, por mi hijo." Marisa reconoce: "Los coletos, aunque me odian, en el fondo me admiran. Cuando están bolos me abrazan, me besan, porque en el fondo quisieran tener ellos ese cambio en su vida como yo, pero su educación no se lo permite, la educación es tan represiva que no hay chance, se vive el racismo: desde chiquitos, lo comemos, no se te quita, te educaron para que te sirvan".

Profunda conocedora de la sociedad de la que emana, Marisa distingue entre diversos tipos de "auténticos coletos" –la derecha local–: "Hay auténticos genuinos con nexos con el PRI, son muy finos. Luego están los auténticos de clase media, comerciantes y hoteleros que lo único que les importa es su economía. Y luego están los auténticos coletos madereros, poseedores de ranchos, de origen humilde pero con dinero, con sangre indígena en las venas de la que reniegan. Son los peores, son explotadoies, se lo deben todo económica y moralmente a los indios, por eso son agresivos. Son los del Frente Cívico de San Cristóbal, los que hacen volantes con lenguaje sucio y amenazador. El temor que tienen es lo que los une, por eso tienen tanto odio al Tatik".

¿Y las mujeres zapatistas? Marisa responde: "No soy feminista ni me verás en grupos de mujeres, pero yo siempre he admirado a la mujer indígena, porque a pesar de ser muy sometida es muy valiente, valerosa. Fui a preguntar si querían comida y el mando era femenino, eso me gustó mucho".

Desde entonces Marisa ha dedicado su vida y energía a luchar por una solución pacífica y justa al conflicto armado. Y, como ella, muchísimas mujeres no indígenas, más que hombres, han abandonado todo para aportar su granito de arena en la construcción de un México nuevo.

Conforme pasaron los meses, la participación femenina destacó en Chiapas de forma relevante. Los cinturones de paz de la sociedad civil, las observadoras internacionales, las muchachas de las caravanas, las que acudieron a los campamentos civiles en la selva Lacandona... eran y son en su mayoría mujeres. El Grupo Rosario Castellanos, de mujeres de la ciudad de México, tuvo presencia constante en el devenir de los acontecimientos. Individualmente, muchas jóvenes y adultas cambiaron sus vidas y encontraron en el despertar indígena su propio despertar.

Pero no las traía a Chiapas una conciencia feminista. Nada tenía que ver. Tampoco una concepción ideológica muy definida y acabada. Simplemente, la mayoría de mujeres estaba "porque hay que estar", "porque nos gusta", "porque el zapatismo nos movió algo dentro".

Tessa pregunta: "Me gustaría saber por qué este movimiento ha atraído a tantas mujeres. Quizás será porque no hay nada que ganar..." Luego divagamos. Quizás sea porque aquí no hay grandes teorías que sustentar, argumentar, justificar, no hay grandes arengas que dar, nadie se va a hacer famoso, simplemente hay trabajo y sentimiento. Aquí, junto a los zapatistas, se engrandece el corazón pero no el ego, comenta una muchacha de una ONG.

Encontrar una respuesta adecuada precisaría de un profundo análisis sociológico e incluso psicológico.

LOS MALOS TRATOS Y LA AGRESIÓN SEXUAL

Concepción Villafuerte es auténticamente coleta, nació en la ciudad hará medio siglo. Se casó con Amado Avendaño, un abogado que luego sería gobernador en rebeldía, y juntos crearon un periódico local en 1967, que los zapatistas y la guerra harían famoso décadas después, *El Tiempo*.

El Tiempo sirvió siempre de plataforma de denuncia de injusticias y violaciones a los derechos de los indígenas. Conchita, la directora, dedicó también muchos años al tema de las mujeres.

"Yo me di cuenta de que violaban a las mujeres en una ocasión cuando unas extranjeras sufrieron un atentado y violación. Eran unas turistas. Las acompañé a poner la denuncia y vi el comportamiento de la autoridad tan déspota. A partir de entonces empecé a publicar en el periódico todos los ataques y maltratos de mujeres. Además yo las acompañaba a presentar la queja al ministerio público. Empecé a agarrar una experiencia muy desagradable porque veía que la ley, es buena la ley, castiga a los agresores, pero la aplicación de la ley contrasta con lo que dice, hay una serie de artimañas que utilizan siempre para proteger a los culpables."

Concepción se reclina en el sillón de su casa-redacción-de-periódico-oficina-de-gobierno-rebelde y suspira. No fue hasta la violación de una profesora de la universidad que las mujeres de San Cristóbal dijeron ¡Basta! Y organizaron el 10 de mayo de 1989, en vez de un festival tradicional del Día de la Madre, una marcha contra la agresión sexual.

La abogada Marta Figueroa también estaba allí: "Marcharon más de doscientas mujeres, también ancianas, la convocatoria incluyó a las comunidades eclesiales de base, lo cual es un verdadero acontecimiento en una sociedad tan conservadora. Ciento ochenta y seis firmaron una carta en la que se reconocen agredidas sexualmente. 'A poco a esta viejita también se la violaron', decían algunos. A partir de esa experiencia se formó el Grupo de Mujeres de San Cristóbal".

El gobernador de Chiapas en aquel entonces, Patrocinio González Garrido, las recibió. "Le presentamos varias denuncias y él, punto por punto, fue minimizándolo y rechazando todo de una forma machista. Llegó un momento culminante en que a la hora de hablar de la violación sexual, él dijo, ofendiendo a las presentes, que una mujer muchas veces se acostaba con un hombre por su voluntad y que si el hombre no le cumplía lo acusaba de violación, por tanto eso era muy cuestionable."

Las mujeres se sulfuraron. Pero en esa reunión, el gobernador concedió crear una Fiscalía Especial para la Mujer. Marta Figueroa fue nombrada abogada de mujeres y Laura Miranda, la única doctora del grupo, médico legista.

Para Concepción Villafuerte eso representó perder el horizonte: "Las mujeres cayeron en la trampa que todo el mundo cae, en la trampa del gobierno, se burocratizaron, tuvieron que seguir las reglas del juego y cometieron también ellas muchos errores dentro de ese aparato gubernamental hasta que tronaron y ahí se acabó".

Conchita es conocida en todo Chiapas como una hembra de hierro, fuerte, dura, implacable. Tiene fama de bruja, y hasta los que la odian la saludan con respeto al pasar. Lo cierto es que es una mujer de su casa, celosa de su familia, inteligente y con una gran intuición. Ella se queja de que debe atender a su marido, pero no hace nada por cambiar esas reglas. Cuando le pregunto a Conchita cuál cree que es el papel social que juegan las mujeres aquí en Chiapas, contesta con dolor. "Yo digo que las mujeres no jugamos un papel, jugamos un trapo, no tenemos un papel. Hay grupos de mujeres que se asocian con un objetivo justificable ante la imposición como es por ejemplo el trabajo, en las artesanas, en los casos de salud, cosas muy específicas, pero no por una reivindicación de la mujer y mucho menos en la lucha política."

El Grupo de Mujeres empezó a exigir que los juicios fueran privados pero no lo consiguieron. Lo que Conchita ha aprendido en todos esos años es lo siguiente: "La mujer violada es rechazada por la familia en el ciento por ciento de los casos que nosotros vimos, en todas las clases sociales, incluso es culpada de algo que ella no cometió sino que lo cometieron contra ella. Es la deshonra, es como un señalamiento de que ya la mujer no sirve, es depreciada en el momento de haber sido agredida sexualmente. En lugar de que la traten como víctima, le hacen despertar un sentimiento de culpabilidad muy grande y esto hace que la mujer se sienta desamparada, solitaria, y lo que nosotros vimos es que estas mujeres huían".

La situación de rechazo social es mucho más grave en las indígenas: "En las ciudades puedes pasar desapercibida, te cambias de un barrio a otro. Pero en las comunidades indígenas no... En San Cristóbal hay muchas jovencitas indígenas que se dedican a la prostitución porque al haber sufrido una agresión sexual han huido a la ciudad y no han tenido de otra".

El derecho indígena consuetudinario señala que la mejor forma de solucionar una violación es que el violador se case con la violada. Los agresores salen premiados.

La mayoría de las violadas son menores de edad, explica Conchita, "porque a los trece o catorce años ya son mujeres propensas a tener marido; entonces los padres indígenas le piden un dinero al violador como dote y entregan a la hija pero no lo castigan; es muy grave eso. Es muy común, casi es normal, se podría decir, el maltrato del hombre hacia la mujer entre los indígenas, en todos los casos ocurre, pero para las indígenas es como que ya es su destino, tienen que aguantarlo".

LA VIOLENCIA COTIDIANA EN CHIAPAS

Un ejemplo: "En una ocasión, una mujer se nos presentó con la queja de que el marido la había golpeado mucho y estaba embarazada y ella no quería vivir con el hombre porque con mucha frecuencia le pegaba. La mujer es obligada a seguir el juicio, los juicios son horribles, espantosos. Cuando la empiezan a cuestionar descalifican su acusación porque declara que la había empezado a golpear a las seis de la mañana y la dejó de golpear a las diez de la noche, cuando ella huyó de la casa porque ya no aguantaba".

El juez no consideró verosímil una paliza de más de doce horas.

La traductora de tzotzil de la mujer, que no hablaba español, explicó: "Mira, lo que pasa es que los maridos pegan todo el día pero no constantemente, le pegaba, la dejaba agotada, le dejaba de pegar, se levantaba, empezaba a hacer su quehacer otra vez, sus tareas domésticas, volvía a pegarle y la volvía a dejar agotada, y así durante todo el día, hasta que ella decidió salir de la casa".

Para Concepción Villafuerte, "esto es espantoso. Estando dentro de una casa, quién se va a dar cuenta. En los parajes, las casas están una aquí, otra allí. ¿Qué hacen, a quién acuden? Es espantoso".

No por espantoso deja de ser la realidad cotidiana. Desde que nace, la mujer es vejada, tenida por menos, utilizada y explotada. En el último capítulo de este libro, en la mesa de Derechos y Cultura de la Mujer Indígena, las propias protagonistas lo expondrán.

Conchita prosigue: "Las peores violaciones que nosotros encontramos, las más sádicas, las más asquerosas, fueron entre padres e hijas, cómo los padres violan a sus hijas; horrendas, además con mucho sadismo y ante la complicidad de la madre, que es lo peor. Era tan terrible para nosotras que no nos cabía. La complicidad de la madre se da por esa condición de sometimiento de la mujer; por no perder al marido. Nosotros encontramos un caso que aunque no típico sí puede ser un caso común. La mujer trabajaba, sostenía a toda la familia, el hombre no trabajaba porque supuestamente estaba enfermo, se quedaba todo el tiempo en la casa. La hija mayor era la que tenía que hacer las labores domésticas mientras la madre salía a trabajar. El padre obligaba a la hija a tener relaciones sexuales con él".

El Grupo de Mujeres tuvo que luchar muy fuerte para lograr romper la resistencia de la madre a denunciar a su marido. Sólo cuando ella se sintió totalmente acorralada declaró.

Conchita cuenta: "La hija no se quejaba porque estaba amenazada de muerte y además porque ella sentía que era algo muy feo. La madre no quería aceptar que eso ocurriera y entonces el dejar pasar, el dejar morir, era como una complicidad no abierta sino velada. También había una cuestión de no querer acusar al marido, las cochinadas, también por el qué dirán. La sociedad va a castigar a la familia entera".

La madre sabía que si denunciaba se quedaría sin marido. "Es una condición que a la mujer le imponen el tener marido, una mujer que no tiene marido es una cualquiera, sea divorciada, dejada, viuda o madre soltera, no vale. Hay que tener el marido aunque sea de adorno, hay que mantenerlo, aunque sea un borracho, pero hay que tener el marido."

"MUJER, SI TE HAN CRECIDO LAS IDEAS, DE TI VAN A DECIR COSAS MUY FEAS"

El 8 de marzo de 1990 el Grupo de Mujeres de San Cristóbal estaba fuerte. Unas cuantas salieron a pintar por las paredes de la ciudad. Marta Figueroa recuerda: "A mí me abrirían una averiguación previa por daños a la propiedad. Todo porque en una pinta decía fulano de tal, expediente tal, violador. Pero los procesos y los expe-

33

dientes eran públicos, salían en *El Tiempo*. También abrieron una averiguación contra Rosario Castellanos, porque, según ellos, había firmado una pinta. Los policías no sabían que Rosario Castellanos es la gran escritora chiapaneca fallecida hace muchos años, que ya en su tiempo había dicho: 'Mujer, si te han crecido las ideas, de ti van a decir cosas muy feas'".

La experiencia de la procuraduría de delitos a la mujer le permitió a Marta Figueroa aprender: "Nos dio acceso a estas reglas no dichas en el sistema de justicia, una visión directa de la corrupción más allá de la mordida, la negligencia, abuso de poder, jerarquización. Corrupción es también no querer hacer".

Del 30 de agosto de 1989 al 10 de junio de 1991 ejerció ella como abogada en estos casos: "A mí me cesan en el contexto de la despenalización del aborto. Se despenaliza el 11 de octubre de 1990, pero no se sabe hasta el 4 de diciembre. Nadie lo podía creer. Nos acusan al Grupo de Mujeres de haberlo promovido. Pero nosotras conocíamos casos de esterilización forzosa de indígenas y viniendo la iniciativa del gobernador Patrocinio pensamos en abortos forzados y rechazamos la medida. Fue un trabajo de hombres con quién sabe qué negros planes, tenía que ver con la legislación de la iglesia".

Marta Figueroa ha recopilado algunos datos de su ejercicio. Sesenta por ciento de las mujeres violadas conoce a su violador. Si lo desconoce, la posibilidad de encontrarlo era de uno por ciento.

"De ese sesenta por ciento la mayoría son mujeres menores de dieciocho, un porcentaje muy alto son menores de doce años, y eso era lo más terrible, el abuso infantil del que casi no se habla en San Cristóbal ni en el resto del país."

También se dio cuenta de las diferencias entre el derecho consuetudinario indio y el derecho formal: "Algunas soluciones del derecho indígena contemplan el resarcimiento de la víctima. En caso de violación, el uso de mujer se paga. Según el derecho indígena, debe pagar dependiendo de la valoración que tenga la mujer. Sus valores dependerán de qué tan bien carga leña, sana es, joven es... Tienen más importancia las habilidades que la virginidad. En un momento dado es más valorada una mujer que ya tiene un hijo, si el hijo es varón y tiene más de un año, si carga bien leña o hace tejidos o cosas así, es un garbanzo de a libra, te cuesta muchísimo más cara que una de doce o trece años a la que tienes que enseñar..."

Si hay una mujer indígena experta en el tema de los malos tratos en las comunidades tzotziles de Chiapas es Juana María Ortiz. Ella nació en San Pedro Chenalhó, en el seno de un pueblo indígena. Los golpes que recibió hicieron que huyera a San Cristóbal y renunciara a sus raíces. Juanita, de inteligencia audaz, tiene apenas veintisiete años, ha logrado aprender bien el español y ahora es investigadora de la Universidad de Chiapas. Su tema de estudio hace referencia a su pasado: los malos tratos.

Juana contó su vida sentada en el césped de las instalaciones del Gobierno de Transición en Rebeldía, en abril de 1995. Acababa de salir de una asamblea estatal de mujeres, donde había ejercido de traductora para las tzotziles presentes.

"Yo soy de San Pedro Chenalhó. En toda la comunidad, todo el municipio, las mujeres estamos bajo mandato de los hombres. Cuando somos chicas siempre nuestras madres nos enseñan que tenemos que respetar a los hombres, que tenemos que obedecerlos, que no hay que protestar, no hay que contestar. Lo que te dice el hombre tienes que aceptarlo, lo que te dice tienes que creerlo. Y así crecí también, muy maltratada de mis hermanos y de mi padre porque son varones.

"Está muy mal que los hombres sean los que nos están mandando, nos tienen muy mal aconsejadas, muy maltratadas, así nos tienen nuestros padres. ¿Por qué, si también nosotras, mujeres, sabemos decidir, sabemos pensar, sabemos trabajar y sabemos vivir también?

"Yo crecí muy maltratada. Pero ahora ya no. Porque como yo con la bendición de Dios saqué mi primaria. Pero nomás me daban tres días a la semana clase porque soy una mujer y la mujer no tenía por qué estudiar, las mujeres nomás se van a su casa y se casan con sus maridos y ya quedan cerradas en su casa.

"Yo ya no seguía respetando a los hombres. Yo siempre fui muy mala, siempre venía protestando, que no me gustaba lo que ellos dicen, entonces terminé mi primaria con trabajo y me vine a San Cristóbal. Tenía como quince años y quería trabajar, pero mi papá y mis hermanos no me dejaban. ¿Adónde te vas tú? Porque tú sos una mujer y no debes de salir y te quedas aquí en la casa. ¡Pucha!, le decía yo. Yo no soy borrega, yo no soy animal, yo tengo que caminar, sí, yo quiero caminar, me voy a ir.

"A mí me golpearon también al venirme aquí a San Cristóbal, porque yo decidí venirme sola, pero yo les dije que aunque me peguen yo voy a ir. Y así me vine. Y después estuve como dos años aquí trabajando como sirvienta. Me vine solita, sin pasaje, sin conocimiento, sin hablar español, yo hablaba tzotzil, no sabía cómo comunicarme, quería hablar español pero hablaba así patas arriba, al revés. Y así fue que poco a poco me integré en una organización y encontré muchas amigas. Y allí estoy hasta la fecha, me gusta mi organización, el Grupo de Mujeres de San Cristóbal.

"Al llegar a San Cristóbal, busqué patrona, me trataron bien, tuve suerte, me consolaron y entonces yo les quería decir todo lo que me pasaba, que me maltrataban mis hermanos y mi padre y yo quería contarles, pero no podía porque no podía hablar español. Y así poco a poco estuve como cuatro o cinco meses, palabra por palabra, fui aprendiendo el español."

EL DIABLO DEL ALCOHOL

Los malos tratos a las mujeres están directamente relacionados con el alto consumo de alcohol. El "posh", un aguardiente de caña de altísima graduación, hace estragos en los organismos de los indios mal nutridos.

Muchos, agobiados por una vida de trabajo y penalidades, encuentran en la embriaguez un momento de éxtasis. Pero entonces descargan su frustración contra quienes quedan por debajo de ellos: sus mujeres. Cualquier nimiedad sirve de pretexto para la "golpiza" del hombre "bolo". Juana Ortiz y su amiga Juana Hernández de Chamula comentan: "Los hombres, si se emborrachan, pegan, te golpean, te patean... todo lo que hacen los hombres cuando están bolos". "¡Y aunque estén en juicio también!" "Sí, así las mujeres son maltratadas."

En la zona zapatista de la selva Lacandona una de las primeras medidas que tomó la guerrilla fue prohibir el alcohol. La clandestinidad exigía el máximo control de todos los integrantes del EZLN, las armas no podían quedar sujetas a las arbitrariedades de un borracho... Y las mujeres exigieron no seguir siendo golpeadas.

La ley seca repercutió favorablemente; vieron que ya el poco dinero que entraba en la familia no se evaporaba en borracheras sino que se materializaba en unos zapatos para el niño, un poco de jabón, ropa, lámina de zinc para poner techo a la casa.

El alcohol ha sido junto con la religión y las armas una forma de ━━━━l v de subyugamiento de los campesinos e indígenas pobres.

Su consumo ha sido celosamente cultivado por patronos, caciques y demás explotadores.

La progresiva participación política de las mujeres en las comunidades ha ido rompiendo los esquemas tradicionales. Las cosas cambiaron mucho en poco tiempo en el área rural de Chiapas. No obstante, Juana agrega: "No en todas las comunidades de los Altos ha cambiado algo. Todavía hay tantos problemas... Siguen los hombres sin querer que participen las mujeres, no quieren que den sus opiniones, siempre quieren tener a sus mujeres con sus ojos cerrados, cerrados sus oídos. Por ejemplo, ahorita un grupo allá en Chenalhó de compañeras de la sociedad civil han tenido problemas porque algunas se están casando y los maridos ya no las dejan venir a participar.

"Y yo les digo a mis compañeras: pues no puede ser. Tienen que protestar compañeras, porque aquí ya no vamos a quedar como quieren los hombres, nosotras sabemos decidir, nosotras, mujeres, no sabemos tomar trago, todavía tenemos mejor pensamiento que los hombres, no tomamos 'posh' –aguardiente–, en cambio los hombres toman 'posh' y ahí pierden todos los conocimientos. Y esto ocurre aunque los compañeros sean de la lucha, porque nomás ellos quieren participar, quieren decidir".

Para estas tzotziles, las niñas crecen con una gran carencia de afecto, convencidas de que nadie las quiere. Esto les provoca una inseguridad que las empuja a dejarse llevar por el primer hombre que les ofrece un poco de cariño.

Juana Ortiz remarca: "Nosotras las mujeres nos echamos a perder porque nuestros padres no nos tratan bien, no nos meten a la escuela porque somos una mujer. Entonces nosotras salimos de nuestras casas, no me quiere mi papá, no me quiere mi hermano, nadie me quiere... entonces me voy a ciudad. Y a veces te sale un hombre luego luego y te echas a perder, te dice te quiero y no sé qué y una se echa a perder luego, pero ¿por qué? El problema es que nuestros padres que no nos quisieron, sí, yo he visto muchas compañeras que así les ha pasado, así les ha sucedido porque son muchas las compañeras a las que no las quiere el papá".

Para huir de la situación doméstica en la casa de los progenitores, donde las niñas son sobreexplotadas, ellas se casan y sólo cambian de patrón. Otras se embarazan y quedan como madres solteras, condenadas a la soledad.

En el libro publicado por Juana María Ortiz, titulado *Madres solteras indígenas,* se transcriben las palabras de una mujer chamula que explica la tragedia de su vida tras quedarse embarazada: "Cuando supo mi hermano que estaba embarazada, me empezó a regañar. No quería decir quién fue pero después tuve que decir que tal persona fue el que me molestó, que él es papá de mi hijo. Como lo supo mi hermano su nombre del muchacho, me llamó con las autoridades para que me case, pero dónde lo voy a encontrar si él está huido, el padre de mi hijo. Estaban bien encabronados, hasta me iban a llevar a la cárcel para que yo me case con el hombre; así me estaban asustando las autoridades para que fuera a buscarlo, pero les dije: 'No sé dónde está', y así quedó...

"Todo ese tiempo yo estuve muy triste porque el padre ni siquiera se acordó de su hijo, nadie me ayudó y yo no sabía qué hacer. Estaba en una casa prestada, pagaba renta, por eso empecé a buscar lavada para vivir con mi hijo. Pero la lavada tiene problemas; a veces no se encuentra por la lluvia que no deja secar las ropas y seguido no tenía dinero. Así estuve mucho tiempo lavando ajeno y aunque quería yo cambiar mi trabajo no me venía a la cabeza qué podía hacer. De ahí salió el trabajo de las pulseras y las fajas de estambre que vinieron a enseñar las gringas y así sigo hasta ahora, sentada todo el día, a veces sacando cuatro o cinco docenas al día.

"Entonces me conoció otro hombre, ahí en la Hormiga, quedé embarazada otra vez y pensé entre mí que ahora sí me va a querer. Pero no, por chisme de mi suegra se fue mi segundo marido. Ésta era su palabra de mi suegra: '¿Para qué quieres esta mujer? Es una puta, déjala. Ha tenido muchos maridos, es una loca puta. No es tu hijo lo que tiene, es de otros hombres'. Por eso se fue el papá de mi segundo hijo y me quedé otra vez sola".

LA CIUDAD, EL DESPRECIO Y EL RACISMO

Lorenza, muchacha tzotzil de veintitrés años, ha vivido dos años sola en San Cristóbal de Las Casas, mientras ha sido presidenta de su cooperativa de tejedoras. Como todas las mujeres indígenas, ha sufrido las agresiones de una sociedad machista y profundamente racista: "Yo cierro la tienda de J'pas Joloviletik a las siete de la tarde y me da miedo andar en la noche porque dos veces me quisieron violar. No los conozco quiénes eran, porque andan muchas gentes allá en el parque del Cerrillo. Eran varios hombres, como tres o cuatro. Como yo tenía un paraguas, le eché en la espalda a uno y también grité. Una señora que vive ahí que ya me conoce me defendió".

Lorenza tiene que luchar a diario contra su propio temor y contra la presión social: "Mi mamá está un poco preocupada, dice 'qué tal que pasa algo, hija, porque estás solita', así dice porque yo le conté lo que me pasó. Me da miedo, qué tal si me matan, como que no tienen respeto. Porque dicen que cuando violan a una mujer aquí en San Cristóbal, si no quiso la mujer, los hombres la buscan hasta que la matan; si no quiso dejarse llevar, la matan, así pasa, así dice la gente".

Julio, mi amiga francesa, Lorenza y yo desayunamos mientras charlamos. Julio le pregunta si siente que ha cambiado mucho desde que vive en la ciudad: "Sí, un poco, porque ya hace tiempo que estoy aquí, cuando voy a mi casa como que ya no quiero hacer nada, no quiero hacer tortilla y no me quiero levantar temprano a las tres o cuatro de la mañana, como que cambié, así me dijeron también mi familia".

"¿Te gusta tu trabajo?" Lorenza contesta con una frase: "Me gusta trabajar con mujeres, sí me gusta, porque ellas tienen ganas de seguir trabajando con sus prendas y como que hablan bien, bonito hablan las mujeres, bien bonito, por eso me gusta".

Pero lo que le desagrada a Lorenza es el trato racista de los ladinos: "Se nos maltrata, incluso pegan, a veces dicen que los pinches indígenas no se saben bañar, que no saben lavarse sus ropas, que tienen muchos sus piojos... Cuando estoy caminando en la plaza, como que no te respetan y te avientan; me empujan, no me dejan caminar, como que me ven como animal. Yo pienso que somos iguales, sólo que nosotras como indígenas no sabemos hablar español y no sabemos escribir ni leer, además no tenemos dinero para comprar jabón. Las ladinas tienen dinero y se visten puro fino sus ropas y por eso se ve diferente".

Lo que quiere Lorenza es "que cambie, que se nos respete a los indígenas; somos la misma sangre, los mismos cuerpos, sólo nuestras lenguas y un poco nuestras ideas son diferentes".

Julio, incisivo, provoca las carcajadas de Lorenza: "¿A quién eligirías si hay un ladino y un indígena que se quieren casar contigo?"

"Primero voy a ver cómo es su comportamiento, si me hacen caso tal como yo soy, indígena. Primero voy a ver bien cómo es su pensamiento. Si sólo un rato me quiere y al rato no me quiere pues no, no debe de ser así; por eso tenemos que mirar bien, no sólo si están guapos, sino que tenemos que ver su comportamiento, cómo habla, todo eso. "

LAS VENDEDORAS DE LA CALLE

En las calles de San Cristóbal se mueven sigilosas, con pasos descalzos, las indias cargadas de blusas bordadas, pulseras y otras artesanías. No sólo son hilos y flores sus vidas. La mayoría son mujeres solas que a cada rato son golpeadas por los funcionarios del ayuntamiento, cuenta María: "Agarran el muñeco zapatista, hay unos que hacemos grandes, y dicen los policías: 'Míralos, éstos son sus mejores padres, los que vinieron a darles camino para que vengan y se pongan aquí como necias'".

Antes, relatan las mujeres indígenas, "muchas de nosotras regalábamos nuestro trabajo en las tiendas de la calle Real de Guadalupe o si no con el mismo gobierno, allá en Tuxtla, en la Casa de las Artesanías; nos pagaban muy barato".

María, de veintiocho años, decidió no seguir entregando su mercancía. "Nos pusimos de acuerdo con las mujeres expulsadas de Chamula; para regalar el trabajo mejor lo vendemos nosotras aquí en la calle, aunque nos corran, nos peguen, nos golpeen o lo que sea, pero vamos a seguir aquí."

Su decisión, tomada en 1992, implicó muchas dificultades. "Llegaba el cobrador del mercado, que es mandado del municipio, y si no le pagábamos los mil pesos diarios agarraba las prendas y nos las quitaba. Nosotras a veces no hemos vendido nada en todo el día y le decimos: 'No tenemos'."

Un día, María replicó: "'Mira, yo soy mujer y gano bien duro mi dinero, y en cambio tú estás cobrando aquí por arrear tu ganado, tus chivos, nosotras no vamos a ser tus chivos ni tu ganado', eso es lo que le dije. Y lo agarré y lo empecé a pegar al policía con un olote, ahí fue cuando me detuvieron".

El funcionario no dudó. Colérico, llamó a la patrulla y detuvieron a María. Ella pasó tres días y tres noches en la cárcel, "dejando un niño afuera, lo tenía yo en la casa y ahí se quedó solito".

María es una mujer singular pero su historia es común a la de miles de indígenas del sexo femenino que viven en el cinturón de miseria de San Cristóbal de Las Casas, la hermosa ciudad colonial abierta al turismo y a la riqueza.

"Soy expulsada de Carranza, vivo en los Leñadores. Con mi propio trabajo, lo que yo tengo del bordado, sostengo a mi familia. Yo ya llevo nueve años de expulsada de mi pueblo. Me expulsaron porque me junté con un hombre que es de Chamula. Y ya no tengo derecho de llegar a mi casa. Por eso estoy en San Cristóbal. Tengo cuatro hijos. Antes sí me apoyaba su papá, pero ahora no porque estamos separados. Yo estoy sola, él se consiguió otra mujer, así que tengo dos niños sin registrar de él y veo que es muy difícil que los registre, hasta en eso tengo que verlo cómo lo voy a hacer."

La presidencia municipal de San Cristóbal de Las Casas no quiere tener indios rondando en sus portales, se ve sucio. Ahora Salubridad es la encargada de expulsar a las mujeres vendedoras. "Lo que dicen ellos es que nosotras hacemos mucha basura, que ensucia nuestro niño allí en el parque."

Pero para paradojas, ningún funcionario se ha preocupado de instalar baños públicos y gratuitos en ningún rincón de la ciudad. Cuando las mujeres sienten necesidad, tienen que ir a las letrinas del palacio municipal y pagar medio peso por hijo.

María les responde a los policías: "Mire señor, damos gracias a Dios que el zapatista nos vino a abrir el camino, porque más o menos ya tenemos la libertad de vender, la libertad de andar; pero antes, cuando no había venido ése, era de lo peor nuestra vida, nos tenían como si fuéramos sus animales. Y nosotros somos humanos y todavía así nos tienen".

Parece ser que el funcionario le respondió: "Pero míralo, quién sos tú para que me vengas a decir eso". María arremetió de nuevo: "Bueno lo que yo soy, soy una mujer, y siento lo que es el dolor de las otras compañeras. Somos mujeres solas, no tenemos marido, y así que tenemos que ver dónde vamos a vender nuestras cosas".

Con calma, con sus enormes ojos clavados en Jesús y en mí, explica: "No se puede sostener a los hijos de otra manera, si vamos a lavar ropa a las casas, nos pagan dos pesos, tres pesos la docena de ropa. Y siempre te avientan dos o tres piezas más, te dan de más. Y lo que ganas no es nada. Nos ponemos a trabajar de sirvientas, igual nos pasa, si no tienes hijo te pagan doscientos al mes, pero si tienes hijo te bajan lo que es cincuenta pesos, porque te tienen que mantener un hijo que tienes ahí en el medio. No se puede vivir. Y a los niños que mandan ahí a hacer mandados de la señora les pagan veinte pesos al mes, sin dar estudios, sin mandarlo a la escuela. Y nosotras como indígenas, ya queremos que vayan a la escuela los niños, ya queremos que aprendan algo, que no hagan como nosotros. Ya quisiera yo aprender, pero a veces no puedo, porque tengo que atender mi casa, atender mis hijos, la ropa, todo eso".

María trabaja sin descanso: "Lavo, hago tejido, vendo en la calle y hago el oficio de la casa, mantener mis hijos y lavar ajeno, también remiendo, hago parches de pantalón que son bordados a mano, arreglo pantalones. Me duermo a las doce de la noche, muy rara la vez que duermo a las once. Me tengo que levantar cinco y media para dejar hecha comida a mis hijos. Y mandarlos a la escuela, pasar a dejar a los niños a la escuela, y yo me vengo a vender. Cuando vienen los policías nos levantan: 'Ya lárguense de aquí, no las quiero ver aquí. Se les habla a la buena y no quieren, a la mala y no quieren, pues ahora lo que quieren es levantarse a la mala'".

LA INFLUENCIA DEL ZAPATISMO

"Cuando empezó el conflicto en las tiendas estaban pagando veinte pesos por blusa, lo que yo sé más o menos, porque hay diferentes tipos de trabajo. Últimamente en estos días ya supe que están pagando un poco mejor, a cuarenta pesos." Pero lo que hacen las dueñas de las tiendas de Real de Guadalupe ahora es proporcionar a las tejedoras todo el material y pagarles sólo por la mano de obra, veinte pesos la blusa que lleva quince días bordarla. Les pagan lo mismo aunque vengan de lejos; muchas gastan en el pasaje de camión casi la totalidad de lo ganado. María explica que "lo que es trabajo de Chamula, eso se está pagando a diez porque dicen que lleva menos trabajo, y lleva lo mismo, porque los de Chamula son hechos en cadena, la cadena es más costosa".

"Nosotras ya decidimos no regalar nuestro trabajo y venderlo nosotras. Pero lo que pasa es que nosotras casi no estamos tomadas en cuenta aquí en esta ciudad, estamos más como si fuéramos sus entenados del gobierno de aquí, es como lo que dice el dicho: a los hijos se tiene que dar más y a los entenados menos."

El 29 de junio de 1995, las mujeres vendedoras recibieron del gobierno la advertencia de no seguir vendiendo en el parque central de la ciudad. Al día siguiente les entregaron un citatorio y un aviso de desalojo. No llevaban traductor.

Esa noche, todas juntas se dirigieron al ayuntamiento. Los funcionarios municipales les ofrecieron instalarse por la calle Real de Guadalupe. Ellas contestaron: "Está bien. No es lo mismo porque la afluencia de los turistas no es igual, pero está bien".

Al ver que ellas aceptaban, se retractaron. Decían que habría protestas del comercio organizado. Al final aseguraron que iban a investigar si en Santo Domingo o en San Francisco había espacio.

Ellas salieron decepcionadas y siguieron vendiendo donde siempre.

Cuando descendieron a la calle, junto al palacio municipal, un grupo de coletas las esperaba. Una mujer ladina les gritó: "El día que quieran ponerse en los portales, del pelo las vamos a sacar, nosotros somos los auténticos coletos, no somos expulsados de Chamula ni de otros pueblos, y ustedes váyanse a su municipio, regrésense a Chamula".

María explica quién es esa mujer: "Es Josefa, líder de los Merenderos. A a ella no le hacen nada porque es jefa de allí y es priísta".

María hace su reflexión sobre la legitimidad de esos coletos de autodenominarse así: "Se pasan de listos los coletos pero no son coletos auténticos. Mi difunto abuelito es de San Cristóbal, y aquí no se llamaba así, se llamaba Jovel. En dialecto –en tzotzil– se llama Jovel y muchos indígenas vivieron aquí en San Cristóbal antes de que vinieran los españoles a quitarles la tierra. Ellos son los extranjeros. Antes sólo indígenas vivían aquí, no se hablaba el español. Tan auténticos coletos y no saben de las dos lenguas, de las tres lenguas, lo que nosotros sabemos".

Las vendedoras se quejan de que cuando las echan de la plaza sufren agresiones verbales y físicas. María dice que hace unos días "nos llegaron a levantar y dijo el muchacho ese: 'aquí está tu pinche mierda', me dijo 'mugrosa' y 'mierda'. Y yo le dije: 'Se cree usted mucho, pero tienes un trabajo tan sucio, este trabajo de arriar chivos y ganado, ése sí es un trabajo sucio'".

Ya en corto, esta mujer reflexiona: "Aquí en este mundo nadie es limpio. Todos somos sucios delante del pecado de Dios. Es muy bonito que parezcas muy limpio del diario, pero dentro de nuestro corazón estamos muy sucios".

LA VIDA DE MARÍA

"Yo ya llevo ocho años de vivir aquí en San Cristóbal, pasé de vender en el mercado tomates, chiles, cebollas, también dulces, me enseñaron a hacer dulces, marquesotes.

"El primer día llevaba mangos y el cobrador del mercado me lo destripó todo. La última vez fue que tenía yo tomate; casi todo el canasto me lo destriparon, es que no nos dejan vender; hay puestos que pagan impuestos y les quitamos la venta, pero si te quieres ingresar tampoco te dan el lugar..."

La conciencia de María está desde 1994 más despierta que nunca y no duda en mostrar una rebeldía profunda: "Nos quieren tener como ellos quieren, aplastados como una piedra o como su árbol que cuando quieren lo tumban. En estos momentos yo creo que ya tenemos que cambiar, no vamos a seguir como antes que éramos las más tontas de todo el mundo, que no podíamos contestar a la gente. Nos quieren tener como a sus animales, como a un perro que se le regaña y se agacha, como los burros que se les pega si no quieren cargar leña. Nosotras ya no vamos a hacer como el pobre burro que sólo mueve la oreja y se vuelve a regresar. Como mujeres indígenas tenemos que defender nuestro derecho y nuestros hijos que ya están para crecer. Tienen que estudiar ellos y ver la manera como los vamos a educar porque tampoco tenemos dinero para mandarlos a la escuela".

María manda a su hijo mayor a la escuela. Los otros tres todavía son chiquitos: "Mi niño va a la escuela por la mañana, yo tengo que levantarlo a las seis o seis y media para que a las ocho de la mañana deje terminado siquiera una hoja de sus costuras, porque bordan mis hijos. En la tarde, cuando no tengo ni un cinco de dinero, tengo que traer a los niños a vender chicle en el parque para que ellos no vayan a robar ni vayan a meterse de ladrones; lo que yo quiero es que sean iguales a otros niños y darles muchos estudios".

Cuántas veces a esta pequeña familia no le alcanza el dinero: "Hay días que nos quedamos mirando a nuestros hijos, a los tres chiquitillos; no tenemos ni un poco de tortilla, ni un poco de azúcar, ni un gramo de frijol, y qué vamos a dar a los niños porque no vendimos. Y si vendió una caja de chicles tenemos que comprar un cuartito de azúcar, medio kilo de frijoles para darlo a los chiquitines, porque no alcanza, están carísimas las cosas".

María exige que las mujeres se unan ya: "Hasta llegar a romper el palacio como mujeres, algún día creo que se organizarán las mujeres de verdad; llegaremos a romper el palacio y a exigir que nos den beca para nuestros hijos y que nos den despensa según la cantidad de hijos que tenemos".

"Si dejamos de trabajar y nos metemos de sirvientas, no pagan bien, yo trabajé muchos años. Cuando quieren, te avientan dos o tres tortillas y te dan lo que es la comida de ayer, las sobras.

"En mi pueblo donde crecí, aunque sea agua de chile, pero nunca comí lo de ayer, nunca levanté tortilla que quedó de ocho o nueve días secándose. Y no voy a comer con un pringuito de frijoles o de huevo que me van a dar, el resto pegado a la sartén. En mi pueblo eso es lo que les dicen a las mujeres que vienen de sirvientas a

San Cristóbal o a Tuxtla: 'Tendrás tu sartén de pobre, seguro que prefieres tomar tu pozol aquí y comer tu tortilla con sal'."

El esfuerzo para que sus niños estudien es el mismo que María hace para que nunca olviden los oficios de los padres: "A los niños les vamos a seguir enseñando la artesanía y a trabajar en los areneros, también carpintería, para que sepan de todo, que sepan barbachear y limpiar las milpas, que agarren su azadón. Cuando termino mi costura, les digo a mis hijos, apúrense vamos a limpiar detrás de la casa, a limpiar el jardín o la milpa, a sembrar sus frijolitos aunque sea una matita de cada cosa, y no enseñarles el mal camino de que sólo con el lápiz se van a estar, con la punta del dedo trabajando. Deben saber todo lo que es del campo y aprender mucho cómo fueron sus madres y sus padres".

II. La vida en las fincas

Retomemos un poco el pasado de estas mujeres indígenas del Chiapas actual. Para empezar, se dice que la revolución de principios de siglo no llegó a estos lares. La repartición de la tierra tan sólo incidió en pequeña medida durante el mandato del presidente Lázaro Cárdenas, cuando en este estado se crearon los ejidos.

"Entre 1824 y 1909 los gobiernos de México y Chiapas hicieron leyes agrarias y las leyes de reforma, que permitían a cualquier persona comprar tierras baldías. Así nos contaron nuestros abuelos que sacaron leyes para comprar terreno donde no había dueño; pero qué va a ser, los pobres abuelos de nuestros abuelos tenían sus tierras descansando y cuando lo vieron los kaxlanes –los blancos– le fueron a decir al gobierno que ésos son terrenos baldíos y los iban a comprar. Como los antiguos no tenían escrituras de sus tierras, entonces fue muy fácil que se las agarraran."[1]

En 1847 el gobierno del estado decretó una ley que obligaba a todos los indígenas a vivir en los pueblos, "como quien dice los obligaron a dejar sus parcelas en manos de los terratenientes". A los indígenas no les quedó más remedio que trabajar para el patrón para sobrevivir y para que les concedieran un pequeño espacio de cultivo, serían los "baldíos". A los "mozos" ni siquiera tierra para cultivar les prestaban, eran los condenados a una deuda eterna con el señor.

Los legítimos pobladores de este estado fueron viéndose despojados de sus tierras con el paso de los siglos. Su espacio quedó atrapado en los dominios de una gran propiedad. Eran la mano de obra de los nuevos dueños de su mundo y vivieron en condiciones de semiesclavitud, como "peones acasillados", hasta nuestros días.

Convertidos en fuerza de trabajo no sólo barata sino incluso gratuita –ése es el caso de las mujeres–, los acasillados heredaban las deudas que contraían sus padres y que los obligaban a hipotecar sus vidas al servicio del terrateniente. Rara vez cobraban en dinero, lo

---

[1] *Voces de la historia: Nuevo San Juan Chamula, Nuevo Huixtán, Nuevo Matzam,* DESMI, Universidad Autónoma de Chiapas, 1989.

hacían en fichas de la misma finca que los obligaba a comprar todo lo que precisaran en la tienda del dueño a precios exorbitantes.

Para cualquier movimiento los peones debían solicitar la ayuda o el permiso del finquero; erigido en gran patriarca de la familia-hacienda, él era el encargado de procurar servicio médico, de bendecir uniones, algunas veces tras haber gustado de la muchacha... No cambió nada con la revolución de 1910. Los terratenientes obligaron a los peones a luchar en contra amenazándolos con que iban a perder la tierra que ni suya era. El gobernador de Chiapas pasó a ser el "mapache" Tiburcio Fernández Ruiz, que evitó que en este estado se repartiera una sola hectárea.

Los campesinos se vieron reducidos a menores de edad, incapaces de tomar las riendas de sus vidas, obligados a obedecer y rendir tributo al gran padre-señor hacendado.

De las fincas dice Antonio García de León: "En su interior se reprodujo en pequeño todo el sistema colonial; y a su turno, todo Chiapas operó como una inmensa finca".

Y continúa: "Por eso en 1914 la región aparecía, para quienes llegaban de fuera, como una continuación absurda de la época colonial. Su 'casa grande', de largos corredores andaluces; el conjunto de caseríos agrupados alrededor de la sombra bienhechora de las ceibas; su mundo social, de milperos indios o ladinos pobres (sujetos al patrón por deudas hereditarias) y de 'hombres de a caballo' cuya insolencia recreaba cotidianamente la dominación de los ladinos comerciantes y vaqueros sobre un vasto océano de agricultores; todo a nivel de la finca era como un Chiapas en miniatura. Un conjunto de caudillos y gobernadores finqueros imponiendo la ley a su manera, en un país de peones e indios 'libres' ligados al patrón por deudas, agradecimiento, mutua complicidad, restos de tributo y repartimiento; así como por estallidos recurrentes de un odio milenario".

Se desarrolló en las fincas de Chiapas un sentido de "comunismo familiar" –determina García de León– profundamente patriarcal, donde a cualquier intento de rebelión se respondía con sangre y con el desorejamiento a golpe de machete de los inconformes. Las fotografías de los indios sin orejas aparecen en las postales y en los libros de historia que han recorrido el mundo.

Leo Waibel –citado por García de León– era un geógrafo alemán que en 1946 escribió sobre las fincas de Chiapas y se fijó en el papel de las mujeres respecto al patrón: "El finquero es amo absoluto de la familia y poco le importan las mujeres, como sucede con todos los ganaderos. El patrón come solo en la mesa, las mujeres y niños esperan fuera hasta que termine. Algunas mujeres de los trabajadores son madres de hijos del patrón y esto se toma como cosa natural. En cambio, el patrón es como el padre de todos, y cuida de sus gentes desde todos los puntos de vista. Les da de comer, los viste, los cura, se emborracha con ellos y los apalea".

Un régimen profundamente autoritario donde las mujeres no tenían voz, trabajaban sin cobrar y eran utilizadas para parir nuevos esclavos. Esta experiencia está aún muy vívida en los jóvenes pueblos de la selva. La mayoría de los que se lanzaron a la aventura colonizadora de la Lacandona huían de las fincas, de "trabajar con patrón".

La toma de conciencia política de algunas comunidades vinculadas al zapatismo implicó la recuperación del pasado, la historia de los más olvidados entre los olvidados, las mujeres.

Fue en Amador, un ejido construido dentro de la reserva natural de los Montes Azules, donde nos hablaron de las mujeres en las fincas. Llegamos a ese maravilloso lugar tras bajar de una avioneta y caminar unas seis horas por sendas de montaña, caminos apenas descifrables entre el denso y exuberante bosque tropical. Ahí, tres miembros del Comité Clandestino Revolucionario Indígena del EZLN contaron que de las historias de las fincas habían cogido el coraje para luchar y decidirse por la vía armada.

"Llegamos aquí hace treinta años; nuestros padres abandonaron una finca allá por San Miguel donde estaban como esclavos. Aquí les dieron ejido pero el estado no entregó todos los papeles. El gobierno es el responsable de que nos organicemos: nos quería sacar de aquí, desde 1970 cuando decretó la zona ecológica. No quisimos salir porque no queremos que nos pase como a nuestros padres, no queremos repetir su historia. Y es que nuestros papás y mamás fueron esclavos de las fincas."

Este cuadro político tzeltal del EZLN prosigue: "Sobre todo tenemos presente el recuerdo de las mujeres de más edad, las que sufrieron mucho con el patrón en la finca. Tenían que levantarse a las tres de la mañana para preparar los alimentos del marido. Mientras los hombres trabajaban en el campo ellas tenían que moler sal para el ganado, pero no así con molino, sino con una piedra. Ellas empezaron a recordar y a contar sus historias de sufrimiento, las pobres mujeres, las ancianitas. Eso nos hizo más fuertes en esta lucha, el sufrimiento de ellas, no se puede volver a eso".

En la casa del patrón había servicio semanal, por turno; las mujeres iban a trabajar a "la casa grande" el domingo, único día libre de los acasillados que aprovechaban para trabajar su parcela. El derecho de pernada era entendido como algo natural. El antropólogo Andrés Aubry asegura que hasta hoy en día en fincas como Liquidámbar y Prusia se ha ejercido esta práctica. "Si hasta a los maestros se les da ese derecho en los pueblos: si tu hija está en la escuela pues tiene que pedir el permiso del maestro para que se case. En las fincas de Ocosingo, llegaba el patrón con alcohol y 'me llevo a tu hija'."

En Salto de Agua, en 1995, se habla de un ganadero que compra a las muchachas aún niñas a cambio de vacas y terneros. Pocos son los progenitores que se resisten, y las muchachas son sacrificadas como mercancía sin tener en cuenta ni sus preferencias ni su opinión. El sacerdote que advirtiera de estas prácticas anticristianas fue amenazado de muerte.

En un libro de testimonios de la finca Kipaltik (compilación de Salvador Guzmán y Jan Rus, INAREMAC), un anciano cuenta los hábitos de un hacendado, extensibles a cualquier finquero de Chiapas: "Don Moctezuma, puta, pero quería a las muchachas. Si era bonita la muchacha, Moctezuma le daba lo que quería. Bueno, pues tenía muchas esposas, dizque había unas veinte esposas, o treinta casas, cuarenta casas; y tenía que visitar a una mujer en cada casa... Pero don Hernán –su sucesor– no era así. Tenía sólo cinco o seis mujeres. Pero a Moctezuma no le importaba. Agarraba a las muchachas. Si se enojaba una muchacha, 'nooo, cállate, cabrona', decía el viejo, 'y te doy una tu finca como regalo'..."

LOS TEMPOREROS

Había y hay otro tipo de trabajadores en las fincas. Son los temporeros, que llegan en las épocas en que hacen falta brazos para el café, la caña o el cacao. No hay que olvidar a los que se iban de "monterías", a talar árboles en la selva para un patrón, como relata Bruno Traven en *La rebelión de los colgados,* cuyo título indica la crueldad de los castigos impartidos a los que no cumplían con una cuota inhumana de árboles cortados al día.

El relato colectivo de *Voces de la historia* de DESMI (op. cit.) dice: "En la parte de la selva Lacandona, como está bien tupida de árboles, los que compraron terreno ahí pusieron sus monterías para sacar la madera fina, caoba y cedro, que llevaban a vender en otras naciones. No eran muchos los propietarios, sólo cinco o siete familias las que hicieron sus compañías madereras y se repartieron todo el terreno de la selva".

La gran mayoría de los indios, aunque ya no viviera en las fincas, se veía obligada a "engancharse" por dos o tres meses en el trabajo agrícola de la hacienda o la montería. Campesinos sin tierra, víctimas del despojo o del minifundio estéril, dejaban sus familias y se dirigían a buscar algo de dinero en propiedades ajenas.

Al contactar con el enganchador, los hombres se veían obligados bajo pena de cárcel o muerte a cumplir con su contrato. Este personaje, enlace entre la finca y los pueblos, proporcionaba el "enganche" o adelanto sobre el salario convenido. Quienes abandonaban o no concluían su contrato eran perseguidos y apresados. La fianza para liberarlos la pagarían con su sudor en la finca.

A veces la mujer y los chiquitos iban con el hombre y, aunque trabajaban todos, sólo había pago para él. Otras, ellas quedaban esperando en los pueblos, con los hijos.

En los Altos de Chiapas, los tzotziles, pueblo aferrado a sus tradiciones, salían a buscar trabajo sólo cuando la necesidad los obligaba. E iban a parar a las fincas, después de que uno de estos siniestros intermediarios los contratara en San Cristóbal.

Todo era por falta de tierra, cuentan las mujeres de Nuevo Huixtán y Nuevo Matzam:[2] "Desde chiquitas empezamos a ver el sufrimiento de nuestros papás. Éramos bien pobres por no tener buen terreno, siempre andábamos con hambre, pues comíamos contadas las tortillas y a veces ni para eso alcanzaba; con pura verdurita del monte nos manteníamos. Andábamos con la ropa rota, no teníamos cobijas, ni buena casa, ni nada.

"Los hombres casi siempre salen a buscar su trabajo para comprar el maíz que falta. En verdad, seguido se van en la finca, en tierra caliente, a cualquier lugar donde les dan trabajo y quedan solas las mujeres con los niños en los parajes...

"Entonces veíamos nosotras que nuestras pobres mamás trabajaban mucho cuando se iban sus maridos; sembraban la milpa, sembraban el frijol, lo cuidaban. Solitas trabajaban nuestras mamás porque nosotras estábamos chicas y no podíamos ayudar.

"Otros de nuestros papás ni siquiera tienen su terreno, sólo el sitio donde está su casita y ni una mata de maíz pueden sembrar. Son los jornaleros que andan prestando un lugar para la milpa y que

[2] A. Garza, M. F. Paz y A. Calvo, *Skop Antzetik. Una historia de mujeres en la selva de Chiapas*, Universidad Autónoma de Chiapas, 1990.

además salen casi todo el año a la finca. En esas familias van todos, hasta las niñas chicas, a trabajar con el patrón. Dejan cerrada su casa y agarran el tren porque están muy lejos las fincas como Esmeralda, Prusia, El Carmen y muchas más. El trabajo es de corte de café; es muy duro, y los niños se cansan mucho. Saber cuánto pagan, pero no es bastante porque no les alcanza, nunca llegan a tener nada".

Para muchas mujeres, la marcha de los maridos, embrutecidos por la pobreza y el alcohol, era un respiro. La esposa de un hombre sin tierra de Chamula cuenta: "Me quedaba muy contenta cuando se había ido ya, porque no había más golpes. No me daba comida, no me daba maíz, ni frijol, ni carne. Nada más golpes. Fue muy triste mi vida con mi marido que iba a la finca".

Los grandes terratenientes vieron en los años setenta que ya no podían sostener un sistema de explotación feudal en sus fincas. Tras el Congreso Indígena en San Cristóbal (1974), los indios empezaron a organizarse, reclamaban mayores derechos, salarios y condiciones de vida. Para deshacerse de problemas laborales que amenazaban sus escandalosos privilegios, los terratenientes redujeron la mano de obra a su mínima expresión y convirtieron las grandes plantaciones agrícolas en superficies ganaderas.

El aumento constante de población, el arribo de miles y miles de refugiados guatemaltecos, mano de obra baratísima, y la falta de tierras dejó a muchos hombres en el paro.

¿Cómo afectó esto a las mujeres? Pues ellas tuvieron que tomar la batuta del sostenimiento de los hijos de alguna manera, vendiendo algo, en muchos casos artesanía.

Para los hombres no ha sido fácil de aceptar. Muchas veces, frustrados y embrutecidos, les arrebatan la artesanía a las esposas, la manchan en el lodo, las llaman putas cuando van al mercado, las golpean.

En Amatenango hubo hace veinte años una mujer indígena de nombre Petrona que empezó a organizar a las alfareras. Los caciques del pueblo la asesinaron. No ha sido hasta 1995 que las mujeres que trabajan el barro han cobrado nuevas fuerzas para intentar organizar su propia cooperativa, gracias a su participación en la Convención Estatal de Mujeres y a las consecuencias del alzamiento zapatista. Ha sido un proceso lento y doloroso. Ahora los maridos de las alfareras cargan con las artesanías cuando van a buscar trabajo a otros lugares.

El resultado de este lento proceso emancipador, cuyo punto culminante quedaría recogido en la Ley de Mujeres del EZLN, no tiene nada que ver con una importación del feminismo urbano occidental. Son las condiciones de supervivencia las que van cambiando las relaciones de sexo y fomentando la organización de ellas como exigencia de su entrada en el mundo laboral.

En un librito editado por Kinal Antsetik, sobre *Nuestros derechos, nuestras costumbres,* una artesana expone cómo las mujeres han pasado a ser las que mantienen el hogar: "Todo el dinero de la familia lo ganamos yo y mis cuatro hijas de nuestros tejidos. Mi esposo toda la vida se queja de que no hay trabajo, a veces, en un mes me trae treinta pesos. Tengo nueve hijos. Con eso no alcanza. Hace corajes y me dice que nada más soy una mujer, que no valgo nada".

Para huir de las fincas y la crisis, las mujeres empezaron a vender artesanía, luego a organizarse en cooperativas. La carencia de tierra llevará a muchas a buscar una forma de supervivencia huyendo de la esclavitud de las fincas, y con sus familias se lanzarán a la aventura colonizadora de la selva Lacandona.

III. Cómo se pobló la selva

Cuando las cuatro familias pioneras llegaron a Guadalupe Tepeyac todo era selva. La espesa vegetación mostraba el nuevo hábitat inhóspito al que se enfrentarían los tojolabales que venían de las fincas, hartos de trabajar como peones. De esos fundadores sólo quedan las mujeres, ancianas ya.

Ellas sufrieron como nadie la huida de su comunidad cuando el 10 de febrero de 1995 –poco más de medio siglo después de colonizar ese pedazo de selva– tuvieron que huir por las montañas. El ejército mexicano invadió el lugar, cientos de soldados descendieron en helicópteros. La gente de Guadalupe decidió refugiarse en el hospital ocupado por la Cruz Roja Internacional, pero los militares entraron en él empuñando sus armas.

Todas las casitas y chozas fueron minuciosamente registradas. Los guadalupanos, y con ellos sus ancianas, abandonaron el pueblo. Con lo puesto, emprendieron un éxodo montaña adentro, huyendo de la "labor social" y "la restauración del estado de derecho" que trajo el ejército.

Doña Herminia, mujer centenaria, delgada como un día sin pan, arrugada y seca, aguantó el viaje. Sus ojos, casi azules, descubren una sorprendente viveza. Por su mirada, Herminia parece una niña, una muchacha joven. No le queda ni un diente, sus piernas son palos, puro hueso. Su piel, morena, de tojolabal, tiene tantos surcos como la tierra.

La tuvieron que llevar cargada. Herminia no pudo caminar durante tres días con sus noches. Sus hijos hicieron con unas ramas una camilla improvisada y allí la llevaron tumbada.

Cuando entrevistamos a Herminia, no fue por casualidad. Habíamos logrado acceder al lugar donde los de Guadalupe se refugiaron. Ya habían pasado dos semanas desde que abandonaron su pueblo. Estaban más o menos instalados en un rincón de la Lacandona. Andábamos hablando con la gente, recogiendo los testimonios de su huida, preguntando a niños, mujeres. Las nuevas mamás eran mi fijación. Ellas, jovencísimas algunas, habían tenido hijos en el camino, antes de salir, después de caminar un día, después de

55

caminar dos, al llegar a ese recodo... Los "pichitos" –bebés– estaban bien. Era admirable esa persistencia de la vida y de la lucha entre los guadalupanos.

Ya nos disponíamos a irnos. Entonces un hombre se nos acercó:

–¿Ya hablaron con doña Herminia?

–¿Quién es doña Herminia?

–La mujer más juiciosa del pueblo.

Y nos indicó una de las chozas.

Entramos. En la penumbra del cuarto vimos una cama de tablones de madera sobre la cual descansaba una mujer. Llevaba un paliacate anudado a la cabeza y un vestidito de flores. Estaba semiincorporada, sus piernas cubiertas con una mantita de colores de Guatemala. Herminia sorbía un poco de café de una escudilla. Nos miró con curiosidad desde su cuerpo de mujer, madre, abuela, bisabuela, tatarabuela, de más de un siglo. Amablemente, nos saludó, tendió su mano huesuda, se alisó la manta y el pelo y suspiró.

Con ese suspiro y ese requiebro de ojos dirigido a nosotros quedó claro todo lo que nos tenía que comunicar. Estaba bien, sí, pero ¡tan lejos de su casa!

"Aquí estamos tristeando. Me trajeron cargada, no puedo caminar, duelen mucho mis piernas. Estamos sufriendo mucho, Diosito. Los niños chiquitíos, todos, apenas un poco de tortilla pa comer."

En la choza donde estaba Herminia dormían unas diez familias más, apenas había espacio para los hombres. Éstos se veían obligados a pasar la noche a la intemperie.

Una de sus hijas, octogenaria ya, parecía más afligida que su madre. No pudo reprimir sus lágrimas cuando nos contaba lo que representó para ella el abandono del poblado. Zoraida lloraba cuando recordaba que "cargada la traían a mi pobre mamàcita, pobre, mi mamacita".

Zoraida, a pesar de sus años, caminó como todos, cuatro días, hasta llegar a lugar seguro. Delgadísima y bastante alta, esta anciana parece fuerte, cuenta con buena salud. Lleva un vestido azul cielo que no puede más que "lavar y volver a poner", ya que en la huida no pudo recoger nada. Su voz es dulce, melosa, y se preocupa en demasía por los más chiquitos. La primera vez que la visitamos en ese refugio de la selva, Zoraida estaba afligida porque no tenía ropita para cambiar a sus nietecitos. No daba crédito a su suerte. Ella relató junto con "otra mi comadre", doña Chole, por qué está cansada de sufrir.

Y así surgió un esbozo de la historia de sus vidas y de cómo poblaron Guadalupe Tepeyac.

Chole contó: "Soy de las meras fundadoras de Guadalupe, con otra mi comadre. Fuimos de las que llegamos primero. Yo era del punto de Santa Isabel, de un ranchito. Mi difuntito me dijo: 'aquí no vamos a comer. Los niños están criando, a dónde van a trabajar. Me voy a conseguir un lugar'. Yo le contesté: 'donde quieras que vayas, yo te sigo', ¿por qué me iba a quedar con puros chiquitillos?"

Zoraida explicó: "Con la primera familia vine yo, después nacieron ya los demás niños que hay. Un niño vino de aquí afuera, lo traje cargado con el difunto. Los demás nacieron ya en Guadalupe Tepeyac. Porque ahí fuera no hay monte para hacer nuestras milpitas y sembrar nuestro maicito pa comer, y pensaron los difuntos que se iban a buscar su pedacito de tierra. Por eso bajamos. No queríamos bajar nosotras porque decían que hay mucha calor y no vamos a hallarnos. Y ahí dice el difunto, mi papacito: 'No m'hija vámonos, porque aquí no hay donde van a trabajar estos niños que están criando'. Por eso nos dejamos venir en este santo lugar. Y vea usted ahora qué nos está pasando, sí.

"En aquel entonces sólo existía un lugarcito habitado, el Anexo del Carmen. Los que bajaron hicieron sus champitas y se pusieron a trabajar. Venían de las propiedades con patrones, eran peones. Empezaron a pensar que el trabajo de mozos no era de campesinos, no podían trabajar para ellos".

Los indígenas, campesinos sin tierra, llegaron a colonizar los territorios nacionales en la selva Lacandona. Muchos, antes de lanzarse a la aventura colonizadora, conseguían títulos de propiedad ejidal en determinados puntos de la selva. Otros se lanzaban a trabajar la tierra mientras tramitaban su dotación. A Guadalupe Tepeyac llegaron sin ningún papel. Cuenta Zoraida: "Yo nací en El Porvenir, cerca de La Petema, en una finca. Mis papás vivían con patrones. Toda la semana trabajaban para el patrón, sólo el domingo era para los mozos. Pensaron formar un ejido y entre cuatro y cinco gentes poblaron. Pero con la familia abundaron y creció Guadalupe. Luego llegaron más pero tuvieron problemas con el gobierno para legalizar la tierra. A un tío le pegaron un tiro por pedir la tierra. Eso fue hace cuarenta y dos años. Ellos empezaron a arreglar los papeles. Habían tumbado un pedacito de montaña, descamparon para montar las casas. Ése fue su delito. Le metieron un balazo pero no se murió. A dos los metieron en la cárcel. Estuvo duro porque estuvieron los soldados".

Doña Chole, mujer de carácter fuerte, relata como quien cuenta la vida ajena: "Fue difícil construir el ejido. Le dieron un balazo a mi esposo, por un terreno, fueron los federales que llegaron. No había cómo arreglarlo, no sabíamos porque estábamos perdidos, olvidados como animales. Entraron a lo grosero, disparando bala. A mis hijos les dije: 'No se muevan, ahí esténse en la cama, con cuidadito'. No pudimos hacer nada. No les tuve tanto miedo y les dije que 'qué orden traen. Que por qué nos miran así indios, a saber qué nos vienen a hacer. Pero allá lo van a saber en la presidencia'. Pero ni me atendieron. Tiraron bala. Le pegaron un tiro a él y se fue a presentar a Las Margaritas. Así se arregló. A un compadre por arreglar su terreno lo metieron a la cárcel. Pero al fin pasamos a tener la tierra".

En algún lugar de la selva, mientras resisten con ánimo la añoranza de su pueblo invadido por los soldados, estas ancianas rememoran su llegada a lo que llamaron Guadalupe: "Los hombres empezaron a limpiar selva. Comíamos y no comíamos por trabajar ese pedazo de tierra, para abrirlo. No encontrábamos ni frijol ni café ni sal meramente, sin nada estábamos. Por eso, yo le digo, nos privamos tanto que yo ya no quiero estar sufriendo; sigue lo mismo pero más grande.

"Se desmayaron los difuntos, les pegó la fiebre y se murieron. Quedamos viudas todas. Estaban potentes todavía. Les dio una enfermedad y no había con qué arreglarla. Quedamos puras mujeres y niños chiquitos, no podían ayudar a sus papás. Y entró gente, llegó compañía, algunos familiares que no tenían dónde vivir. De por sí estábamos pobres, nada más estamos abrazados así, sin nada. Pero la tierra ya la teníamos.

"Cuando nos quedamos viudas, como había ranchillos ahí cerca, veníamos a ganar al corte de café, nos pagaban y así les conseguíamos ropita a los niños, nos pagaban dos reales la carga. Cuando empecé en este lugar sí sufrimos, pero ahorita otra pasada, todavía lo estoy viendo".

Zoraida vuelve a llorar. Como diría un comunicado del EZLN, "sesenta mil razones verde olivo" impiden que ella regrese a Guadalupe Tepeyac, considerado el bastión de la insurgencia. Zoraida, que como toda la gente de su pueblo no pone en ningún momento en duda la justeza del movimiento zapatista, pide que salga el ejército, afirma que los soldados la asustan, a ella, a sus hijas y a sus bisnietos. Y repite hasta la saciedad que ya no merecen que la vida los vuelva a poner a prueba como cuando poblaron. Tanto sufrimiento que les costó: "Ahora están bien peligrosos los tiempos y otra vez a sufrir. Así lo vinimos a sufrir en este pedacito de terreno donde no comíamos de frijol, de café, de maíz, porque estaban todavía chiquitillas las matitas, no teníamos nada. Ni ropa, puro remendadito, lavar y poner el mismo pedacito en el hoyo de la ropa".

¿Quién no puede imaginar las condiciones de vida que encontraron estas mujeres al llegar a un claro de la selva? Tuvieron que dar a luz solas, ingeniárselas para preparar qué comer, cargar los hijos, ayudar al marido destrozado por la dureza del trabajo físico, ver morir de enfermedades a los suyos, lejos de todo remedio, lejos de toda su cosmogonía.

Los hombres domaban la tierra virgen. Ellas también tuvieron que empezar de cero, buscar alternativas a las grandes carencias: "Antes ni jabón encontrábamos, nada. Una hojita de amolío, unas vainitas larguitas así, y lo machucábamos en nuestra batea para lavar nuestra ropa con los niños. No teníamos un quinto pues estaba muy barato cuando íbamos a ganar por corte de café en un ranchito. Pero qué le vamos a hacer. Teníamos que ganar algo, tenía yo hembra y varón, puro chiquito. También los demás. Igual trabajamos en este santo lugar. Entre cuatro son que bajamos a poblar. Ya de veras lloramos de por sí nuestra suerte porque no encontrábamos nada de por sí cuando recién bajamos. No teníamos trastes, puras ollitas de lodo, machucamos nuestro vaso, machucando, remoliendo, haciendo nuestras ollitas de barro. No había herramientas, apenas un pedacito de machetito que bajamos de donde vivíamos con patrón..."

Las dos ancianas tojolabales definen con una frase el terrible trabajo de poblar la selva: "Abrimos la vida de Tepeyac, de por sí ya lo sufrimos bastante. Y peor pues nos salió. Como que quedamos viudas de por sí. Por eso nosotras lo sentimos mucho. Y quién es que se está sirviendo ahora en este santo lugar".

Chole tiene una personalidad imponente, ella no se queja más que lo necesario. Para acabar el relato, desde la champa sin paredes donde duerme tirada en la tierra con otros cuarenta refugiados, concluye: "Es seguro nuestro destino que nos dio Diosito, porque de personas que somos nos tenemos que soportar en este mundo, porque la verdad sufrió el que es Dios, qué tal nosotros..."

La inmigración indígena a las tierras de la selva tuvo como momentos culminantes las décadas de 1940, 1960 y 1970. Se calcula que más de ciento cincuenta mil personas habitan hoy en día esa zona, denominada ahora "de conflicto", "territorio zapatista", etcétera.

"¿Por qué será que vinimos para acá? Pues a buscar dónde podemos comer un poco mejor. Es que en verdad teníamos dolor de pobreza... de una vez porque no había tierras. Si fuera que tenemos bastantes hectáreas, ¿qué venimos a hacer aquí, a puro sufrir?" (*Voces de la historia,* op. cit.)

Cansados de la explotación, del hambre, de no poseer un pedazo de tierra suficiente como para sembrar el maíz con que alimentar a la familia, los hombres tomaron la decisión.

"Muy tristes quedaron mis suegros en sus corazones, así como miraron que partía con su hija, a un destino desconocido para todos. Rápidamente se decidió mi vida... Ese día tomé el avión y me fui, me fui al llamado ahlan k'inal, a los llamados confines de la tierra" (Morales, *Ceremonial,* 1993).

La colonización supuso la formación de pueblos jóvenes que necesitaron de una cohesión social muy grande para enfrentar las dificultades iniciales y la hostilidad del medio. Lo más significativo de este proceso es la voluntad de superación de los que lo emprendieron, una lucha contra todo y por la vida que ha sido el caldo de cultivo del Ejército Zapatista de Liberación Nacional. En la selva se encontraron diversas etnias, se formaron poblados mixtos, se casaron tzotziles con tzeltales, tzeltales con tojolabales, choles con tzotziles... Estos matrimonios se comunican entre sí en la lengua del marido, por ello muchas mujeres se convirtieron en bilingües, pues estaban "socialmente" obligadas a ello.

También en muchos casos se aprendió el español, útil para vender la cosecha, hacer valer los propios derechos y llevar a cabo las luchas campesinas. Las mujeres, monolingües o bilingües, rara vez hablan castellano. No es extraño que, aunque lo sepan, lo oculten. Las tojolabales, más acostumbradas al trato con los ladinos en las fincas y los valles de Comitán, son la etnia que más mujeres castellano-hablantes tiene. Conviven con muchos mestizos, campesinos pobres que también huyeron a la Lacandona.

En la selva se precisaba de la unión de todos y la acción conjunta para "abrir la vida". Muchos hombres, líderes naturales, se convirtieron en polígotas, en viajeros. Para ellas, la selva también representó en muchos casos romper con la diciplina férrea de sus vidas.

En Nuevo Huixtán y Nuevo Matzam, unos investigadores de la Universidad de Chiapas –Garza, Paz, Ruiz y Calvo– lograron recoger el relato de las mujeres tzotziles y tzeltales que llegaron a esos dos enclaves en la Reserva Nacional de la Lacandona, municipio de Las Margaritas. Ellas no venían de las fincas, sino de los Altos de Chiapas, donde la miseria alcanzaba índices extremos que obligaba a los maridos a "engancharse" en las haciendas.

El libro *Skop Antzetik, una historia de mujeres en la selva de Chiapas* (op. cit.) narra la experiencia de ellas: "No sabemos si es mejor acá. Como no conocemos y ya estamos acostumbradas en Tierra Fría, no quisimos salir de nuestra casa.

"–No quiero abandonar a mi mamá –decíamos algunas.

"–No quiero, me da miedo el agua que dicen que hay.

"–No voy –contestábamos.

"Pero qué vamos a hacer nosotras si ya los hombres dijeron que nos vamos en Nacional.

"–Si no quieres venir, aquí te quedas –decía cada esposo, y a algunas mujeres nos trajeron a la fuerza, con maltrato; en verdad sólo unas pocas vinieron por su gusto".

Las mujeres no lograron detener a sus maridos. En su calidad de subordinadas, no les quedó otro remedio que apuntarse a la aventura.

"Íbamos bien cargados con las cosas y las que tenemos bastante familia llevábamos un hijo abrazado, otro colgado de la nuca y jalábamos de la mano a los niños creciditos que caminan solos. Nos fuimos a San Cristóbal, de ahí agarramos carro a Comitán, que así dicen que se llama, porque acaso conocíamos los pueblos por donde pasamos.

"Otra vez compramos boleto y viajamos hasta donde terminaba la carretera, pues no llegó el carro hasta el mero lugar a donde vamos. En medio de la montaña quedamos, saber cómo se llama el lugar, no lo conocemos, pero bien nos acordamos que sentimos muy largo el camino; tres, cuatro, hasta cinco días hicimos de puro pie... En la caminada las mujeres quedábamos atrás, casi perdidas. Íbamos llorando porque no podemos ir rápido con el lodo que llega hasta las rodillas. A los niñitos se les hunden los pies en ese lodo y ahí los tenemos que ayudar a cada paso. Veníamos muriendo, con el corazón chiquito por la sed de tanto calor, y aunque vamos a buscar sombra bajo los árboles, no sirve, parece que se quema el mundo...

"Más tristes nos pusimos cuando llegamos al río. Ahí empezamos a llorar mucho por el miedo, como lo vimos que está grande y verde, y como no los conocemos, pensamos que vamos a morir y nos van a comer los pies los pescados.

"Muchas de nosotras quisimos regresar, pero ya no podemos; entonces para pasar el río nos tapamos la cara con el chal o nos agarramos bien fuerte de nuestros maridos, o tomamos trago; así agarramos valor y nos salvamos."

La gran mayoría de las indígenas que bajaron a la selva nunca había salido antes de sus parajes. Su conocimiento del mundo se limitaba a la zona donde habitaban y alcanzaba como máximo la ciudad de San Cristóbal de Las Casas. Allí el clima es templado tirando a frío. En la selva, conforme se iban adentrando, las temperaturas aumentan, la vegetación se hace más espesa, el aire es diferente. El viaje a la selva fue para ellas una verdadera odisea, en muchos casos traumática, no sólo porque "abundaban el chaquiste y los zancudos, y teníamos miedo de las culebras y de otros animales del monte".

Sino porque las esposas e hijas pioneras se vieron de golpe despojadas de sus costumbres, lejos de sus familiares y vecinos, de sus paisajes cotidianos. Aunque algunos grupos cargaron con sus santos desde sus lugares de origen y selva adentro, la mayoría de las nuevas comunidades carecía de toda imaginería, de templo, de lugares sagrados. Además, las faldas de lana gruesa de su vestimenta típica eran asfixiantes en esas latitudes. Tampoco ahí había borregos, ni lana para tejer, ni ninguna de las hierbas que ellas pudieran utilizar para curar.

Una vez en tierra prometida, las mujeres no se hallaban: "'No te voy a dejar que regreses en nuestro paraje', contestaban los maridos. Aquí nos vamos a quedar todo el tiempo. Y las pobres mujeres quedábamos bien tristes. A muchas nos agarró la enfermedad, por poco morimos de la pena que teníamos.

"Así pasó. Tuvimos que aguantar todo el sufrimiento y algunas ya no vimos cómo se enfermaron nuestras mamás o nuestros papás, abuelos, hijos; ya no les hablamos y se murieron.

"Porque estamos muy lejos ya no pudimos mirar a los que se quedaron en Tierra Fría, hasta después nos dijeron que ya están muertos. Nosotras no los vimos".

Aunque ganaron su libertad y en muchos casos algo de tierra que cultivar, los indígenas trasladados a la selva siguieron viviendo en una total carencia. Yen los lugares inaccesibles de la Lacandona, la ausencia de servicios se agravaba por la lejanía de los hospitales más próximos, las escuelas, las tiendas, el transporte.

La comandante Trinidad del EZLN, pobladora de Guadalupe Tepeyac, contaba durante el diálogo en San Andrés Larráinzar en mayo de 1995: "En la selva ya no tuvimos patrón, pero de pobres, de por sí, estamos igual de pobres que antes porque no tenemos ni qué vender. De esa pobreza surgió nuestra lucha, porque no nos escuchaban, nos tenían abandonados".

Trini forma parte de una generación que ha entregado a sus hijos e hijas a la lucha armada. Las tropas insurgentes están formadas básicamente por jóvenes, muchos nacidos en las condiciones paupérrimas de las nuevas comunidades selváticas.

Silvia es una capitán del EZLN. Tiene dieciocho años, es chol. Nació en un pueblo pequeño de la Lacandona. Sus padres estuvieron entre los primeros en llegar ahí y colonizar.

Silvia apenas recuerda su infancia. Pero sí sabe que de su pasado nace su vocación luchadora.

"Tenía más o menos cuatro hermanos. Trabajaba en el campo, no estudié nada. En mi comunidad había una escuela así de madera, de puro zacate. Los maestros llegaban alguna vez pero sólo contaban a los alumnos y se iban, no daban clases. Mi ejido es muy pobre, no hay nada. Yo ayudaba a mi mamá, mi familia vive en la miseria, sin dinero, sin nada. Si los niños enferman, no hay dónde ir, no hay carretera ni médicos. Los enfermos los llevan cargados ocho horas caminando. Se mueren. Los que están enfermos de calentura o enfermedades que se pueden curar no es justo que tengan que morir.

"Las mujeres no tienen nada, trabajan en sus casas, cargan leña, llegan a trabajar, tortean, hacen comida, ayudan a limpiar la milpa a los maridos y atienden a los hijos. Algunas, no todas, participan en las reuniones de las comunidades, las que llegan a entender.

"Supe mucho antes que había una organización armada, el EZLN. Alguien me lo comentó, uno de otro lado, no del pueblo. Empecé a pensar en los once puntos por los que lucha el EZ. Y por eso me sentí muy orgullosa de integrarme aquí. No hay nadie que se venga por gusto nada más. Estamos explotados por el gobierno, por los que tienen poder."

La idea de la lucha armada penetró en las cañadas de la selva y echó raíces profundas. La represión, la violencia desmedida del gobierno contra los indígenas no hicieron más que acrecentar una única opción entendida en muchos casos como de autodefensa. Silvia sufrió este proceso en carne propia: "En mi pueblo no todos estábamos con el EZ y en 1990 nos traicionaron. Llegaron como quinientos federales armados y registraron toda la comunidad y encontraron armas. Éramos pequeños grupos de organizaciones y por eso nos investigaron, querían ver quién es el dirigente, quién mueve el ejido. Uno habló, lo dijo todo, nombres, etcétera. Tomaron presos. Algunos se pudieron esconder. Pero a los dirigentes los llevaron y algunos no han vuelto a aparecer. Los que huyeron lograron venir hasta acá, a este pueblo, los estuvieron buscando por las montañas, dispararon por todas partes. Mataron, porque algunos ya no los volví a ver.

"A Azucena –otra insurgente– y a mí nos llevaron a una casa de seguridad en San Cristóbal, donde no nos encontraran los federales. En esa casa donde estuve trabajando en la ciudad pensé bien qué iba a hacer. Y pedí ir a la montaña a empuñar las armas. 'Ya sé que es un sacrificio lo que voy a hacer, pero es hora de confirmar, por eso estoy acá.' Hasta ahora no he visto a mi familia desde 1989, no saben dónde estoy. Los ejércitos tienen controlado el ejido ahorita.

"Me siento orgullosa de estar aquí en el EZLN, es necesario estar aquí. Además aquí se aprende. En una casa nada más trabajas, haces la comida y no se aprende nada, por eso es mejor venir para bien de nuestro pueblo, tomar las armas. Yo antes no sabía español, hablaba puro chol. Aquí me enseñaron todo. Ahorita lo estoy llevando pues adelante".

Azucena vivió junto con Silvia la incursión militar en su ejido, que culminó con el arrasamiento e incendio de las casitas de zacate donde vivían. A partir de entonces y a pesar de su juventud, tuvo claro que quería ser insurgente: "Yo no me lo pensé mucho. Vine así nomás, rápido. Pasé tres días nomás de miliciana y después ya me mandaron para aquí. Creo que tengo dieciocho años, llevo tres en el EZLN [en 1994]. Nosotros no luchamos por dinero, nos alzamos en armas, es muy difícil ser insurgente pero estamos decididos a esto por todo lo que necesitamos, para el bien del pueblo, quizás con las armas nos entienda el gobierno. Yo estoy tranquila, no había otro camino".

Elisa es otra capitán insurgente, de origen tzeltal. Salió de una de esas tantas comunidades nuevas de la selva donde la pobreza era insostenible. A sus veintitrés años –en 1995– asegura: "Yo tengo cinco años en el Ejército Zapatista. Decidí entrar porque vi la situación en mi pueblo. Antes no sabía que había compañeros que estaban preparándose para luchar y sacar adelante al pueblo. Pero cuando me enteré ya me fui a la montaña para prepararme para hacer la guerra, decidí ingresar en las filas del EZLN.

"Claro que a nadie le gusta hacerse insurgente pero con esta situación pues tenemos que hacer el esfuerzo y aguantarlo para que el pueblo tenga lo que necesita. Porque ya hemos visto muchas veces que la gente se organiza, hace marchas, plantones, y nunca se resuelve nada. Por eso es mejor agarrar las armas. Y para ello hay que estar en la montaña, sufrir allí y aguantar todas las chingas que pasan, si te dice el mando que tienes que caminar toda la noche, aguantar el frío, el sueño, la lluvia..."

LA MUERTE

La mayor insurgente Ana María, tzotzil de veintinueve años, responde a las preguntas ¿por qué? y ¿no les da miedo la muerte?: "No sentimos nada la muerte. O sea, ya desde antes nos sentíamos como desaparecidas, nunca nos tomaron en cuenta. Ha habido muchas muertes en los pueblos de hambre y enfermedades; nosotros decimos que es como si siempre estuviéramos en la guerra. Ahorita nos morimos si nos matan. Los que han muerto... pues sí, nos duele, pero era necesario que alguien se muriera, que alguien diera su vida para lograr la libertad y la justicia que no existen en este país. Nosotras las mujeres estamos convencidas de nuestra lucha y no nos da miedo morir. Es más doloroso ver a los niños morirse de enfermedades curables, cólera, sarampión, tosferina, tétanos, enfermedades que el gobierno dice que ya no existen. Yo no tengo hijos, pero sí he visto morir a dos niñas en mis brazos. No podíamos hacer nada, se les murió la mamá antes y no había comida pues para estas niñas. Y como ellas, se han muerto miles, miles de niños y no es justo. Durante todo ese tiempo que estuvimos luchando pacíficamente sin obtener nunca nada se nos murieron muchos pero muchos niños, cada vez que pasaba una enfermedad arrasaba, cada año se hacían más grandes los panteones de las comunidades. Y esto es muy doloroso, y por eso nos decidimos a esto" (catedral de San Cristóbal, 27 de febrero de 1994).

Maribel, una muchacha guerrillera de veintiséis años, con el grado de capitán, afirma: "Realmente aquí en las comunidades la muerte aparece de pronto, con diarrea, con vómito, con calentura; por eso lo que decimos nosotros, los insurgentes, es que la vida más difícil no es ser insurgente, no es ser miliciano, la vida más difícil es la que padece el pueblo, los sufrimientos, las injusticias, la falta de educación, la falta de alimentación. Eso es lo más difícil, porque no se vive un solo día. En cambio nosotros, nuestra vida pues sí es dura. Hay que caminar, correr, saltar, combatir. Pero eso no es todo el tiempo como lo vive la comunidad".

IV. Un amanecer en la selva zapatista

Es abril de 1994. Despunta el día en la selva de Chiapas. Un cobertizo de madera rodeado de árboles y vegetación. En la legendaria ceiba empiezan a trinar los pájaros. Apenas son las seis de la mañana y parece que lentamente el paisaje salga de su letargo, se limpie las brumas de sus ojos y se abra a la luz del sol. Las cosas que la noche ha ocultado van cobrando relieve.

Vuelven a poblar el silencio las aves y los animalillos, el color verde recupera su poder embriagador. En la choza se prende el radiocaset. Y suena, indefectiblemente, una cumbia: "Estoy feliz, estoy feliz, porque estoy enamorado...", y sigue la de "Ronalda, quítate la minifalda..."

Los que dormían en el jacal empiezan a moverse. Es un espacio reducido, aproximadamente de cuatro por cuatro. En él hay habilitadas unas rústicas literas hechas con tablones y fijadas sin ningún clavo, con lianas y fibras vegetales. Cartucheras, fusiles, armas diversas cuelgan de las paredes o yacen tendidas al lado de sus dueños. El suelo está lleno de botas. Son botas viejas la mayoría, rotas, remendadas. En la oscuridad del cobertizo se oyen las voces de los jóvenes que se incorporan, algunas risas, algunas protestas, algunas son de mujer. Han dormido vestidos, con el uniforme puesto, cubiertos con una cobija. Sólo tienen que ponerse las botas, colgarse el fusil al hombro y salir.

Aparece el teniente Lucio, de diecinueve años, hermoso; sonríe, se rasca la cabeza, acomoda su gorra y se mete en el jacalito de al lado, la cocina de tablas que no encajan y techo de paja renegrido. Dos jóvenes más vestidas de negro y café salen de la choza, son dos muchachas que llevan un peine en la mano. Su larga cabellera negra cae como obsidiana sobre el uniforme. Rigoberta lleva un collar de cuentitas de colores, Consuelo, unos pendientes de fantasía largos. Hablando entre ellas extienden su pelo hacia adelante y lo peinan hasta dejarlo amarrado en una trenza. Dos bolitas rojas o naranjas como caramelos coronan su obra que emerge bajo la gorra del uniforme.

La capitán Irma está sentada ante el aparato de radiocomunicación. Rigoberta y Consuelo se acercan a ella, se cuadran y saludan marcialmente con su mano izquierda:

—Buenos días, mi capitán.

Irma, atenta a las voces que surgen de su radio, contesta descuidadamente:

—Está bien, buenos días.

Irma tiene veintiocho años, la cara ligeramente pecosa aunque es chol. Su mirada es brillante y negra. Es capitán, es mujer, pero a la vez es como una niña, se le escapan la risa, las bromas, las ganas de vivir.

Carga una metralleta que "recuperó" de los policías judiciales durante la toma de Ocosingo. Luego contará que ella ingresó en el EZLN porque tenía un hermano que ya era zapatista y porque...

"En el pueblo, como las casitas son chicas y hay muchos hermanitos, ya me iban a casar sin que supiera yo nada de eso. Entonces, cuando me enteré, preferí salir que quedarme ahí. Yo no quería al hombre ese, pues, estaba yo muy chica todavía."

En la cocina, apenas un cobertizo oscuro donde se cocina con leña, dos muchachos uniformados preparan el desayuno. Sus fusiles descansan en el clavo de las cacerolas. Se han levantado mucho antes que los demás, han ido a buscar la leña y han prendido el fuego. Luego han cargado agua desde la fuente más próxima y la han puesto a hervir para hacer los frijoles, el café y el arroz. Hoy les toca turno de cocina. Las labores de intendencia son rotativas y afectan tanto a unos como a otras. Ellos, cuando no eran soldados zapatistas y vivían en sus casas, jamás habían visto a un hombre acercarse a la lumbre a preparar tortillas. Ahora, mientras siete compañeras insurgentes duermen, ellos hacen el desayuno para todos.

Irma me comenta: "En los pueblos es la mujer la que trabaja en la casa, nada más la mujer hace la tortilla y lava la ropa. Pero aquí no, trabajan también los hombres, los compañeros, ellos hacen también la intendencia".

La capitán vigila que los cocineros hayan cumplido bien su tarea e indica lo que se va a preparar para la tarde y si va a haber algún extra: unas latitas de sardinas. A los muchachos les resulta ya de lo más natural del mundo recibir instrucciones de ella y, aunque no les gusta la cocina, dicen que como militares que son no les queda de otra que cumplir lo que se les ordena. "Y así ha de ser mientras el mando sea justo", agrega Leonel.

El compañero de Irma es otro insurgente, el mayor Rolando.

Rolando me contó que a él lo que más difícil le resultó de su incorporación al EZLN fue aprender a preparar los frijoles. En eso sí sufrió: "Al principio cuesta mucho vivir en la selva, tienes que acostumbrarte al medio, pero bueno uno ya está acostumbrado a las chingas, los trabajos pesados. A mí lo que más trabajo me costó fue hacer la comida. Un día se me quemó el frijol; imagínate darle de comer a todos los compañeros frijol quemado".

Rolando tuvo que permanecer en intendencia hasta que por fin supiera hacer los frijoles. Y lo consiguió.

Son las siete de la mañana, una hora diferente para los zapatistas. "¿Hora tuya u hora suroriental?", preguntan. Es el momento del desayuno. De la cabañita han salido como quince insurgentes. Entre ellos hay siete mujeres. Se han colocado sus gorras, se han lavado las manos y la cara y se han arreglado el pelo. Entran en la cocina y agarran uno de los quince cuencos preparados. Las tortillas secas se tuestan en las brasas y sirven de cuchara. El teniente Lucio tiende las tazas de café a todos. Esto es lo que comen: arroz y frijol en una ración abundante aunque monótona. Algunos días especiales, si hay, se le añade algo de huevo, o de atún, o de carne. Otras veces se cambia el arroz por pasta. Es toda la variedad de su dieta, aparte del café o el atole. "Y ahora comemos bien, pero cuando estamos en el monte... ¡buuf!", suspira un joven teniente.

LA VIDA EN LOS PUEBLOS

No lejos del campamento, en el poblado más cercano, desde las tres de la mañana varias amas de casa están dedicando sus manos y esfuerzo a conseguir ese milagro redondo de maíz: la tortilla, la base de todo, de su cosmovisión y de su nutrición. La tortilla de maíz, ese milagro redondo que calma el hambre, tupida, caliente, amarilla o blancuzca. Es el sol de los mayas y la gran tarea de las mujeres.

Muchas se despiertan incluso a la una de la mañana, van a buscar la leña, prenden la lumbre, van por agua, muelen el maíz a mano después de hervirlo, lo amasan, le dan forma y luego ponen las tortillas al fuego. Este trabajo les lleva hasta cuatro horas. Así el marido cuando se levanta a las cinco para ir a la milpa ya tiene su comida preparada.

La mayor Ana María, de los Altos de Chiapas, contaba la jornada laboral de una mujer indígena: "No para en todo el día. La mujer campesina se levanta a las tres de la mañana a hacer el pozol y la

69

comida, el desayuno para los hombres. Si necesita leña, va y trae su leña, si necesita maíz va a la milpa a cargar su maíz o a traer verduras o lo que tenga. Va y regresa, lleva a su niño cargado en la espalda o en el pecho, prepara la comida. Y así se la pasa todo el día hasta que entra la noche, de lunes a domingo. Todavía los hombres en las comunidades los domingos tienen chance de ir a divertirse, a jugar básquet, o barajas, pero la mujer no, se dedica a todo todos los días, no tiene descanso".

¿Cuáles son sus diversiones? "Nada. No hay."

Ana María prosigue: "Desde niñas empezamos a cargar los hermanitos y a ayudar a moler el maíz y a hacer la tortilla y a barrer la casa o a lavar. No hay chance pues para ir a la escuela, aunque haya una en el poblado, tenemos que ayudar a la mamá. La misma mamá se ve obligada a dejar la niña en casa para que cuide del bebito mientras va a traer algo o a trabajar en la milpa. Deja a su niño encargado a la niña más grandecita, y la niña deja de ir a la escuela porque tiene que cuidar a su hermanito, tiene que ayudarle a su mamá, y así me pasó a mí, pues, ésa fue mi vida".

Las niñas y niños indígenas empiezan a trabajar a veces desde que son muy chicos. Norma, una muchacha del servicio de sanidad del Ejército Zapatista de Liberación Nacional, de apenas diecinueve años, cuenta que cuando sus padres iban a la finca cafetalera, como la llevaban cargada en la espalda, ella también participaba desde los hombros de su madre en la recolección: "Empezamos a jalar café porque estamos cargados ahí".

Estas criaturas sustituyen a la fuerza el juego por el trabajo, las muñecas por los seres humanos de carne y hueso. Norma, como tantas otras, rememora su vida en el pueblo: "Tengo como unos cuatro hermanitos que yo los lavaba, yo les daba de comer, pues mi mamá también se iba a trabajar en el campo con mi papá y mis hermanos. Y a mí me dejaban en la cocina, a hacer la tortilla, pero es muy difícil, cuando es una niña no sabe cómo trabajar, pero nuestra madre nos va enseñando, vamos aprendiendo".

Parece ser que sus tareas son exclusivas de ellas: la cocina, la ropa, los niños, la casa. Pero las labores de los hombres también las hacen las mujeres y las niñas, si aprieta la necesidad. Se repite eso de la "doble jornada" reservada al sexo femenino.

Norma sigue relatando su experiencia: "Yo cuando estaba en mi casa, a los ocho años, o a los siete, mi papá me decía: 'pues ahora ya sos grande, tienes que ayudarme en mi trabajo'. 'Sí, está bien.' Entonces yo empecé a agarrar el machete, a bajar la milpa, a tapiscar, a cargar maíz, a sembrar maíz, a sembrar frijol, todo lo que hace un hombre lo hace igual una mujer, también en el campo. Nos vamos desde las seis de la mañana si está cerca la milpa. Si está retirada, desde las cuatro de la mañana hasta las seis de la tarde. Regresando, como mujeres teníamos que poner nuestro maíz, cargar el agua, coser nuestra ropa, hacer lo que no podemos hacer en el día. A veces ni tiempo de dormir nos da. Si dormimos las doce de la noche, a levantarse la una de la mañana otra vez, ya no da ni tiempo".

ENTRA EL EZLN EN LAS COMUNIDADES

Hace cinco años que Norma ha cambiado su hogar por las filas del EZLN. Curiosamente, fue su madre quien no dudó en hacer suyas las motivaciones de la lucha zapatista, a la que se acababa de afiliar su hijo mayor, y acabó por convencer al padre. Norma dice: "Y así ya cuando nos hacemos grandes de doce años, le llega la organización a mi papá a partir de mi hermano que es el mayor. Mi papá no lo entendía, nada lo entendía la organización. Luego pasó que mi mamá sí la entendió y poco a poco nos fue explicando. Y por fin, luego, llegó mi papá a entenderlo también. Y nos daba clase de política, a las doce de la noche, nos decía cómo estamos de explotados. Era yo chica todavía".

El EZLN fue adentrándose en los pueblos de la selva de esta manera, a partir de la célula familiar, penetrándola y asegurando, en la complicidad comunitaria, el silencio y el involucramiento de nuevos miembros. Eran los tiempos de la clandestinidad. Una clandestinidad que alimentó sus filas durante diez años.

Un silencio del que todos, los partidarios y los no partidarios de la lucha armada, fueron cómplices. Hombres, mujeres y niños callaron y permitieron el estallido del 1° de enero de 1994.

Concepción Villafuerte, la directora del diario *El Tiempo* de San Cristóbal de Las Casas, tiene una teoría muy peculiar sobre el asunto. Como coleta, conoce a los indígenas desde una posición nada idealizada: "Los indios son unos cabrones, jamás aceptan a un ladino". Y reflexiona: "Si hay algo que ellos no perdonan es la traición. Tú puedes venderte o no venderte, aprovecharte de una situación o no. Pero lo que no puedes hacer, porque entonces te buscan y te matan, es traicionar, delatar. Así son los indios, les puedes hacer cualquier chingadera menos eso. Si el EZLN creció más de diez años fue gracias a este comportamiento de ellos".

Otra versión que explica que fuera posible ese lento acumular de fuerzas la expresa el órgano informativo del EZLN, *El Despertador Mexicano,* en su número de febrero de 1994: "Esto es necesario recalcarlo, si bien la organización que atiende problemas de orden estrictamente civil puede ser abierta, todo lo relacionado con el ejército tuvimos que desarrollarlo en silencio. Y es una dificultad, pero creemos que hemos demostrado en Chiapas que se puede salvar, pues la creación y desarrollo de nuestro ejército era un secreto que conocían y supieron cuidar miles y miles de hombres, mujeres y niños en un territorio muy amplio, donde no sólo no nos conocemos todos, sino que ni siquiera hablamos la misma lengua en todos los pueblos.

"Por lo anterior podemos entender la fusión tan grande que hay entre la población zapatista y su ejército. Sólo así se puede entender que sean los Comités Clandestinos Revolucionarios Indígenas, con el respaldo de sus comunidades, y no sólo los mandos insurgentes, los que conformen la dirección política de la guerra de liberación".

Durante los años de gestación del EZLN, la existencia de una guerrilla popular en la selva era un secreto a voces. En mayo de 1993 un destacamento del ejército mexicano topó con un campamento insurgente, Las Calabazas, en la sierra de Corralchén. Encontraron allí toda clase de elementos que les permitían hacerse la idea de lo que se estaba preparando: una reproducción en pequeño de la plaza de Ocosingo, uniformes, manuales, etcétera.

¿Por qué el gobierno de Carlos Salinas no hizo nada por detener a los guerrilleros? Quizás subestimó su número y no le interesaba en esos momentos sacar a la luz pública que en México existían los mismos problemas que en otros países latinoamericanos. México se preparaba para firmar el Tratado de Libre Comercio con Estados Unidos y Canadá, hazaña con la que Salinas pretendía pasar a la historia "sin mancharse", como diría el mayor Mario, del EZLN.

Algunas insurgentes aseguran que durante los años previos al alzamiento ya utilizaban uniformes zapatistas y, aunque se los quitaban para bajar a los pueblos, muchas veces se toparon con gente cuando avanzaban de una posición a otra, con todos los pertrechos guerrilleros. Los terratenientes y los ganaderos se cansaron de denunciar la evidencia. El gobierno estatal y federal les hizo caso omiso. Pero Salinas no se salió con la suya. Un año antes de concluir su mandato, los olvidados, aquella disconformidad que brotaba en el sureste, emergía ahora con violencia. Ya no fue posible cerrar los ojos.

EL EZLN: ÚNICA FORMA DE PROMOCIÓN PERSONAL PARA ELLAS

El subcomandante rebelde Marcos explica que gracias a un continuo fluir de muchachas al Ejército Zapatista se extendió tanto "la ideología": "Las que no aguantaban en las montañas regresaban a sus comunidades y enseñaban y difundían todo lo que habían aprendido. Ahora son zapatistas las comunidades enteras, hasta los chuchos".

La mayor insurgente Ana María, máximo mando militar, a sus veintinueve años, de toda la zona de los Altos de Chiapas, hace una descripción de lo que significa el EZLN para ellas. En la entrevista que cuatro reporteras le hicimos en la catedral de San Cristóbal durante el primer diálogo de paz, en febrero de 1994, explicó: "Muchas mujeres se deciden a esto porque ven que no tienen ningún derecho dentro de su propia comunidad, no tienen derecho a la educación, ni a prepararse; las tienen así como con una venda en los ojos sin poder conocer nada; las maltratan, son explotadas, o sea, la explotación que sufre el hombre la sufre la mujer mucho más porque está mucho más marginada".

Esa marginación, ese olvido dentro del olvido, se vive como un sacrificio y con una enorme tristeza. Moisés, un campesino tojolabal a cuyo pueblo apenas llegan las mulas en tiempo de lluvias, nos explicaba una noche de truenos y relámpagos que él está en la lucha "para que mis hijos puedan probar otros alimentos, no sólo maíz, pues peor que los animales comemos, peor que los chuchos, y somos personas". Su mujer llora cuando no hay qué dar de comer a los hijos, dice. Y en el mejor de los casos, ¿cuál debe ser la sensación de la madre al alimentar cada día a los suyos con la misma escasez, cocinar cada día los mismos frijoles –si hay–, las mismas tortillas, en el mismo viejo comal, la misma olla renegrida, sin ninguna variante pues la miseria no lo permite?

Como siempre, ellas son las que se sacrifican más, las del plato menos lleno, las que luego sufren los grados más alarmantes de desnutrición adulta. Rosario es una muchacha joven de un pueblo indígena. Está embarazada por segunda vez a sus dieciocho años. El hijo mayor tiene casi dos años y todavía mama. Rosario tiene que exponer sus pechos a la boca voraz del pequeño. Tiene que trabajar, cargar agua, leña y moler el nixtamal. Rosario lleva a otro hijo en la barriga que le chupa todo lo que come. ¿Cómo quedará físicamente esta mujer de la que dependen y de la que viven dos criaturas? ¿Cuántas veces quedará embarazada? ¿Cuántas parirá y cuántas veces sobrevivirá al parto? ¿Cuántos de sus hijos "se lograrán", como dicen aquí de los niños que consiguen pasar de los seis años?

Ver "lograrse" a un hijo es una ilusión tremenda para las madres, es su pequeña victoria contra el entorno. Pero ¿y los niños que mueren, que enferman, que quedan mal para siempre? El desgarramiento profundo de las mujeres que no consiguen salvar a sus retoños puede convertirse en rebeldía: "si no fuera tan pobre, mi hijo se hubiera logrado, no tenemos para medicinas, ni para el doctor, ni buena alimentación, ni nada", cuenta Filiberta, "por eso estoy en la lucha".

Además de todo esto, el machismo es ley en las comunidades indígenas y a duras penas empieza a cambiar en las más rebeldes. La mayor Ana María señalaba: "Nos tienen así a un lado. Hablo de las compañeras de los pueblos y de la mujer en general en nuestro país que sufre las mismas injusticias. Pero en realidad sí tenemos capacidad, podemos hacer otras cosas que no sea el trabajo dentro de la casa y el criar niños. Podemos aprender".

Aprender. Ésa es la clave, ésa es la razón y la gran atracción que el EZLN ejerce para las muchachas. Todas, al ingresar como insurgentes, deben aprender a hablar castilla, la lengua de comunicación dentro de un ejército formado por distintas etnias. Y la lengua del poder establecido, para defenderse del poder.

El EZLN abre esa oportunidad, la de leer y escribir, la de saber sobre historia y política, encontrarse con otros jóvenes, compartir inquietudes culturales, montar obras de teatro, inventar canciones, apuntarse a los múltiples y divertidos "Grupos Juveniles" que luego amenizan las fiestas de los pueblos y que no son más que los y las milicianos e insurgentes en su misión "cultural".

Allí, en el seno de las filas zapatistas, las mujeres demuestran su inteligencia, habilidad de mando, sentido de la responsabilidad, "y aprendemos un chingo de cosas", señalaría Rigoberta.

La capitán Irma cuenta: "De mi pueblo ninguna mujer más que yo ha salido, ni para estudiar ni para nada. Sólo si se casa. Por la misma idea de la burguesía de que la mujer no debe saber más que los hombres. Aquí en el EZLN es igualitario. Me enseñaron a hablar español, sabía muy poco, lo entendía pero no lo hablaba, tampoco sabía leer".

La capitán Laura, de veintitrés años, vio el ingreso en el EZLN como una salida a sus ansias de progresar: "Pensé que quería prepararme, hay que saber pelear. A pesar de que organizaba a las mujeres, quería hacer algo más, saber, avanzar. No sólo en lo personal, sino para todos. En el monte aprendíamos muchas cosas distintas, historia, por ejemplo. Lo primero que te enseñan los compañeros es el reglamento, la disciplina, leer y escribir, hablar bien el español y la práctica, el entrenamiento militar, limpiar el arma, cuidarla..."

Y no simplemente es aprender. El EZLN, señalaría la periodista Gloria Muñoz, también significa para ellas la primera toalla higiénica. La insurgente Azucena, de unos veinte años, le contó a Gloria Muñoz de cuando vivía en su pueblo y ni conocía las toallas: "Se siente muy feo la sangre escurriendo abajo por las piernas cuando se está menstruando".

El jefe militar zapatista, el subcomandante Marcos, ha insistido en señalar que entre las combatientes no se registran casi deserciones. Quizás se debe a que el panorama de regresar al pueblo, a la casa, a los trabajos propios de su sexo, no es muy atractivo para ellas una vez han degustado una vida diferente. Las insurgentes han sido tratadas como iguales, se pueden casar, juntar, divorciar, pueden planificar... No les apetece volver a desaparecer bajo el yugo de un hombre, un marido, un padre.

GRADOS DE PARTICIPACIÓN EN EL EZLN

En el número 2 de *El Despertador Mexicano* viene una explicación de lo que son las bases de apoyo del EZLN. Dice: "De hecho, las bases de apoyo organizadas para la guerra, lo están de la misma manera que se ven precisadas a organizarse para la vida civil y política. Resuelven las cuestiones necesarias al ejército popular: logísticas, de abastecimiento, de información, de reclutamiento, etcétera".

En todo ello, el papel de las mujeres de los pueblos zapatistas es y ha sido fundamental. Ana María, la mayor insurgente, señala los grandes ámbitos en que las señoras de los pueblos fueron imprescindibles: "Desde que empezó a desarrollarse el EZ fue muy importante el trabajo de las mujeres en la seguridad. En cada pueblo hay bases, tenemos una red de comunicaciones. Es el trabajo de la mujer estar checando la seguridad, por ejemplo si entran soldados avisan, manejan radios de banda civil y avisan si hay algún peligro o si se están moviendo tropas del ejército federal. Ese trabajo lo hacen mujeres, amas de casa. Cuando nosotros atacamos las ciudades el uno de enero, ellas quedaron cuidando de la comunidad, de los niños y las demás gentes. Las jóvenes, las hijas, son las que fueron a pelear".

Las mujeres hacen además muchos otros trabajos, participan directamente en los talleres de sastrería del EZLN donde pacientemente elaboran uniformes insurgentes; también hay manos femeninas en la armería, donde se fabrican piezas para las armas, munición y otros útiles de guerra. Cualquier mujer de cualquier pueblo de Chiapas, sin necesidad de que sea insurgente, ha podido estar una temporada dedicada a esa tarea.

Circunspecto, abrazado a su pipa, Marcos afirmó sobre el tema: "Las mujeres es de donde se nutre nuestro ejército, son ellas las que les dicen a sus hijos que entren en la lucha, que ésta es buena y que hay que seguir adelante. Son ellas las que cubren a sus familiares cuando salen a escondidas. Son ellas las que nos mantienen, son las que nos dan de comer, son las que hacen las tostadas, el frijol, muelen la panela [piloncillo], y nos lo mandan a las montañas. Cuando hay fiesta y hacen tamales, siempre hacen también para los zapatistas.

"Si podemos sobrevivir en grandes contingentes es por ellas. Crecemos en las comunidades por ellas. En muchos casos fueron ellas las que impulsaron al hombre a votar por la guerra". El jefe zapatista agrega: "Las mujeres son un componente importante a nivel ideológico dentro del EZLN y también a nivel social para el sustento material y espiritual del EZLN. Si las mujeres están con nosotros, las madres, las hermanas, las hijas, lo tenemos todo".

Los grados de participación e implicación en la organización armada son muchos y para todos los gustos. En todos ellos hay presencia femenina. Por un lado está el Ejército Zapatista propiamente dicho con su jerarquía militar, sus armas y su vida en cuarteles o en montaña como guerrilla. Por otro está el Comité Clandestino Revolucionario Indígena, integrado por las personas de mayor autoridad moral de los pueblos y regiones. Susana, la comandante, es un ejemplo de ello. Fue elegida como representante de las mujeres de los pueblos tzotziles por su trabajo político en la organización femenina, no por su habilidad en manejar armas o en definir estrategias. En cambio, Maribel es una insurgente que tiene el grado de capitán por su responsabilidad militar, conocimiento y capacidad de mando. Susana, como la comandante Ramona, vive en su comunidad y se dedica a visitar toda la zona de su misma lengua. Maribel, como Norma o Ana María, vive en la montaña con el resto de la tropa zapatista y dedica por entero su tiempo "a la revolución armada". Por lo general las insurgentes son más jóvenes, tienen de dieciséis a no más de treinta años. Las mujeres y hombres que forman el Comité, cuya edad generalmente es de treinta en adelante –que entre los indígenas significa ya ser adulto y en algunos casos abuelo–, son los encargados de recoger el sentir general, las decisiones de las comunidades y transmitirlas en forma de órdenes al mando superior de los insurgentes.

"Ellos son los que nos dicen a nosotros lo que tenemos que hacer", explica la mayor Ana María. "Por ejemplo ellos tienen que decidir si nosotros vamos a pelear. Consultan al pueblo qué quieren que se haga y luego vienen ellos y nos dicen: 'el pueblo quiere que se haga esto', y eso hacemos nosotros."

Además del Comité y de los insurgentes, están las Fuerzas Mexicanas de Milicia, que es la gente de los pueblos que ha recibido instrucción armada y que se incorpora a las tropas de los insurgentes cuando es requerida. Los milicianos viven cotidianamente como campesinos y asisten por turnos con una regularidad determinada a ejercer prácticas militares bajo el mando de los insurgentes. Cada uno o dos meses, los milicianos pasan una semana en la montaña, en un cuartel. Luego regresan a sus casas y otro grupo va. Los milicianos forman el grueso de las tropas zapatistas y serían los soldados rasos de este ejército indígena. Entre ellos hay pocas mujeres, al revés de lo que ocurre entre los insurgentes. Quizás se deba a que la decisión de una mujer tiene que ser más radical para ser socialmente aceptada: o vive como soldado o como campesina, no hay término medio ni se pueden mezclar fácilmente las dos cosas. Ponerse pantalones, botas, y agarrar un rifle y después volverse a quedar descalza, haciendo tortillas como abnegada esposa, parece incompatible. No obstante, muchas insurgentes han pasado un primer tiempo de milicianas, hasta que tomaron la decisión de quedarse a formar parte del ejército regular.

En el nivel de participación donde más mujeres hay es en las bases de apoyo zapatistas. Ahí sí, como decía Marcos, juegan su papel importantísimo las madres, viejas y niñas de las comunidades. Su forma de vida no se ve alterada; simplemente tienen que cumplir con una serie de trabajos de la organización y asistir a las asambleas, estar informadas, organizadas.

Ana María, cubierta con su pasamontañas gris, explica: "A nadie se le obliga a que tome un arma o a que participe en esta lucha, es voluntario. Voluntariamente entran en esta lucha y si no quieren combatir participan de otra forma, apoyando. Hay muchos civiles que no están metidos dentro del movimiento; no es ningún problema, pueden estar sin participar y nosotros luchamos por todos. Si se va a repartir tierra nos va a tocar a todos parejo, no sólo a los zapatistas. Escuelas, hospitales, etcétera, de eso nos vamos a beneficiar todos, ésa es nuestra lucha".

Las insurgentes más jóvenes que he conocido tenían quince o dieciséis años. De los más pequeños, Ana María dice: "Ahora tenemos muchos niños y niñas dentro de las milicias; hay niños de ocho y nueve años que están inquietos, ven un insurgente y van y acarician el arma y juegan a ser zapatistas. Los niños vienen a las reuniones y muchos se molestan porque les decimos que no pueden jugar a las armas hasta que crezcan. Entonces tenemos que aceptarlos, claro, no los llevamos a pelear, pero muchos se ponen duros y dicen 'quiero ir', por eso había algunos en la toma de San Cristóbal".

El subcomandante Marcos explicó que en las comunidades indígenas los niños participan en la vida de la comunidad y tienen derecho a votar en las asambleas desde el momento en que no se duermen durante las mismas.

LAS MUCHACHAS LLEGAN A LAS MONTAÑAS

La mayor Ana María, chol de tez clara, fue, junto con la comandante Ramona, la representación femenina en el primer diálogo en la catedral de San Cristóbal. Allí, en perfecto castellano, contó: "Llegué al EZLN de muy jovencita, con unos catorce años. Cuando salí de mi casa y me enteré de que existía una organización armada me decidí; uno de mis hermanos ya estaba, pero mis papás, la mayoría de mi familia, no sabía nada. Pasé muchos años participando y aprendiendo sin que mi familia se diera cuenta. Unos compas que tenían un poco más de preparación nos fueron enseñando las primeras letras, después empezamos a aprender tácticas de combate, política para poder hablar con el pueblo y poder explicarle la causa de nuestra lucha.

"¿Por qué me decidí? Es una historia muy larga.

"Yo desde muy niña participaba en luchas pacíficas. Mi familia es gente que siempre ha estado organizándose y luchando para tener una vida digna, pero nunca lo logramos. Íbamos a las marchas, estábamos en una organización con otros pueblos. Junto con ellos íbamos también los hijos y desde los ocho años empecé a participar y así fuimos agarrando conciencia y experiencia de que con luchas pacíficas no se podía lograr nada. El pueblo se dio cuenta después de años. Sólo quedaba organizarse en la lucha armada".

La represión militar con que el gobierno respondió a las tomas de tierras y a sus demandas provocó que el pueblo llegara a esta conclusión: "Tenemos que tomar las armas, necesitamos defendernos", asegura Ana María.

Ella fue una de las primeras insurgentes con que contó el EZLN en sus inicios: "Al principio éramos dos mujeres en el EZ, era chiquito, lo formamos entre ocho o diez personas, hace como diez años [en 1994]. Poco a poco fueron entrando más; el pueblo fue agarrando conciencia y entendieron que era necesario tomar las armas y solitos fueron integrándose a las filas del EZ hasta que llegamos a formar una compañía, luego un batallón, luego un regimiento. Y así fue creciendo hasta que llegó un momento en que vimos que ya teníamos bastante fuerza y el mismo pueblo decidió empezar a pelear".

Las mujeres fueron incorporándose al EZLN incitadas por la presencia de otras mujeres: "A mí y a otra compañera que llegó conmigo, las dos primeras mujeres que llegamos a formar parte de las filas del ejército, nos decían que si no hubiéramos estado nosotras no hubieran entrado más mujeres. Por nuestra participación vieron que sí podíamos y por eso entraron más compañeras. Las mujeres de los pueblos empezaron a instruir a sus hijas, hermanas o nietas, y les decían: es mejor agarrar un arma y váyanse a pelear".

No es fácil tomar esa decisión para una joven indígena. Su ingreso en la guerrilla es un salto al vacío. El irse a vivir a la montaña fue para Irma "un cambio muy grande; primero estás un poco triste al separarte de tu familia, pero después empiezas a aprender y a ponerte contenta porque algo se va a lograr con tu esfuerzo, luchando por una causa que algún día se va a ganar, también para las mujeres, para todos, pues".

Las jóvenes inician en el EZLN una vida radicalmente distinta, al principio llena de añoranza: "Con el tiempo ya cambia, una tiene que olvidar las cosas que deja. Los compañeros te enseñan, entre nosotros platicamos; es como una familia de nuevo, aprendemos a querernos porque ya los hermanos y las hermanas quedaron en otro lado; eso nos une".

Laura cuenta de sus primeros años de insurgente y de cómo buscó apoyo entre sus compañeras para irse adaptando: "Al principio te cuesta acostumbrarte, no está tu familia, todo es distinto. Cuando entré había varias mujeres, y claro, como quiera una se va arrimando. Te ayudan, te sientes triste y deprimida, pero te vas acostumbrando a vivir con hombres, a ver que es diferente. Además, en mi pueblo ya estaban cambiando las cosas, ya se tomaba conciencia de la situación de la mujer y la necesidad de que todo fuera parejo".

Los y las insurgentes no pueden regresar a ver a sus padres cuando quieren, muchas veces se encuentran destacados en posiciones muy lejanas a sus lugares de origen. Laura, por ejemplo, llevaba tres años y medio sin ver a su familia: "¿Ganas de verlos? Me es igual, si los veo, mejor, si no, date cuenta: estamos en guerra. Aquí estoy con mis compañeros, como si fueran mi familia. Con los compas pues te relajas, los chingas, compartes muchas cosas, te ayudan... Es como si fueran tus hermanos todos, tus mandos son como tus padres, los que llevan más tiempo, los hermanos mayores..."

Azucena, una insurgente menudita y simpática, explica: "Al principio es duro, más para la mujer porque entrenamos igual que los hombres, igual nos tratan. En los pueblos, incluso entre los milicianos, el trabajo principal de las mujeres es cocinar, pero también sabemos empuñar armas. Los hombres están de acuerdo que sí. Muchas quisieran entrar pero no pueden porque están trabajando, tienen hijos.

La capitán Elisa, joven de origen tzeltal, relata más o menos lo mismo: "Cuando llegué allí pues poco a poco me fui acostumbrando, claro que a veces sí se siente a la familia, pero los compas me animan y así fui olvidando. Antes del primero de enero siempre llegaba a visitar a mi familia, cada año. Yo no les dije nada de que iba a pasar esto, de por sí ya lo sabían, pero no me dijeron nada de que yo me quedara allí, al contrario, me animaban para que siguiera adelante, estaban de acuerdo. Tengo otro hermano en el EZLN. Ingresamos juntos y nos separamos. Hasta ahorita nunca más lo he visto".

Laura nunca pensó en dejar el EZLN, a pesar de que confiesa que resulta muy dura la vida en las montañas. A la pregunta de qué es lo más difícil contesta con un TODO contundente: la cocina, el fuego, el entrenamiento... "Y la caminata. Cuando empiezo a caminar se me hace ronquido en la garganta y me duele, es lo que se me dificulta más. A veces caminamos siete u ocho horas con carga en los hombros, subiendo monte."

La mayor insurgente Ana María cuenta: "Lo que hacen los hombres hacemos las mujeres. Lo mismo, aprender tácticas de combate, hacer trabajo político en las poblaciones...

"En nuestra organización existe el respeto, sobre todo entre los combatientes. Todavía en las comunidades existe esa ideología y se da el maltrato, pero en nuestras filas existe mucha igualdad. El trabajo que hace el hombre puede hacerlo la mujer, el estudio que reciben es igual, el grado o responsabilidad que puedan alcanzar también. Por ejemplo yo tengo el grado de mayor insurgente de infantería. Mando un batallón de combatientes, los dirijo en la lucha, en los combates, y sé que puedo mover a esa gente. Así lo hice para la toma de San Cristóbal".

A Ana María la obedecen miles de zapatistas de ambos sexos. No obstante, es de suponer que a ellos les ha de costar recibir órdenes de una mujer... "Les decimos en broma a los compañeros que se portan así 'machitos'. Todavía existe eso y es lo que estamos tratando de acabar. A los compañeros nuevos, los que vienen llegando apenas, les cuesta trabajo obedecer a una mujer, lo ven mal, no están acostumbrados. Pero se acostumbran. Los compañeros que llevan tiempo ya lo ven todo igual, ven que es necesaria la participación de la mujer en todo esto."

V. De amor, matrimonio, hijos y guerra

Si las mujeres en el EZLN han roto algo de las tradiciones indígenas, ese algo es su destino de género. Pueden permitirse no tener marido y como militares deben evitar tener hijos aunque no renuncian a la actividad sexual.

Bien distinta es la vida en los pueblos, donde una niña nace y de ella sólo se espera que cuando sea mayor se case y tenga hijos. La mayor Ana María conoce bien cómo es la realidad en las comunidades: "Muy jovencitas se casan, a los trece, catorce años, muchas veces a la fuerza. Por eso en la Ley Revolucionaria de Mujeres del EZLN aparece el derecho a elegir libremente la pareja, que no sea obligada. Esa ley la sacaron las mujeres de los pueblos, y la aprobamos todos. En muchas comunidades si a un muchacho le gusta una muchacha no le pregunta a la muchacha si le gusta, sino que va directamente con el papá y la pide. Lleva su litro de aguardiente y dice: 'quiero a tu hija'. Cuando se entera la muchacha es que ya está vendida. Las obligan por la fuerza. Muchas mujeres van llorando a casa del novio o al altar, porque no quieren, no les gusta pues. No existe eso de tener novio o estar de novios como en la ciudad, es un pecado hacer eso, es la costumbre".

Entre los tzotziles de los Altos de Chiapas, la tradición marcaba un largo procedimiento para lograr una boda. En el libro testimonial *Boda en Zinacantán*, recopilado por Juan de la Torre López, el indígena Anselmo Pérez explica: "Hace muchos años, cuando un joven llegaba a la edad del noviazgo, primeramente ofrecía sus respetos a su padre y a su madre, regalándoles una botella de aguardiente para pedirles que hicieran el favor de hacerse responsables de realizar la pedida de la muchacha".

Una vez de acuerdo, los progenitores del joven consiguen seis o siete "Jak'oletik" o pedidores y sus esposas, una anciana que se encargue de llevar los regalos al padre de la pretendida, otra señora que se encargue de los licores y otros tres hombres para escanciar el aguardiente. El rito de visitar la casa de la muchacha dura años, durante los cuales el padre es agasajado con comida, frutas, favores y, sobre todo, aguardiente. La única que no aparece en todo el relato sobre la boda tradicional es la novia. Ella, al margen de la cual se realiza todo este ceremonial, no decide nada. Anselmo Pérez remarca: "No le preguntan a su hija si quiere o no, solamente el padre y la madre son los que deciden y ordenan".

A partir de una respuesta positiva empieza el noviazgo. Pero la novia no ve ni se acerca en ningún momento al novio, ni siquiera intercambian una palabra. Es al padre de ella a quien el novio debe agradar, a quien entrega regalos, con quien va a platicar, con quien bebe cantidades de aguardiente y para quien trabaja varios meses.

Ésta era la forma antigua, la más tradicional, que en el fondo ofrecía un cierto control sobre el personaje al que se entregaba a la hija; ésta se iba acostumbrando durante el "noviazgo" a verlo siquiera.

Pero con el tiempo y la pobreza, de las viejas costumbres sólo fueron quedando los peores vestigios. El padre se considera amo y señor de sus hijas y en cualquier momento está socialmente aceptado que las venda. Así aparece en el libro *Hacia el Ahlan Kinal* (op. cit.). Dominga, de Huixtán, no quería ir con sus padres a colonizar la selva. Su madre cuenta: "Mi esposo se encabronó bastante porque la Dominga no obedeció. Entonces le habló a un hombre que la estaba pidiendo para casarse. Si no viene con nosotros la voy a vender con este señor, pensó. No se quiere casar la Dominga, pero como mi marido ya recibió el dinero, ahí se fue llorando con su esposo".

Las mujeres, reunidas para analizar sus derechos tras el levantamiento armado, se quejaban en asamblea de la dureza de los progenitores al acordar el marido para sus hijas: "A veces piden a las muchachas muy chicas, y si los papás no piensan bien, las venden por dinero, las dan con el hombre aunque apenas tienen once o doce años. No aguantan esas niñas el trabajo de mantener marido y ahí se regresan a su casa. Los papás que entienden bien no aceptan casarnos hasta que estamos grandes porque es muy trabajoso mantener al marido y a los hijos cuando somos pobres".

Pero ¿qué posibilidad de eludir su destino tiene una mujer vendida por su padre a un hombre que no le gusta? Dentro de la rigidez social de las comunidades indígenas, ninguna. ¿Adónde huir? ¿Cómo enfrentar el terror de la primera noche en las manos de un hombre que detesta?

La capitán Irma tuvo cómo resolver ese *impasse*. Se fue con su hermano, se apuntó a las filas del EZLN. Allí, años después, se casó con un insurgente del que estaba enamorada.

En mayo de 1994, reunidas en San Cristóbal, las mujeres indígenas dijeron estar de acuerdo con la ley zapatista que dice que no pueden ser obligadas por la fuerza a contraer matrimonio. "Antes se cambiaba a la mujer por una vaca; el casamiento debe ser con su pura voluntad."

Algunas concluyeron: "Cuando no queramos casarnos, es mejor que platiquemos con nuestros papás y el hombre y no obligar porque arruinamos a la mujer, peor si después hay hijos".

No todo es tan negro. Juana Hernández, originaria de un paraje del municipio de San Juan Chamula, explica que tuvo suerte: "Yo me casé en mi propia voluntad, no me exigió mi mamá. Nosotros, mi costumbre, es sólo para juntarnos y ahí termina, ni una iglesia, ni registro civil ni nada".

Un joven tzotzil de diecisiete años que vive de arreglar jardines me pidió una mañana dinero. Necesita cincuenta pesos para acabar de comprar todo lo que su suegro le exige por su hija: cuatro rejas de refrescos, ocho kilos de carne, cinco kilos de azúcar, diez litros de trago, tres bolsas de café.

Ella tiene también diecisiete años y, según cuenta Pedro, para conseguir que se casara con él la raptó: "la saqué así nomás de su casa, la llevé", aunque señala que con el consentimiento de ella. "Es que yo no tengo papá, mi papá tomaba mucho trago y se murió. Yo empecé a trabajar desde los ocho añitos, así criaba arena. Mi mamá y mis hermanos nos hicimos evangélicos." Ahora Pedro tiene que pagar la dote al padre de su compañera y así se formaliza una boda que no pasa ni por iglesia ni por registro civil. Al principio el suegro exigía dinero, pero gracias al pastor protestante de ese barrio de San Cristóbal, María Auxiliadora, consiguió que se siguiera la costumbre de entregar cosas.

Pedro dice que él, si tiene una hija, hará lo mismo, exigirá su dote.

Sobre lo extendido de la práctica del rapto –en muchos casos violación– como acceso al matrimonio, dice el antropólogo Andrés Medina en su libro *Tenejapa: familia y tradición de un pueblo tzeltal*: "El rapto es otra causa de la disminución del regalo de bodas; esto sucede en las fiestas del pueblo. El novio vigila a la muchacha que le gusta y la va a esperar en el camino por el que regresará y en el momento oportuno la jala y se la lleva al monte, en donde pasarán la noche. Esto sucede después de que la muchacha ha respondido afirmativamente al cortejo del varón. Al día siguiente del rapto irá el novio a la casa de ella para hablar con sus parientes, llevando unos litros de aguardiente y tratando de arreglar la situación de la mejor manera posible, ya que los parientes de ella pueden vengar el rapto dándole una golpiza al raptor. Algunos ladinos del pueblo mencionan que anteriormente el rapto de mujeres era más frecuente y espectacular, debido a que las jalaban en pleno mercado y las llevaban arrastrando hasta su casa".

EL INFIERNO DE LOS SUEGROS

La mujer indígena, cuando se casa, enfrenta el universo del sexo sin tener ninguna preparación ni advertencia previa, porque los temas reproductivos y mucho más los eróticos son considerados tabúes. Muy jóvenes, casi niñas, ellas deberán descubrirlo todo por sí solas.

Además, los hombres han sido educados de manera que jamás sentirán la obligación de mostrar un cuidado especial o dar explicaciones de ningún tipo a sus mujeres. Simplemente "las usan", como se escucha decir.

Una insurgente, Azucena, nos preguntaba una noche entre risa y risa tanto a hombres como a mujeres: "Y tú, ¿estás usado?" Aunque ella como zapatista vive otras costumbres y lo pronunciaba refiriéndose a un fotógrafo, el término dice mucho porque suele emplearse para la mujer.

El placer sexual de ellas es algo desconocido: "eso no se usa, así es el costumbre", reclamaría feroz Sebastiana en el diálogo con el gobierno a finales de 1995. No sólo esa tristeza enfrenta la recién casada, sino la costumbre tradicional de ir a vivir a casa de los padres de su marido. Las jóvenes se ven convertidas de la noche a la mañana en el objetivo de todos los odios del hogar ajeno y en muchos casos son sobreexplotadas. Arrostran la lejanía de sus madres y familiares, entran a un universo en el que ellas son las extrañas y en muchos casos por más que se esfuercen siempre serán menospreciadas. Las mujeres cuentan que suele ocurrir que "los suegros le meten chismes al marido para que le pegue a la mujer". En la mayoría de casos, afirman, "la familia de mi esposo y mi esposo me tienen como criada".

Pero la mujer es educada para que jamás rechiste y aguante todo. Éste es el discurso que los padres de la novia recitan en el pueblo tzeltal de Oxchuc antes de que ella parta con su esposo, según recoge Martín Gómez Ramírez en el libro *Ofrenda a los ancestros en Oxchuc:* "Ahora el lugar del nacimiento quedará para siempre, porque ya se irá en otra casa, en otra morada, en otras tierras, en otros sitios, pues los papás (de la niña) así lo han querido, así lo han permitido; y ahora pasará a ser su padre y su madre los de su marido. Ahora escucha, niña, lo que te voy a decir, lo que mis labios alcanzan a pronunciar, lo que mi corazón dicte: 'Así pues, hija, pórtate bien, guía por buen camino tus pasos, no seas chismosa, no seas mentirosa, no critiques a tu suegro, no reproches a tu suegra ni calumnies a tus compañeras, ni chismees en el camino, ni difames en el corral; ahora que te vas a casar, obedece los mandatos de tu suegro, de tu suegra, de tu esposo, nunca te portes altanera; escucha primero lo que te dicen, así podrás cumplir bien. Sólo así estarán contentos, sólo así estarán alegres tus pies y manos si obedeces; pero si tú calumnias en el camino, difamas en el corral, criticas a tu suegro, juzgas a tu suegra, reprochas a tus compañeros, juzgas a la esposa de tu cuñado, no le tienes respeto a tu esposo, pues vendrá la enfermedad, vendrá la maldad a tu familia; no atraigas al diablo, no atraigas al demonio, por favor, hija mía; si has escuchado bien lo que te decimos estaré contento, estaré satisfecho porque así no habrá palabrerías ni pondrás en vergüenza a nuestra familia'".

Pero puede ocurrir que no aguante o que no dé hijos. El antropólogo Andrés Medina (op. cit.) analiza las causas de separación entre los tzeltales, entre las que se encuentran la esterilidad y los suegros. Lo primero implica el valor nulo de la mujer, que por lo tanto puede ser devuelta como mercancía defectuosa: "La disolución del grupo doméstico por separación de los miembros de la pareja ancestral es un fenómeno de relativa frecuencia en la vida familiar. El momento más crítico, más importante, es aquel que va del matrimonio al nacimiento del primer hijo... La ausencia de progenie lleva a la separación y la esterilidad es atribuida en la mayor parte de los casos a las mujeres. Con la separación de marido y mujer sin la existencia de descendientes, los familiares de ella se ven obligados a devolver los presentes recibidos el día del matrimonio. Cuando hay hijos, la mujer regresa a casa de su familia de orientación llevando al más pequeño, que requiere de la alimentación materna. Si hay otros mayores quedarán a cargo del padre o sus familiares. Las causas de separación cuando hay hijos pueden ser fundamentalmente dos: el incumplimiento de las obligaciones de uno u otro cónyuge, según las pautas de la organización familiar, o bien los conflictos surgidos entre la mujer y los familiares del esposo, los cuales culminan con el regreso de la mujer con su familia de orientación".

En plena selva Lacandona, entre los tojolabales de La Realidad,.

Berta, una muchacha de dieciocho años, ha tenido que regresar a casa de su madre. Mientras da de mamar a su niña pequeña y sirve frijoles a su primogénito de tres primaveras, Berta se enjuga las lágrimas y cuenta que huyó de su hogar porque ya no aguantaba más los malos tratos que sus suegros le deparaban. Gritos, regaños continuos, malas lenguas e incluso golpes. La vida de Berta, una joven acostumbrada a trabajar, lista y eficiente, se convirtió en una pesadilla. Cada día lloraba porque su afán incesante jamás conseguía aplacar las críticas de los suegros. A veces Ruth, su madre, la acompañaba a la milpa. Las lágrimas y ojeras de su bella hija la entristecían, pero ella no podía hacer nada, así es la costumbre.

Una noche, Berta decidió irse con sus dos hijos a casa de su madre, su abuelita y su tía, que son tres mujeres solas y que comprendieron el desespero de la joven.

Ruth, Felisa, Teresa y Berta viven ahora con la única ayuda masculina del hijo mayor de la primera, que vive con ellas, con su esposa y niño. Ellas cargan leña, ayudan a pizcar maíz ajeno para recibir una parte, lo montan sobre sus espaldas, van a buscar leña, siembran, aran la tierra, se las ingenian para tener un poco de frijol y para alimentar a los chiquitos, que son cuatro y van para cinco.

Berta tenía terror a que su marido llegara a arrebatarle los hijos. Según la costumbre, decía ella, al hombre le tocan los descendientes femeninos y a la mujer los masculinos. Pero la niña aún es de pecho y Berta quería mantener a sus dos pequeños.

Parece que en esta casa de La Realidad a estas mujeres no les ha favorecido la suerte a la hora de encontrar compañero. Ruth cuenta que el padre de sus hijos era un asesino, un loco que mataba a todo aquel que un supuesto brujo le decía que le había echado mal de ojo. "Adoraban a Satanás porque no tienen Dios." Además, Ruth no era su primera mujer, tenía a otra y mató a su suegro. La violencia del hombre la explica Ruth cuando dice: "A mí también me ofrecía bala". O sea que ella era habitualmente amenazada.

Al asesino le tocó morir de un tiro. Estaba en una comunidad vecina a La Realidad, Guadalupe Los Altos. Iba a acabar con un joven porque, según decía, le había traído desgracia. El muchacho perseguido se subió a un árbol. Su mujer pasaba por ahí, vio cómo le disparaban y creyó que lo habían matado. Se fue corriendo a avisar a su familia y entonces varios hombres le tendieron una emboscada –"lo venadearon en el camino", dice Ruth– y terminaron sus días.

Ruth pudo respirar a partir de entonces. "Ya cargaba con cinco o seis muertes y tomaba mucho", recuerda. No pensó en volverse a casar, estaba mucho mejor sola, por supuesto, mucho más tranquila, "y como sea, un poco de pozol podremos comer", se dijo. "Hubo otros hombres que me miraron pero ya no quise, por mi familia y mis hijos."

Felisa, la hermana de Ruth, tiene un niño de tres años. El padre de su hijo la dejó por otra y se fue a vivir a Las Margaritas. Jamás le ha dado un solo centavo para ayudarla a mantener al pequeño. En su comunidad, Felisa, de treinta años de edad y de gran belleza, no parece tener opción de casarse de nuevo. El estricto control social del pequeño pueblo niega a una mujer "dejada" la posibilidad de reemprender una vida de pareja, acceder al sexo, sin romper con la moral imperante.

Felisa ha pensado en buscar trabajo como sirvienta en la ciudad, pero Teresa, su madre, mujer anciana y sabia, apela a la razón. ¿Qué encontrarán ella y su hijito en servir? Explotación, dolor, trabajo, abandono y lejanía de todo lo que ahí tienen: comunidad, familia, naturaleza. Y aunque sea, pozol no les va a faltar... ¿Y dónde en Tuxtla encontrará un pozol como el de La Realidad? ¿Y las tortillas de Maseca? Ah, no.

EL AMOR EN EL EZLN

Es mayo de 1994. Rigoberta y el capitán Cristóbal están juntos ahora, les ha tocado la misma unidad. Rigoberta es muy joven, tendrá diecisiete años, Cristóbal, veintiséis. Ambos están desde que amanece hasta que cae la noche dándose abracitos, caricias furtivas. Otras veces, ella se sienta en sus rodillas y con los brazos alrededor del cuello de Cristóbal. A los periodistas, antes de que abandonemos su nido de amor, es decir el campamento, para dirigirnos a la ciudad, nos piden una foto. Quieren tener una fotografía de los dos juntos. Se calan sus pasamontañas, se ponen a distancia por primera vez uno de otro y dicen: "Ya". Parece que para la foto quieren salir separados aunque juntos en la misma imagen. "Pero ¡acérquense más!", gritamos. Y pasan tímidamente uno el brazo sobre el hombro del otro. No importa. Hubiera sido mejor la foto de los dos retozando en cualquier rincón del campamento. No obstante, en la imagen que tomamos, entre las armas de ellos, a través de sus ojos, que es la única parte del rostro que se ve, asoma todo el amor, la alegría y la esperanza del mundo.

La capitán Maribel, dicharachera e inteligente, explica cómo suelen comprometerse los enamorados que aparecen en el seno de las tropas zapatistas: "Cuando un compañero quiere a una compañera lo primero que tiene que hacer es pedir permiso con el mando. 'Pues me gusta esta compañera, y la quiero.' Entonces ella cuando le llegan a hablar ya está sabedora de que ese compañero tiene permiso. ¿Por qué hay que pedirle permiso a los mandos? Pues porque ellos saben si no hay otro compañero ahí en ese lugar".

La joven Maribel, nueve años de insurgente, explica que no es sólo ésa la única posibilidad: "Aquí dentro del EZLN hay dos maneras: una es que se juntan así nada más, hacemos un programa de fiesta y convivimos todos, ya sabemos todos que ella y él están casados y tiene que haber respeto para esa pareja. La otra manera es que firman un acta que dice que se casan por voluntad propia y que nadie los obligó y que lo primero en su relación va a ser su trabajo y no su relación de pareja. Y eso es lo que sabemos nosotras como mujeres dentro del EZLN, que lo que nos debe salir bien es nuestro trabajo, porque aquí no estamos toda la vida juntos. A veces el compañero tiene que ir a trabajar en una parte y la compañera en otra. O hay eso de que la compañera es capitán y el compañero es capitán y tienen que estar cada uno con su unidad. Y sólo se encuentran cuando a veces hay oportunidad de estar juntos. Eso también causa unas pocas dificultades pues, porque algunos compañeros traen metido muy dentro la idea de que quién sabe qué está haciendo ella... Se imaginan muchas cosas. Dentro del colectivo se corrigen los errores, se hace público para que se puedan resolver esos problemas".

Cada vez que dos insurgentes se casan se hace una fiesta, comida, música y quizás baile. Se forman dos columnas guerrilleras y cruzan sus armas con bayonetas caladas. Por debajo pasan los novios, la fila los encamina hacia el techo donde vayan a dormir. Según el subcomandante Marcos, "en las montañas está autorizado que cada hombre y mujer hagan lo que quieran hacer, cuando tienen ganas y hay modo".

Maribel cuenta la implicación colectiva en este ritual: "Cuando los compañeros firman el **acta entonces** ya nosotros, los que estamos en esa convivencia, **el mando** nos forma y cruzamos las armas y ya pasan. Eso significa **también** que nosotros defendemos pues su matrimonio y que estamos contentos luchando junto a ellos y hacemos un programa de fiesta y ya, así quedan casados".

Entre las tropas insurgentes de los Altos ocurre igual. La máxima jefe militar de esa zona relata una práctica similar: "Si alguien quiere casarse, si a una mujer le gusta un compañero, pues va y le pide permiso al mando a ver si lo puede enamorar, y si a un hombre le gusta una compañera pide autorización y ya el mando responde sí o no, primero tiene que ver si no está pedido todavía la compañera o el compañero, si no está apartado o apartada".

Cosa inaudita en las comunidades indígenas, en el EZLN existe la posibilidad de un noviazgo. Así lo explica Ana María: "En el EZ si es que nos gusta un compañero nos dan permiso de conocernos por un tiempo, estar de novios y después ya si alguien decide casarse pues se casa".

Pero si una pareja quiere boda con ceremonia religiosa y con la familia, según sean las condiciones, se le autoriza a hacerlo. Por otra parte, el divorcio no está penalizado, simplemente el hombre y la mujer se separan y lo comunican al mando. Y si una mujer dice "ya no quiero con aquél" y aquél la sigue molestando, el mando se encargará de separarlos para que no haya problemas.

También se están dando casos de matrimonios mixtos, entre insurgentes y población civil. La capitán Maribel lo explicó en enero de 1995, un año después del alzamiento y un mes antes de la incursión militar de febrero: "Hace poco se casó un compañero aquí, dentro del pueblo. Primero tuvimos que pedirle permiso al papá y a la mamá. Ya se hablaron los dos muchachos y empezamos a programar una fiesta con toda la comunidad y se casaron. Pero la compañera tiene que asumir el compromiso de ir a las filas insurgentes y como ella de por sí ya tenía ese pensamiento de ser parte del EZLN pues no le costó, estaba preparada para eso, era parte de la milicia".

Durante los trece meses en que el EZLN mantuvo "liberado" un amplio territorio selvático, los insurgentes convivieron con los pueblos. Según Maribel, que además es la jefa del Grupo Juvenil encargado de realizar actos culturales, bailes, teatro y canciones zapatistas, las muchachas de la comunidad X se hicieron milicianas.

"Entonces todas las jóvenes se meten a la milicia, y las que no quieren pues no, claro, depende pues de dónde termine su capacidad. Ellas decían: 'Yo voy a participar aquí, en este escalón, luego en otro escalón', así van los escalones de participación de las compañeras. Y entonces sí empezamos a ver esa convivencia de los insurgentes con la población civil. Hace mucho bien porque ya la misma comunidad la entiende y la apoya."

¿Tú te casaste? La capitán Maribel contesta: "Sí. Yo decidí tener relaciones con un compañero, me casé, así con permiso y a vista de todos los compañeros. Pero claro que hay dificultades que se presentan, tenemos problemas y también queremos divorciarnos y nos divorciamos, no hay problema".

La joven guerrillera no quiere dar más explicaciones de su vida íntima. En otra cañada de la selva, la teniente Azucena explicará: "Me casé el 13 de mayo de hace tres años –contaba en 1994–. Se pusieron en línea los compañeros, se cruzan armas y pasamos el capitán Martín y yo. Firmamos un acta y hicieron una fiesta, compraron cosas para comer. Pero aunque te cases no es como en los pueblos, somos soldados y sabes que a veces vamos a poder estar juntos pero cada quien tiene su trabajo y no te puede importar que tu marido se vaya".

LA MATERNIDAD, LA ANTICONCEPCIÓN Y EL ABORTO

La maternidad es entendida en Chiapas como la misión primordial de la mujer. Una joven al casarse sabe que tiene que "dar hijos". La que por algún problema fisiológico se ve incapacitada para ello se vuelve una mujer frustrada y como tal la tienen los demás. Incluso el matrimonio, muchas veces alejado del amor, constituye un contrato socioeconómico basado en la prole.

Se cree que la fertilidad de la mujer indígena es una bendición divina, otorgada por la deidad femenina por excelencia, la luna. Las mujeres que no consiguen tener hijos son aquéllas a las que los dioses castigan, son las excluidas y consecuentemente despreciadas.

Rosario Castellanos se acerca en uno de sus personajes de *Oficio de tinieblas* a la problemática social de la mujer estéril: "Catalina Díaz Puiljá, apenas de veinte años pero ya reseca y agostada, fue entregada por sus padres, desde la niñez, a Pedro. Los primeros tiempos fueron felices. La falta de descendencia fue vista como un hecho natural. Pero después, cuando las compañeras con las que hilaba Catalina, con las que acarreaba el agua y la leña, empezaron a asentar el pie más pesadamente sobre la tierra (porque pisaban por ellas y por el que había de venir), cuando sus ojos se apaciguaron y su vientre se hinchó como una troje repleta, entonces Catalina palpó sus caderas baldías, maldijo la ligereza de su paso y, volviéndose repentinamente tras de sí, encontró que su paso no había dejado huella. Y se angustió pensando que así pasaría su nombre sobre la memoria de su pueblo. Y desde entonces ya no pudo sosegar [...] Y la luna no se volvió blanca como las mujeres que conciben, sino que se tiñó de rojo como la luna de las solteras y de las viudas. Como la luna de las hembras de placer".

De la luna, dicen los mayas, depende la fertilidad de la mujer. Sus fases se toman como presagios del ciclo reproductor humano y también agrícola. Este astro nocturno es la santa madre, "ch'ul metik" –en tzotzil–, la madre del sol. Cuando está llena se considera que es el mejor momento para la concepción y por lo tanto para las relaciones sexuales.

"Algunos indígenas creen que la mayor parte de las mujeres menstrúan durante la luna nueva y que son más fértiles durante la luna llena", explica William Holland, en *Medicina maya en los Altos de Chiapas*.

El sexo ejercido con el fin de procrear dentro del matrimonio se entiende como algo normal. Todo lo que salga de esas coordenadas es considerado por la mayoría pecado.

La abogada Marta Figueroa señala la importancia de la reproducción: "A las indígenas, si las esterilizas y les quitas el único valor que tienen ante su comunidad, eso les cuesta la permanencia y la pertenencia a su comunidad".

Pero ahí llegan las zapatistas a alterar todo este orden de cosas. Las insurgentes son muchachas en edad reproductiva que prescinden de esa faceta de la mujer y renuncian a ella para dedicarse a la lucha. Pero no renuncian al sexo. Un abismo las separa de la mentalidad de sus madres, las mujeres de las comunidades.

"En el Ejército Zapatista no se pueden tener hijos. Usamos condones", espeta la veinteañera teniente Azucena, divertida.

La capitán Maribel aclara: "No podemos tener hijos aquí porque la misma condición no lo permite. No podemos atenderlos. Pero algunas compañeras sí han tenido hijos, se embarazan, se van a la comunidad y ahí lo tienen, ya luego ven si regresan".

Como métodos anticonceptivos, la capitán asegura que la muchacha elige: "Toma pastillas anticonceptivas o inyectadas, como lo quiera ella. En un principio sí teníamos problemas para conseguirlas, pero en estos días –enero de 1995– han llegado un poco más que nos han facilitado otras compañeras".

Respecto a las píldoras, puede haber efectos secundarios. Muchas insurgentes están un poco gorditas, quizás porque en el EZLN tienen asegurada la comida diaria que en los pueblos no tenían o quizás por la misma monotonía de su dieta. Maribel señala: "Sí cuesta las pastillas, porque al principio nos da dolor de cabeza y todo, pero se van acostumbrando después las compañeras".

La mayor Ana María explica cómo ellas, las armadas, constituyen una excepción: "Las insurgentes no podemos tener hijos porque estamos todo el tiempo haciendo trabajos, moviéndonos de un lugar para otro y porque lo nuestro es pelear por el pueblo; sería muy difícil criar un bebé en las montañas. Por lo tanto, hay planificación familiar. Pero si una compañera quiere tener un niño, se va a vivir con su familia y lo tiene. Si después quiere regresar deja encargado el niño con su mamá o con su suegra. Ha habido muchos casos, porque también muchas de las compañeras accidentalmente se han embarazado, han tenido su niño y lo han dejado con la familia por querer estar siempre en la lucha".

Mientras que en el EZLN circulan los anticonceptivos, en las comunidades indígenas, dice Ana María, "no existen, no se conocen".

Y agrega respecto al tema del aborto: "Los papás cuidan mucho que sus hijas no se vayan a embarazar, o por el mismo miedo que tienen las muchachas a los padres no pueden ni siquiera hablarle a un hombre. Pero muchas se quedan preñadas y llegan a tener a su niño; es muy difícil practicar un aborto y, si alguien lo hace, no lo dice".

La mayor de infantería prosigue: "El aborto es un tema que no discutimos ni se menciona para nada. Hay una creencia de que no debe haber aborto. Sería tocar una tradición".

Una reportera de *La Jornada* preguntó a Ana María en la catedral de San Cristóbal qué harían si tuvieran la opción de abortar –una de cada cinco mujeres en edad fértil de las zonas rurales de México ha tenido un aborto–. La mayor insurgente respondió: "Tener una tradición o una creencia no quiere decir seguir siempre en lo mismo. Pero ahora no se permite en las comunidades: se sanciona, le aplican un castigo a la que lo hace. Porque muchas veces pasa eso, que la misma muchacha va con una partera o curandera y pide que se le practique un aborto por miedo a su familia y a que la vayan a maltratar. En las comunidades que yo conozco se les cobra una multa a los que lo hacen o agarran al hombre, el que embarazó a la muchacha, y lo encarcelan por unos días y le cobran o le dicen que pague la atención médica a la mujer".

LA MEDICINA TRADICIONAL

En los Altos de Chiapas, al revés de lo que ocurre en el resto del país, la mortalidad femenina es mayor que la masculina. Muchas mujeres mueren al dar a luz. Pero no hay cifras confiables para estadísticas, puesto que un gran número de las indígenas no tiene acta de nacimiento. En esos casos, nadie se encarga de registrar sus muertes, porque en el fondo "no han existido". Según el ensayo "La práctica médica indígena", de Graciela Freyermuth, en Chamula las defunciones durante la gestación son silenciadas y en las actas aparecen con otras razones. También es curioso el dato de que en varias comunidades la mujer no comunica directamente a su marido su estado de preñez por considerarlo vergonzoso.

La concepción de la salud para los indígenas hace referencia no sólo a las condiciones físicas de una persona sino a sus relaciones con los vecinos, a sus obligaciones religiosas y al cumplimiento de las costumbres. "Si se roba, se mata, se manifiestan deseos sexuales en los sueños, se calumnia, se descuidan los deberes o se pelea con los vecinos, la enfermedad aparecerá." Pero eso tampoco es suficiente, una enfermedad se puede agarrar en los caminos, por envidia de otro, al caerse y "perder el espíritu en la tierra", a través del sueño, o por brujería, piensan en los Altos.

Al ilol, curandero o curandera de mayor conocimiento, se le atribuye el poder de sanar física y espiritualmente. Su saber suele transmitirse de generación en generación. Como dice el ensayo de Freyermuth, un ilol "conoce cuáles [enfermedades] han sido provocadas por el viento, el rayo, el diablo o el agua y si se han adquirido a través del sueño, por envidia, por alimentos o por conductas socialmente inaceptables. A través de la pulsación siente una corriente de sangre que va al corazón y al pensamiento". Los iloles dicen poder saber todo lo relacionado con el paciente, desde el mal que tiene hasta las reglas sociales que ha transgredido. Utilizan la magia, la herbolaria, la adivinación, las manos y algunos fármacos de la medicina alópata, pocos.

"El ilol utiliza para el tratamiento una gama amplia de recursos: los ritos (llamar al alma que se perdió, pasar la mano del metate por el cuerpo de la parturienta en los partos prolongados, sacrificio de gallinas, etcétera); los rezos (en las cuevas, en la iglesia, en la casa, en el lugar donde se adquirió la enfermedad); el uso de velas, aguardiente, 'soplidos', manipulación física, animales, piedras y, sobre todo, plantas, ya sean tomadas en forma de té, crudas, molidas con agua o untadas como emplastos, en baños, supositorios, polvos, calentadas en el comal, etcétera." También dispone la dirección que debe tener el altar para que el rezo lleve a la curación, el color de las velas, su tamaño, la hora del día para hacerlo...

Cuando una partera es además ilol y hierbera su rango dentro de la medicina tzotzil es el máximo. Sus servicios serán solicitados en múltiples lugares y muchos enfermos acudirán a su casa para ser atendidos. Por los servicios pagarán un mínimo de dinero. El trabajo de ilol le permite a la mujer que lo ejerce ampliar su espectro de conocimiento y de movilidad.

Un aspecto de importancia en la cosmogonía indígena es la creencia en un mundo inferior, un infierno y una serie de fuerzas amenazadoras que pesan sobre la vida de los hombres y mujeres. Se trata de un sentido de la fatalidad que sirve a la vez de férreo control social. Cualquier transgresión de las reglas comunitarias será castigada por fuerzas supranaturales. El investigador William Holland R. señala en su libro *La medicina maya en los Altos de Chiapas* que se considera víctima de los dioses de la muerte "un individuo que se corta, cae, lucha con un amigo, golpea a su mujer, se rompe un hueso, pierde u olvida algo..."

Los mayas creen que, cuando nace una persona, nace a su vez un animal en las montañas que será su "nagual" o compañero durante toda su vida hasta la muerte, que significará la muerte de los dos. Los destinos de ambos son inseparables; comparten animal y persona el mismo espíritu inmaterial, aunque no la misma carne. Lo que le ocurra a uno le ocurre al otro: la fama, el poder, la enfermedad, el dolor o la muerte.

Para los tzotziles estos animales viven en las montañas sagradas, separados por familias. Cuando una mujer se une en matrimonio a un hombre, su nagual abandona la montaña sagrada de sus padres y se va a vivir a la del marido.

Si una mujer u hombre indígena se va a vivir lejos, a la ciudad, y se vuelve medio ladino, deja sus costumbres, su animal compañero se va a alguna montaña de los blancos, lejana y desconocida. Y ya los indios no lo vuelven a reconocer como uno de los suyos, su nagual vive en otra parte.

DE CÓMO NACEN LOS NIÑOS: LA PARTERA INDÍGENA

En las áreas urbanas de Chiapas, setenta por ciento de las embarazadas recurre a la partera. En las áreas rurales las parteras atienden prácticamente la totalidad de los nacimientos.

"Se cree que la luna es quien decide el nacimiento de los niños; así cuando hay luna nueva se dice que 'ha ido a traer más niños para darlos a los vientres de las madres'. A la luna se encomienda la protección de las criaturas, siendo el punto de referencia para contar el periodo de gestación: cuando una mujer se siente embarazada ve cuál es el tamaño de la luna, a partir del cual calcula los nueve

96

meses. Durante ese tiempo se reza a la luna para que el hijo nazca bien, y los rezos se intensifican en cuanto se advierte que el parto se retrasa" (A. Medina, op. cit.).

Los indios tzotziles son los que más han conservado el hermetismo de sus tradiciones. Los partos son prácticamente inaccesibles para el ladino o el extraño. Nacer se convierte en una ceremonia ritual, acompañada siempre por el posh –aguardiente–, las velas de diferentes colores y distintas ubicaciones, el copal y el humo. Las mujeres dan a luz en sus propias casas, enteramente vestidas. Bajo su falda de lana, la nagua, aparecerá el recién nacido. Las tzotziles rara vez tienen a sus hijos acostadas. Suelen hacerlo de pie o en cuclillas, colgadas con las dos manos del cuello del marido, que contribuye así al trabajo del parto. A veces, el padre y otros familiares se turnan en ese tremendo esfuerzo de aguantar la presión de la parturienta. Toda la familia, invitados y partera celebran el nacimiento con oraciones, cánticos y, sobre todo, ingiriendo una cantidad importante de posh.

En Tenejapa, pueblo tzeltal, redacta Medina, "el parto es un acontecimiento íntimo en el que sólo están presentes la curandera y el esposo, y a veces la madre de éste; él participa sujetando a la mujer por la espalda para que pueda parir en cuclillas".

Los ritos entre los indígenas varían ligeramente. En Tenejapa "la curandera corta el ombligo del recién nacido y lo cuelga de algún árbol cercano, la placenta se quema en el fuego de la casa. Al niño se le baña con agua tibia y el padre mastica un poco de chile, poniendo un poco del mismo en los labios del recién nacido para impedir que se le queden los labios negros. Durante los tres días que siguen al parto la parturienta permanece acostada, en tanto que el resto de los familiares permanecen afuera, en torno a un fuego improvisado. Explican que esto se hace para proteger al niño de las 'enfermedades', ya que en tales momentos es cuando más está expuesto a contraerlas... Durante veinte días la mujer bebe agua tibia y se le considera como débil".

En la selva Lacandona, las tradiciones están más diluidas. La aventura colonizadora dejó atrás muchas de las costumbres ancestrales de los indígenas. Las mujeres se vieron enfrentadas a un mundo hostil, lejos de todo servicio, en otro hábitat, otro clima; las primeras en llegar, sin sus madres, tuvieron que dar a luz en condiciones extremas, lejos de todo lo conocido.

Teresa arribó con las primeras familias a poblar un pedazo de la selva. Después de atravesar veredas y montes, de abrir el camino con machete, las pocas gentes pioneras llegaron al valle que poblarían y llamarían La Realidad. Todo era pura vegetación, árboles grandes, espesos matorrales y agua, explica. Los tojolabales habían caminado días enteros con sus pocas pertenencias al lomo, un machete, una cobija, algunas tostadas, esperanza de tener tierra.

La Realidad la construyeron solos, con sus manos y el sudor de su frente. Poco a poco, de la inhóspita laguna donde había animales como el peligroso tigre e insectos desconocidos que trajeron la malaria, fueron surgiendo las humildes casitas de zacate y madera. Con esfuerzo consiguieron encauzar el río que ahora, sinuoso, recorre el pueblo y acerca el agua a los jacales. Por fin, habían abierto un claro donde habitar.

Teresa, con el tiempo y la necesidad, se convertiría en la abuela, la partera del pueblo. "Nadie me enseñó, sino que es mi voluntad y es mi natural. Me di cuenta como a los treinta años."

Una de las habilidades de esta mujer tojolabal, inexplicables para algunos médicos de profesión y carrera que la han conocido, es que con sus manos sabe acomodar a los niños que se encuentran atravesados en la barriga de la madre. Nunca fue precisa una cesárea y Teresa asegura no haber perdido a un solo niño en el parto.

¿Cómo supo?, ¿quién le enseñó?, ¿cómo aprendió? Teresa soñaba con que moldeaba ollitas de barro, de tierra mojada; dice que eran unas ollas muy bonitas, que les daba forma con las manos. Luego, al tocar la panza de la embarazada, se dejaba llevar por esos sueños y moldeaba de nuevo...

Teresa explica haciendo gestos con sus manos dulces y trabajadas: "Pues si el niño está atravesado como este guineo, ésta es la cabecita, y ésta es la nalga, entonces si está así dentro de la madre, agarras un poquito de pomadita Vaporub y le das vuelta así para bajar el niño. De ahí vas a buscar bien dónde está la cabecita y le vas a dar la vuelta y la nalguita la vas a levantar así, para que quede derechito, la nalguita arriba y la cabecita en la vagina".

Esta mujer canosa descubrió su oficio con otros sueños reveladores: "No sé cómo es, nomás que soñaba mucho, soñaba yo unos trastecitos así muy bonitos, brillosos los veo, y dentro de estos trastecitos hay muchos como listoncitos, perlitas de colores, no sé qué será, pero es ésa mi suerte que salí yo partera. Y soñaba también que del cielo bajaban unos copos blanquitos, blancos, los miro que vienen bajando del cielo, como agua, y los voy a levantar y se ponen como larguitos, como manojitos. Lo sueño así, y creo que Dios me dio una tarea, es un trabajo pues. Ahorita, desde que ya soy partera, ya no sueño, sólo antes".

Una larga historia de pobreza, marginación y ausencia absoluta de atención médica hizo que ella descubriera su aptitud. Fue en un pueblo vecino a La Realidad, Guadalupe Los Altos, a donde ella iba con frecuencia y con una sobrina suya embarazada a la que querían hacer abortar.

"Ahí en ese pueblo tienen pues partera, pero creo que no muy lo entiende y no lo sabe atender. Mi sobrina tenía como cuatro meses de embarazo. Ya tenía comprado el remedio, compró una pacha de vino, vino no sé qué, y ellos se lo iban a dar de tomar para abortar."

Los motivos por los cuales la muchacha tenía que perder a su hijo arraigaban en una superstición: "Su partera decía que su hijo era algún animal, que no iba a ser gente, sino algún sapo o algún cochito [puerco], eso le decía la gente que la estaba atendiendo".

Entonces la muchacha, asustada, se fue a ver un curandero:

–Bueno, voy a ir allá, cuñada, a que me den el remedio.

–Te vas a ir, sí, tened cuidado.

Teresa había llegado ese mismo día al pueblo. Entonces, la cuñada le comentó a la muchacha:

–Vino ayer la tía, ayer llegó, ¿por qué no le hablaste?

–Ah, porque no sé si ella sabe atender.

–Sí sabe, ella me estuvo viendo, ella me estuvo arreglando cuando mi hijito estaba atravesado.

–Ah, bueno.

Entonces la muchacha, que se llama Margarita, fue a pedirle permiso a su suegro: –Vino mi tía Teresa ayer y ella lo sabe arreglar. ¿Por qué no le suplicamos, por qué no le hablamos?

–Bueno, hijita –dice su suegro–, bueno, si querés que le vayamos a suplicar le voy a ir a suplicar mañana.

Teresa prosigue el relato: "Pues no tardó el viejito, al otro día llegó. Para entonces mi esposo no lo sabía que estoy atendiendo algunos partos. Cuando yo regresé de traer maíz, llegó el viejito.

"–¿Dónde se ha ido pues mi hermanito?

"–Siéntese usted, ya va a venir.

"–Bueno, cuando venga él ahí vamos a platicar.

"Ahí se sentó con su morralito. El difunto [su esposo] llegó. Yo.

pensé: '¿Qué cosa traerá en su pensamiento?, ¿por qué busca a mi esposo?' Cuando llegó el finado mío con el caballo, pues fue a traer maíz, bajaron la carga y se sentaron a descansar. Y una su botellona de trago. Sacó una copa y se la dio al finado de mi esposo.

"–Pues bueno, hermanito, pues yo vine a suplicarles a ustedes, porque me manda tu sobrina, pues dice que mi hermanita Teresa sabe atender pues las que están de... embarazo.

"–De eso no sé yo.

"El esposo de Teresa se giró y le preguntó a ella:

"–Oí, ¿de verdad que sabés atenderlo?

"–No sé cómo le hago, pero ahí lo estoy arreglando.

"–Si lo sabés hacer, también vas a atender a mi sobrina.

"Al otro día fui, llegué. Me dieron café para que tomara primero", relata Teresa. Luego pasó a ver a Margarita, la muchacha.

"–¿Cómo estás?

"–Me dicen que no va a ser gente, estoy embarazada.

"–¿Cómo no va a ser gente? ¿Acaso no es gente el padre?

"–Sí, pero así me dicen, tal vez va a resultar algún sapo, o algún cochito.

"–Ah, bueno, ¿cómo podés creerles?

"–Quién sabe.

"–Ahorita te vamos a atender.

"Pasó a su cama, la atendí. Le dije:

"–No te dé pena, estás bien como estás, estás embarazada, estás bien.

"–Entonces, si estoy bien, no me voy allá a abortar.

"–No, no vayas. Estás bien como estás y yo te voy a atender.

"Entonces yo la estuve viendo de por sí. Ya cuando se fue acercando el mes que se iba a aliviar ya no la atendí, hay otro partero allí, es hombre, ya él la atendió. Y salió una niña muy bien".

A partir de entonces sus servicios ya empezaron a ser solicitados: "Así lo supieron aquí en mi pueblo que yo soy partera, acaso lo sabían aquí. No, no lo sabían. De ahí ya vinieron a suplicarme que vaya a ver a sus mujeres y cuidarlas".

Han pasado muchos años desde entonces. Ahora, dice Teresa, "ya soy abuelita de todos los niños, ahorita tengo cerca de doscientos nietos".

Un médico que llegó a La Realidad se quedó tan admirado que decidió aprender de ella. Le dijo:

–Bueno, doña Teresa, ustedes saben cómo es el modo de ustedes, pero a nosotros ningún estudio nos enseñó lo que usted.

100

Aprendió sola, el don te lo ha dado tu destino. Vas a trabajar conmigo y te voy a ayudar bastante.

"Trabajé con él, sí pues. Me daba todos mis materiales, ya cuando se fue y cambió el doctor, ya no. Y ellos no trabajan bien con las pacientas, no saben."

Teresa siguió recibiendo alumnos, médicos titulados en las mejores universidades de México. Ella les enseñó a atender partos.

"Venían muy seguido aquí, venían a pedir apoyo, y miraban cómo arreglo yo los niños atravesados y lo empezaron a hacer ellos también."

Autodidacta, esta madre de siete hijos explica: "Yo misma pensé: '¿cómo voy a hacerlo para atender a las compañeras y cómo voy a agarrar al niño?' Y como ya lo pasé pues, ya tengo familia yo misma, entiendo cómo va mi cuerpo y así es el cuerpo de las demás, como yo".

Ella recuerda sus propios partos: "Estoy cargando, voy a traer mi maíz, cargo mi leña y al rato ya estoy en cama, ya está allá mi niño o niña y ahí lo tengo, cuando se van a dar cuenta mis compañías ya tengo yo dos días con mi criatura. Y es fácil, sí es fácil tener familia".

Lo difícil es perderla: "Tengo siete hijos, pero no criaron todos, fueron muertos cuatro, sólo tres mujeres quedaron vivas".

Aunque Teresa afirme que fue partera por vocación, tiene el antecedente familiar, hecho muy común: "Mi padre y mi madre también eran parteros y atienden bien de por sí como yo atiendo ahorita. Nosotros somos ahora tres, un mi hermano y una mi hermana que está aquí en Santa Rita".

El parto en estos lares se realiza siempre en la casa, en la cama, sin despojarse de la ropa. Felisa, la hija de Teresa, decía horrorizada que cuando ella estuvo en el hospital vio a las mujeres que iban a parir, que las tenían sólo con una bata blanca, abierta por atrás. Que a una mujer indígena la desnuden es una de las peores cosas que le pueden pasar.

Explica Felisa: "Aquí no nos encueramos. Así como estamos con ropa nos vamos a aliviar. Luego te van a cambiar ya después. Al otro día nos van a bañar ya a nosotras, con agua tibia, en la casa. En el hospital es bien fiero, no..."

Teresa cumple siempre un ritual que, aunque mucho menos complejo que el de los tzotziles, tiene también sus reglas: "Al nacer el niño se enciende una promesita, una velita para que esté bien. Lo baño con buen jabón y agua tibia y lo limpio bien. Con gillette le corto el cordón. Lo levanto con una mano con alcohol y lo aprieto con una cinta y lo vuelvo a amarrar. Donde queda el cuerpo del niño queda amarrado también para que no eche sangre. En medio ahí se corta. Entonces voy a encender una velita y lo voy a quemar donde se corta para que no sangre. Se baña bien, se limpia bien con un trapo, se echa el pañalito, la camisita, el paño, todo. Listo queda. Se le da ya a la mamá; la mamá está allí acostada. Luego pasa al papá, al abuelito, se le da su beso cada quien, después dependiendo de la hora se le dice buenos días o buenas tardes".

El marido está dentro y presencia todo el parto, "ayuda a agarrar", dice Teresa.

El suelo de las chozas de la selva es de tierra. Ahí quedará la placenta: "Con la placenta, se deja ahí, se arregla el niño, cuando ya está arreglado el niño, arrancamos la tierra y la enterramos, ahí queda tapada, adentro de la casa".

Otra tradición es la siguiente: "Cuando los niños nacen con una telita encima, ponemos esa telita sobre un recipiente donde queda la forma de la cabeza del niño, se limpia, se dobla y cuando se seca la ponen bajo la almohada del niño o la niña por muchos años, hasta que crecen y se hacen grandes".

Si el bebé nace con el cordón umbilical anudado al cuello, es que a la madre se le olvidó desatar el mecapal cuando fue a traer leña. Por eso una embarazada debe cuidar esos detalles.

Teresa conoce la herbolaria. No existen hierbas anticonceptivas, eso va contra la naturaleza. Ella afirma que precisamente las hierbas se utilizan para lo contrario, para tener hijos, que es el mayor don.

Teresa no cobra cantidades fijas por atender partos. "Me gusta la gente, porque ven que yo hago mi trabajo pero en voluntad. Si tienen la voluntad me dan unos diez mil, unos cinco mil pesos [viejos]".

Otras parteras e incluso parteros, que los hay, tienen una tarifa fija. Teresa explica que allá en La Realidad hay quien cobra cien nuevos pesos por el nacimiento de un niño. Si la suerte depara que sea niña, el precio es la mitad, cincuenta nuevos pesos. Una mujer siempre es menor alegría que un hombre entre los campesinos.

Los nombres para los recién nacidos los piensa la familia y tienen que ver con los gustos o con la coyuntura internacional. Así, en La Realidad encontramos a Clinton o a Floriberta, o, por qué no, a Donaldo.

Fuera de la selva, en tierra fría, los tzeltales de Oxchuc tienen dos apellidos desde su nacimiento. El formal, que es en la mayoría de los casos Morales, Santiz, Gómez, Méndez, López, Encino, y el indígena, que varía según cada quien y que tiene que ver con el momento del alumbramiento o la gestación. Por ejemplo, según la posición de los astros el recién nacido recibirá un nombre que lo caracterizará. Si llega al mundo en un día brillante lo llamarán "k'aal", expone en el libro *Ofrenda a los ancestros en Ochxuc* Martín Gómez Ramírez. O si la madre sueña con algún animal, planta u objeto durante su embarazo, ése será el apellido paterno que llevará el primogénito y el resto de los hijos. Gómez Ramírez señala además: "Se cuenta también que en el momento del nacimiento de una criatura los padres revisaban la placenta con mucho cuidado y paciencia para ver su figura y el color que tenía en medio". Así cuenta un señor que le dieron el apellido de K'ulub, que significa chapulín, porque descubrieron el color verde pinto en la placenta que lo albergó.

Otros ejemplos mencionados en el citado libro señalan: "Si una mujer u hombre soñaba con una parte del cuerpo humano, digamos 'chinbak', es decir, rodilla, así le ponían por apellido al recién nacido. Pero cabe aclarar que a los Gómez de Ochxuc no sólo el 'K'ulub' les pertenece, sino también una relación de plantas, animales y objetos les corresponden por haberlas soñado o imaginado..."

VI. La organización de las mujeres y su toma de conciencia

La participación de las indígenas en la vida comunitaria y más en los asuntos políticos del zapatismo requirió de muchos años de lento trabajo. El proceso no ha terminado y en muchos lugares de Chiapas la mujer sigue todavía sin contar para la vida pública. No obstante, la semilla de la revolución de las costumbres está puesta y da sus frutos.

La labor de las mujeres del EZLN fue paciente y minuciosa. Maribel, la capitán tzeltal, cuenta que desde el principio "nuestros mandos nos decían que de por sí había que organizar a más compañeras".

Con ese fin salían de los campamentos de montaña las guerrilleras y se acercaban a las indígenas de los pueblos. Caminaban varios días, pero en una salida de dos semanas tan sólo lograban visitar tres o cuatro pueblos, y nunca estaba asegurado que pudieran reunir a muchas mujeres.

Maribel explica que entonces ingeniaron un mejor método: "Empezamos a hacer radio-periódicos, que son grabaciones sobre distintos temas. Un radio-periódico es un artículo que dice por ejemplo la lucha por la tierra y explica todo sobre ese tema. Como en las comunidades indígenas no todas las compañeras entienden el español, pues lo traducíamos. Habíamos varias compañeras ahí en el campamento, unas saben tzotzil, otras tzeltal, otras tojolabal; nos dedicábamos a traducir los artículos y los grabábamos y ese caset ya lo mandábamos a las comunidades. Y así es como las compañeras de las comunidades empezaron a escuchar nuestro mensaje político. Y ya con el tiempo empezamos a tomar las comunidades donde nos invitaban, decían: pues lleguen, ahora sí queremos conocerlos".

Eran los tiempos de la acumulación de fuerzas; la organización era rígidamente clandestina y, por tanto, toda empresa política tenía que pasar por la más absoluta discreción.

"Todo este trabajo las compañeras insurgentes tuvimos que hacerlo con mucha seguridad de que no supieran quiénes éramos y qué hacíamos. Teníamos que buscar varios pretextos: decíamos que éramos estudiantes o que éramos religiosas para predicar la palabra de Dios. Y también a eso nos íbamos, porque la palabra de Dios está relacionada en cuanto a la explotación, a la injusticia.

"Y ahí nos invitaban las compañeras e íbamos y platicábamos con ellas de la situación nacional y de por qué estábamos luchando, por qué empuñábamos las armas... Y es así como nosotras fuimos haciendo nuestro trabajo. Nos costó mucho al principio, porque muchas compañeras llegaban sin saber leer y escribir y hay que enseñarles, y explicarles la política en su dialecto para que ellas entiendan."

En otras regiones, las insurgentes hacían también trabajo de concientización. Ana María, tzotzil, con gestos ágiles y un rebozo sobre el uniforme, explica: "Lo que hacemos algunas en las comunidades es formar grupos de mujeres, organizarlas en trabajos colectivos. Las que ya estamos un poco más preparadas alfabetizamos a las compañeras de los pueblos para que aprendan un poco a leer y escribir. Ése es el trabajo que venimos haciendo desde hace años".

La capitán Laura, tzotzil de origen pero destacada en la selva, perdió cuatro hermanos, le quedan once vivos, cree. Ella vivió de chica un año en la ciudad con su madre, mientras su padre marchaba a buscar empleo temporal en el campo.

Cuando regresó a su comunidad en los Altos de Chiapas, como había aprendido a leer en San Cristóbal, se dedicó a enseñar a las mujeres con las que trabajaba en colectivo. Su padre la incitó: "Yo tenía catorce años, y mi padre me empezó a hablar de política, de cómo está el país, de por qué éramos pobres, cómo sufren las mujeres... 'Date cuenta de cómo sufres tú', me decía. No sé cómo supo, pero llegó un día en que me dijo que hay una lucha armada pero que no lo puede saber nadie. Me preguntó: '¿Qué piensas?' Yo dije: 'No, pues está bien, pero primero déjame trabajar más con las compañeras'".

Laura y las demás cultivaban hortalizas juntas. Cuando terminaban su trabajo, en las tardes, se reunían y ella les contaba lo que le enseñaba su padre sobre política. Con el tiempo, esas charlas cobraron una regularidad semanal. Y reflexionaban. La capitán zapatista cuenta las reacciones: "Las mujeres se ponían en contra de los hombres. Decían: 'los hombres casi no nos ayudan, nosotras hemos de cuidar los niños, tu niño allí llorando y los hombres nada más vienen a pedir la comida'. Discutíamos mucho, nos llegábamos a reunir como veinte mujeres, y era una comunidad muy chiquita".

Cuando Laura tuvo quince años, ingresó en las milicias zapatistas, una situación intermedia entre la vida en la comunidad y la disciplina militar. De esta manera podía iniciarse en la lucha sin abandonar el pueblo y sin dejar el colectivo de mujeres.

A partir de entonces, tuvo que ir a otras comunidades para ampliar su formación y conocer más grupos de compañeras y cómo funcionaban. Enseñó el español y aprendió "muchas cosas". La ayudaron a gestionar la compra de una máquina de coser colectiva para su comunidad.

"Muchas compañeras hablaban ya con sus maridos, les decían lo que discutíamos... Y empezaron a ayudar en la casa a las mujeres: 'si quieres que cambiemos la explotación pues ayúdame a traer el niño, cargar la leña y el agua y todo eso'."

CÓMO VIERON LAS MUJERES DE LOS PUEBLOS A LAS ZAPATISTAS

Cuando Ana María ya era insurgente visitaba muchas veces a las mujeres de las comunidades. A todas luces debía ser un choque cultural para las indígenas aceptar la total implicación de una de ellas en una lucha armada. Ana María, tzotzil, había abandonado las faldas, los tejidos y los niños para empuñar un fusil al lado de los hombres. Seguramente esto tenía que ser mal visto por muchas de ellas. Pero Ana María lo niega: "No, al contrario, lo veían bien. Y muchas mujeres, muchas, querían entrar a la lucha pero no pudieron porque estaban casadas y con hijos y no los podían dejar. Pero aquí no sólo con el arma se lucha: las mujeres en los pueblos se organizan, hacen trabajos colectivos, montan sus reuniones para estudiar, aprender algo de los libros. Y ayudan al Ejército Zapatista, porque el mismo ejército lo forman sus hijos, sus hermanos, sus cuñados... Y se preocupan de que tengan alimento en la montaña".

Para Irma, capitán de veintiocho años, fue distinto: "Mis amigas decían que no, que mejor no saliera, que no está bien que se vayan las mujeres... En la comunidad las mujeres no podíamos ni opinar, ni participar en las reuniones, no se nos tiene en cuenta... Si yo estuviera en mi casa estaría bajo el hombre que me pega y me maltrata. Pero ahora en las comunidades la mujer muchas veces huye, se va con el compañero porque no quiere que su padre la venda".

En otro punto de Chiapas, en la cañada tojolabal, Maribel explica que al principio no era bien visto que una joven se hiciera guerrillera: "Hubo muchos rumores que decían que esas mujeres están allá en el monte y están con los hombres... Pero nosotras entendíamos muy bien que eso no era así porque lo vivíamos en carne propia, en vida propia. La relación entre los compañeros del

EZLN es de ayuda, de compañerismo y de respeto. Pero es que uno no lo sabe si no convive con el grupo. Eso se pensaba fuera. Pero ya para ese entonces muchas compañeras de las comunidades esperaban que les dijéramos que si quieren ir, vámonos".

Las muchachas indagaban cómo podía una mujer afrontar una vida tan dura en la montaña. Y les preguntaban a las insurgentes como Maribel. "Nos decían: 'Nomás explíquennos cómo le hacen, ustedes son mujeres, nosotras sabemos que hay muchas dificultades, ¿cómo le hacen cuando están reglando por ejemplo?, ¿no caminan, no corren, no saltan? ¿Y el entrenamiento?' En esas dificultades pensaban las compañeras. Y nosotras les decíamos que no hay cosa más difícil que el sufrimiento del pueblo, no se puede comparar con el que piensa por conciencia, se decide y lucha. Pues eso en lo personal no es muy difícil. Se aprende a vivir de esa manera.

"Entonces las compañeras decían: 'Yo la verdad pienso que tengo que ser como ustedes'. Y es así como se incorporaban muchas; casi la tercera parte del EZLN son mujeres.

"Y es así como ya empezamos a entrar, la misma necesidad nos obligaba a hacer eso. La misma política nos daba a entender que la explotación no es sólo para el hombre sino también para las mujeres. Entonces la mujer si es explotada tiene el derecho y tiene el deber de luchar por algo más justo. Es así como lo entendimos, yo por mi parte lo entendí: aquí hay que luchar al lado de los compañeros, con las armas o en otras partes apoyando."

Maribel reemprende el relato de cómo las zapatistas llegaban a las comunidades para conseguir la adhesión de las mujeres a la causa: "Nosotras teníamos que ir a agrupar a las compañeras y les decíamos: estamos luchando porque hay que hacer algo antes de que nos muramos de hambre o antes de que las enfermedades nos chinguen. Entonces, por ejemplo, las del servicio de sanidad, cuando vamos nosotras a dar la clase política, ellas se dedican a explicar lo que es la salud, cómo prevenir las enfermedades, ya que no hay suficientes medicinas ni doctores en las comunidades".

Entre otras labores, incitaban a las mujeres a unirse. "Nosotras queríamos que las compañeras aprendieran a trabajar en colectivo, eso les iba a servir mucho. Y poco a poco la cuestión organizativa entre las indígenas empezó a avanzar, con muchos problemas, claro, porque antes en su vida no lo habían hecho. Nosotras les dábamos una explicación teórica y estábamos con ellas, les enseñábamos. Luego ya solas se las arreglaban. Pero si tenían problemas, nos mandaban una carta o nos mandan decir tal cosa."

En Guadalupe Tepeyac, ya entrado 1994, las mujeres abrieron un restaurante colectivo para los múltiples visitantes y periodistas que acudían a la zona. Y es que se dieron cuenta de que la gente pedía de comer en las casas más cercanas al hospital y sólo se beneficiaban de la afluencia unas pocas familias. El asunto concluyó en una asamblea. Todas las guadalupanas decidieron que no era justo que unas se enriquecieran y otras no. Y optaron por crear un "restaurantito" colectivo en la explanada frente al hospital del IMSS-Solidaridad, rebautizado Che Guevara-Emiliano Zapata. Se establecieron turnos y la ganancia era del colectivo. Crearon un pequeño almacén, donde guardaron lo que era propiedad de todas. Allí cerca, tenían un horno de leña de esos construidos con barro y cemento. Una vez por semana hacían pan. Llegaban la harina y el azúcar en un camión. Lo guardaban en su almacén hasta el martes o el jueves, cuando se reunían todas desde la mañana y amasaban pancitos dulces, los ponían en el horno y, una vez hechos, los repartían para que les tocara a todas las familias del pueblo.

Las mujeres estaban satisfechas: "Es mejor de por sí el trabajo colectivo porque eso nos junta, nos une, y nadie nos puede separar porque nuestro pensamiento dice en nuestras acciones. O nuestras acciones también coinciden con nuestro pensamiento".

A partir del 9 de febrero de 1995, ante la ofensiva militar, Guadalupe Tepeyac emprendió el éxodo y abandonó todos sus logros. Pero eso ya es posterior. Hace una década, cuando las insurgentes estaban trabajando con las mujeres, se estaba conformando el Comité Clandestino Revolucionario Indígena en sus diferentes niveles: los responsables de los pueblos, de las zonas y por fin de las regiones. Fueron los Comités los que retomaron la dirección de la labor de concientización y poco a poco los insurgentes dejaron de aparecer por las comunidades, a menos que fueran requeridos por la gente.

"A veces pasaba. Me decían los del Comité: 'quieren las compañeras que vayas tú personalmente'. Pues ahí vamos, pero ya es por solicitud del Comité." Maribel sigue contando: "El reclutamiento fue muy lento pues se hacía por familias. Una familia de una comunidad empieza a participar dentro del EZLN y colabora. Cuando en el pueblo ya existía un grupo, nombraban a su responsable local, pero no solamente pedíamos que nombraran responsable local en cuanto a los hombres sino también en cuanto a las compañeras. Así, cuando llegáramos nosotros a hablar con todos podíamos hablar con las compañeras en especial, aparte. Y ya de ahí fueron creciendo las regiones y se empezaron a nombrar responsables regionales que ya son los que forman el Comité".

LAS MUJERES TOMAN LA PALABRA

La mayor Ana María relata sin ambages lo que costó lograr la participación de las mujeres: "Nosotros les exigimos a los compañeros de los pueblos que las mujeres también tenían que organizarse, representar algo, hacer algo, no sólo los hombres. Porque siempre que llegábamos a las comunidades había sólo puros hombres en la reunión, en los círculos de estudio que hacíamos. Trabajamos mucho para que la mujer se levantara y tuviera oportunidad de algo, ellas mismas lo pedían. Decían: 'si los hombres van a estudiar o a aprender cosas ¿por qué nosotras no? También queremos entrenarnos, aprender algo... Además tenemos compañeras que son insurgentes y están demostrando que sí pueden, sí podemos las mujeres, dennos oportunidad'. Así fueron entrando muchas milicianas".

Y así se fue gestando lentamente la Ley Revolucionaria de Mujeres del EZLN. Maribel hace un relato de ese proceso y de sus consecuencias: "Cuando se viene la discusión sobre las leyes revolucionarias de mujeres ya las compañeras entendían bien por qué iban a luchar y cuáles eran sus necesidades, aparte de nuestras demandas generales. Las compañeras dicen: 'No, pues vemos que aquí, dentro mismo de nosotros, en las poblaciones, existen injusticias que el pensamiento de ricos ha metido entre los hombres y ellos quieren dominar a las mujeres. Ése es un pensamiento que no nos sirve a nosotros'.

"Entonces las compañeras empiezan esa discusión. Ellas dijeron que había muchas cosas por las que necesitaban luchar, aparte de las demandas generales de todos los pueblos.

"Y ya empiezan a decir que a nosotras nos tienen que dar más participación: 'ahora ya nos enseñaron, ahora sí podemos reunirnos, podemos discutir en la cuestión política qué es lo que vamos a hacer en estos días de guerra o cuando venga la guerra o después de la guerra o cuáles son nuestras demandas para el futuro. Que nos den más participación política'.

"Y empezamos ahora sí ya no a juntar sólo a las mujeres de una comunidad sino a hacer eventos culturales de varias comunidades donde asistían las compañeras. Principalmente esos encuentros los hacíamos un 8 de marzo, Día Internacional de la Mujer. Ahí los compañeros hacían que nosotras estuviéramos alegres. Se combinaba con la participación del Grupo Juvenil. Porque también empezamos a organizar a los jóvenes en esa época, de quince a treinta años. Los demás, decíamos que eran viejos.

"Entonces, cuando hacíamos encuentros de mujeres ya traíamos al Grupo con sus actuaciones para que las compañeras vieran a los jóvenes, que son sus hijos, por supuesto. Luego, las representantes de las compañeras pasaban cada una a decir su pensamiento en cuanto a la lucha, por qué luchaba, y también hacían la evaluación del trabajo colectivo, a nivel regional o a nivel local".

Maribel prosigue: "A medida que ellas fueron participando, fueron haciéndose más fuertes en su participación política como dirigentes. Y es cuando ellas piden: 'ahora nosotras necesitamos decir, o sea decidir, el número de hijos que vamos a tener. Queremos participar más en la lucha, ser dirigentes, recibir el mismo salario...'

"Porque nosotras les explicábamos cómo era el trabajo de los obreros y de los campesinos y que hay mujeres obreras que en algunas fábricas les dan menos salario por ser mujeres. Igual pasa en las fincas, cuando las mujeres van de jornaleras a cortar o chapurrear el café. Por ser mujeres no les pagan o les pagan menos. Entonces dijeron ellas que no debe ser así, que debe haber justicia. Y es cuando se hace lo de las leyes revolucionarias de mujeres.

"Nosotras las insurgentes no escribimos esas leyes. Lo hicieron las compañeras de las comunidades indígenas. Nosotras estuvimos en algunas reuniones de ellas porque hay muchas mujeres que no entienden el español y hay que traducirles, coordinábamos. Se fueron juntando las demandas de todas. Pero no sólo de las compañeras de un pueblo ni de una región, sino de todas las regiones.

"Ya luego se fue un borrador de cada lugar, se juntó y se volvió a regresar. Es cuando nosotras les explicamos: 'miren, juntamos las opiniones de las compañeras y aquí están las leyes...' Y les explicamos qué quería decir en cada párrafo junto con el Comité. Y ellas decían, 'no, pues hay que quitarle esto, porque a nosotras no nos conviene. O hay que ponerle lo otro porque hay que hacer eso'. Lo volvieron a estudiar y lo que no estuvieron de acuerdo lo borraron y se fue nuevamente y se volvió a venir y así es como quedó establecida esa ley".

1. Las mujeres sin importar su raza, credo o filiación política, tienen derecho a participar en la lucha revolucionaria en el lugar y grado que su voluntad y capacidad determinen.

2. Las mujeres tienen derecho a trabajar y recibir un salario justo.

3. Las mujeres tienen derecho a decidir el número de hijos que pueden tener y cuidar.

4. Las mujeres tienen derecho a participar en asuntos de la comunidad y tener cargo si son elegidas libre y democráticamente.

5. Las mujeres y sus hijos tienen derecho a atención primaria en su salud y alimentación.

6. Las mujeres tienen derecho a la educación.

7. Las mujeres tienen derecho a elegir a su pareja y a no ser obligadas por la fuerza a contraer matrimonio.

8. Ninguna mujer podrá ser golpeada o maltratada físicamente ni por familiares ni por extraños. Los delitos de intento de violación o de violación serán castigados severamente.

9. Las mujeres podrán ocupar cargos de dirección en la organización y tener grados militares en las fuerzas armadas revolucionarias.

10. Las mujeres tendrán todos los derechos y obligaciones que señalan las leyes y reglamentos revolucionarios.

La capitán Maribel añade: "Ahora vemos que hay otras compañeras del país, las compañeras a nivel nacional, que no están en la misma situación que las compañeras de la selva. Por eso lo que vemos nosotras es que las mujeres de otros lugares deben hacer más rica esa ley revolucionaria porque queremos que encierre todas las demandas de las mujeres de México. Porque deben tener otras necesidades, por ejemplo las enfermeras, las doctoras, las maestras, las obreras, deben tener otras demandas que necesitan ellas que se tengan en cuenta".

LA APROBACIÓN DE LA LEY SEGÚN EL SUBCOMANDANTE MARCOS

El subcomandante Marcos sostiene que "la tradición más antigua de trabajo colectivo que no significa un beneficio personal viene de las mujeres. Esa experiencia colectiva les posibilitó entender más rápido por qué luchábamos. Así se entiende esa frialdad con que responden las campesinas: 'Sí, somos zapatistas', aun cerca de la zona de fuego y con los tanques encima".

Para Marcos, el primer levantamiento del EZLN tuvo lugar el 8 de marzo de 1993, día en que las mujeres exigieron la aprobación de sus leyes revolucionarias: "¡Híjole! Fue un desmadre. Ramona y Susana –las dos comandantes– pasaron a cada comunidad. A Ramona le tocó el lado tzotzil, que es más cerrado y donde las mujeres están más marginadas que las tzeltales, que son más abiertas. Una mujer tzotzil no habla con el hombre. Pero a Ramona le tocó hablar, organizó a las comunidades y nombró a las responsables de los comités de mujeres. Cuando se votó la guerra, ellas dijeron: 'Bueno, vamos a ir a la guerra, pero vamos a hacer nuestras leyes. Hagamos nuestras leyes'. Y se fueron a las comunidades.

"Ese 8 de marzo de 1993 estábamos en los Altos en una reunión del Comité y era horrible, todas las mujeres estaban alborotadas y si eras hombre sentías que te iban a hacer algo.

"Cuando se empezó a leer las leyes de mujeres, todos empezaron a murmurar. Los tzeltales les decían a sus compañeros que no le informaran a nadie de lo que se discutía porque se iba a armar un desmadre.

"Después de que se hizo la traducción a las diferentes lenguas, se prendieron las mujeres, estaban todas enfrente de la mesa donde se hacía el recuento de cómo se votaron las leyes, y comenzaron a cantar cada una en su dialecto. Era una fiesta, pero por suerte a nadie se le ocurrió gritar 'mueran los hombres'. Entonces yo dije que no estaba de acuerdo con la ley y ¡que me reclaman, estaban bravas!"

Mejor que en la entrevista anterior, Marcos describe cómo fue ese "primer levantamiento" en una carta dirigida al periodista Álvaro Cepeda Neri (*La Jornada*, 30 de enero de 1994).

"Susana, tzotzil, está enojada. Hace rato la burlaban porque dicen los demás del CCRI, ella tuvo la culpa del primer alzamiento del EZLN en marzo de 1993. 'Estoy brava', me dice. Yo, mientras averiguo de qué se trata, me protejo tras de una roca. 'Los compañeros dicen que por mi culpa se alzaron los zapatistas el año pasado.' Yo me empiezo a acercar cauteloso. Después descubro de qué se trata: en marzo de 1993 los compañeros discutían lo que después serían las 'Leyes Revolucionarias'. A Susana le tocó recorrer decenas de comunidades para hablar con los grupos de mujeres y sacar así, de sus pensamientos, la 'Ley de Mujeres'. Cuando se reunió el CCRI a votar las leyes, fueron pasando una por una las comisiones de justicia, ley agraria, impuestos de guerra, derechos y obligaciones de los pueblos en lucha, y la de mujeres. A Susana le tocó leer las propuestas que había juntado del pensamiento de miles de mujeres indígenas... empezó a leer y conforme avanzaba en la lectura, la asamblea del CCRI se notaba más y más inquieta. Se escuchaban rumores y comentarios. En chol, tzotzil, tzeltal, tojolabal, mam, zoque y 'castilla', los comentarios saltaban en un lado y otro. Susana no se arredró y siguió embistiendo contra todo y contra todos: "'Queremos que no nos obliguen a casarnos con el que no queremos. Queremos tener los hijos que queramos y podamos cuidar. Queremos derecho a tener cargo en la comunidad. Queremos derecho a decir nuestra palabra y que se respete. Queremos derecho a estudiar y hasta de ser choferes.' Así siguió hasta que terminó. Al final dejó un silencio pesado. Las leyes de mujeres que acababa de leer Susana significaban para las comunidades indígenas una verdadera revolución. Los varones se miraban unos a otros, nerviosos, inquietos. De pronto, casi simultáneamente, las traductoras acabaron y, en un movimiento que se fue agregando, las compañeras responsables empezaron a aplaudir y hablar entre ellas. Ni qué decir que las leyes de mujeres fueron aprobadas por unanimidad.

"Algún responsable tzeltal comentó: 'Lo bueno es que mi mujer no habla español, que si no...' Una oficial insurgente, tzotzil y con grado de mayor de infantería, se le va encima: 'Te chingaste porque lo vamos a traducir en todos los dialectos'. El compañero baja la mirada. Las responsables mujeres están cantando, los varones se rascan la cabeza.

"Yo, prudentemente, declaro un receso.

"Ésa es la historia que, según me dice Susana, salió cuando alguien del CCRI leyó una nota periodística que señalaba que la prueba de que el EZLN no era auténticamente indígena es que no podía ser que los indígenas se hubieran puesto de acuerdo en iniciar su alzamiento el primero de enero. Alguno, en broma, dijo que no era el primer alzamiento, que el primero había sido en marzo de 1993. Bromearon a Susana y ésta se retiró con un contundente 'váyanse a la chingada' y algo más en tzotzil que nadie se atrevió a traducir. Ésa es la verdad: el primer alzamiento del EZLN fue en marzo de 1993 y lo encabezaron las mujeres zapatistas. No hubo bajas y ganaron. Cosas de estas tierras."

La mayor tzotzil Ana María lo cuenta de otro modo: "Nosotras protestamos porque no había una ley de mujeres. Así nació, la hicimos y presentamos en la asamblea donde estamos todos, hombres y mujeres, representantes de los pueblos. Una compañera la leyó y nadie protestó, estuvieron de acuerdo, la votaron y no hubo problemas.

"Para redactarla iban algunas mujeres a las comunidades a platicar con las compañeras y a preguntarles cuál es su opinión y qué es lo que quieren o necesitan que aparezca en una ley. Se fueron juntando las opiniones de las mujeres de cada pueblo y entonces las que sabemos escribir lo escribimos".

Para el subcomandante Marcos, esta ley es una verdadera revolución de las costumbres: "En diversos grados, la marginación de la mujer se da en todas las etnias, pero lo aprobado en las leyes de mujeres era prácticamente impensable en muchos lugares donde mandan a la cárcel a las parejas que no tienen permiso, o los amarran en una cancha de básquet hasta que pagan su pecado. Hay compraventa de la mujer, dan alimentos o alcohol a cambio de la muchacha; pero algunos huyen de las comunidades por no poder pagar la cuenta".

El jefe militar zapatista explica un caso ocurrido tras la aprobación de la ley: "Salieron dos muchachos y los agarraron en una comunidad y los llevaron presos. Ella se defendió y les dijo: 'A mí nadie me puede detener, ustedes votaron esas leyes aquí, así que yo tengo derecho a elegir con quien me acuesto'. Se enfrentó con la asamblea de la comunidad y la tuvieron que soltar porque les reclamó que para qué ponían una ley que no iban a aplicar. Como también ahí está en juego la ley agraria, aceptaron porque pensaron que no se aplicaría lo de la indemnización en la guerra. A ella la soltaron porque era una delegada del Comité Clandestino Revolucionario Indígena y sabía que existía la ley, si no la hubieran amarrado".

UN CAMBIO PROFUNDO

Dejemos hablar a Maribel: "Antes de que llegara el EZLN, a las compañeras les pegaban, las obligaban a casar con alguien que no quieren, había mucha borrachera y eso les hacía también daño a las compañeras, porque tienen que estar llorando y cuidando que sus maridos no las macheteen...

"Cuando entramos nosotros empezó a haber una ley que prohíbe el alcohol, porque al mismo tiempo no se podía estar tomando trago para luego ir a publicar lo que uno sabe.

"Se acordó que así debería ser, porque los vicios malos traen problemas a la familia y a la comunidad. Esos cambios son lo que yo vi en las comunidades, ahora se siente más tranquilo".

Pero los hombres de los pueblos indígenas tuvieron dificultades en asumir el nuevo rol de las mujeres, sus reivindicaciones, su participación. Maribel explica: "Los compañeros fueron viendo estos cambios en cuanto a la preparación política de las compañeras en las comunidades. Tuvieron problemas, pues ya la compañera podía defenderse: 'yo voy a la reunión porque voy, porque así tenemos acuerdo con las demás mujeres'.

"Algunos hombres se molestaban: 'tú qué, y qué vas a ir a hacer, las mujeres no pueden salir'. Ésa es la bronca que se enfrentaba en esos momentos. Pero ya después, con la misma participación de las compañeras en las asambleas, les decían a los compañeros que si no nos van a dar chance, pues para qué sirven las leyes revolucionarias.

"Ahora pues nosotras tenemos ese deber de participar en las asambleas y estar y discutir los problemas de la comunidad. Así pues, a esos compañeros, que eran pocos, ya los fueron dominando los demás compañeros y las mismas mujeres. Y se empezó ahora sí a cumplir de veras lo que es la ley revolucionaria. Sí lo extrañaron pues los hombres, porque ahora ya no pueden pegar con facilidad a las mujeres; tampoco nos pueden obligar a casar con alguien que el papá quiera en especial; si la mujer no lo quiere pues no lo quiere. La mujer ahora sí pueden demandar al marido, decirle a la autoridad: 'mira lo que está pasando y no quiero que me pase, o él me está pegando...' Pueden ellas hablar y denunciar. Y es así como a veces encarcelan a los hombres, a veces tienen que ir a trabajar como castigo de que jaló a una mujer así a fuerzas o la quiere violar o le pega mucho o no se entiende. Pero ya ese conflicto no queda entre familia, se resuelve de una manera buena con las autoridades.

"Eso antes no lo podía hacer una mujer; en cuanto ella se va a quejar, el marido más le pega, más se encabrona. Ahorita ya no, ella dice: 'te vas a corregir, porque si no me voy'. Y la mujer se va.

"Ya si el hombre la quiere, la busca de nuevo y otra vez. Pero ya con ese sentimiento de que tiene que corregirse. Me ha tocado ver alguno de estos casos que así se ha resuelto.

"Porque la relación de pareja en las comunidades es muy dura. Con la separación ya no queda la mujer así sola, sino que queda con dos, tres hijos. Entonces se tienen que poner de acuerdo. 'Si me vas a dejar, tú vas a cuidar a tantos y yo cuido a tantos.' Pero eso ya lo ve toda la comunidad.

"Y se aprende a resolver los problemas de acuerdo a la ley revolucionaria. Así ya tienen una defensa pues las compañeras. Y esa defensa las hace ponerse duras a ellas, fuertes, que en ningún momento se dejen humillar por esas cosas.

"Y ha habido un cambio y para algunos compañeros es un poco difícil porque es una costumbre y es difícil quitarlo en dos, tres días: lleva meses y lleva años".

EL DÍA DE LA MUJER EN LA SELVA LACANDONA

Era 8 marzo de 1994. Un miembro del Comité Clandestino Revolucionario Indígena, provisto de su pasamontañas, tomó la palabra. La noche cerrada protegía a los zapatistas de la mirada ávida de los aviones. Como cuatrocientos insurgentes se repartían en la plaza, formaban dos hileras frente a frente. Una era de hombres, la otra de mujeres. Alrededor de ellos estaban los niños y habitantes de la comunidad. Todos escuchaban atentos:

"Compañeros y compañeras, en nombre de la Comandancia General del Ejército Zapatista voy a leer unas palabras. El día de hoy, 8 de marzo, hagamos un homenaje a estas mujeres que un día en una fábrica norteamericana se organizaron para luchar por los derechos de la mujer. Ese ejemplo lo tendrán que tomar todas las mujeres de nuestro pueblo porque la mujer también es capaz de pagar el precio que cobra cualquier lucha si es verdadera.

"En este día les damos un saludo fraternal y revolucionario a todas nuestras compañeras que forman parte de nuestras filas insurgentes y milicianas y a todas las mujeres de nuestros pueblos...

"Que ya no les metan esas ideas de que sólo la mujer sirve para el hogar o sólo para criar hijos, para que los burgueses tengan asegurada la mano de obra barata. Que el ¡Ya basta! del primero de enero llegue hasta el último rincón de nuestro pueblo donde se encuentre una mujer."

Ésas fueron las palabras del maestro de ceremonias, que era hombre, aquel 8 de marzo en la cañada de Ocosingo. A continuación, la capitán Irma leyó su discurso:

"Queridos compañeros y compañeras. Aquí nos encontramos reunidos para celebrar el día 8 de marzo, Día Internacional de la Mujer, por esas mujeres que han dado su vida por defender sus derechos, que trabajaban en muy malas condiciones y aparte no les pagaban, y decidieron levantarse en lucha [...] Por eso ahora las invito a todas, las compañeras del campo y la ciudad, que se sumen a nuestras demandas ya que la mujer es la que está más explotada.

117

"La mayoría de las mujeres ni siquiera saben leer y escribir porque sólo quieren tenerlas humilladas como siempre. Compañeras de todo el país, para que esto no siga así, tenemos que luchar junto con los compañeros empuñando las armas para hacer que nos entiendan. Las mujeres también pueden luchar con el arma en la mano. Les invito a que nos apoyen en todo lo que pedimos como zapatistas. Yo sé que cuesta pero tenemos que lograrlo luchando hasta vencer o morir, no hay otra forma, no nos han dejado otro camino. Nosotros seguiremos adelante con nuestra lucha hasta que sea cumplido todo lo que pedimos: pan, democracia, paz, independencia, justicia, libertad, vivienda, salud, poque todo esto no existe para nosotros los pobres. Por eso siempre vivimos engañados, por lo mismo de no saber leer, muchos a veces no sabemos qué nos dicen los patrones aunque nos estén regañando, nos pensamos que nos están hablando bien. Por eso les conviene que no sepamos leer ni escribir, porque así nos chingan más fácil.

"Nosotras ya nos cansamos, ya no queremos vivir como animales, que siempre alguien nos diga qué hacer o qué no hacer. Hoy más que nunca tenemos que luchar juntos para que algún día seamos libres. Esto lo ganaremos tarde o temprano, pero vamos a ganar, seguro. Adelante. Es toda mi palabra. Gracias."

Después empezaron las canciones. El cielo lleno de estrellas, oscuridad total violada sólo por las incómodas lámparas de algunas cámaras de video de los periodistas, los golpes de flash de los fotógrafos.

Tímidas, desafinando y muy bajito, las insurgentes cantaron el *Himno latinoamericano de las mujeres de la tierra*: "Adelante mujeres de la tierra / luchemos por la liberación / unidas contra el imperialismo / unidas por la revolución".

Los hombres se encargan de preparar toda la fiesta. Mataron varios puercos, los desguanzaron, y los cocinaron. También les tocó a los insurgentes varones prender el fuego, preparar las tortillas, el café y el arroz. El subcomandante Marcos, en uno de sus delirios poéticos, les había ordenado recolectar flores campestres y armar lindos ramilletes para ellas que con el bochorno selvático pronto fueron decadentes colgajos de verduras mustias.

El "Sub" hizo formar a los insurgentes hombres frente a las combatientes mujeres. Y solemnemente dijo: "Los compañeros van a darles un saludo insurgente a las compañeras en el Día Internacional de la Mujer". Y hubo entonces un "presenten armas", "carabina al hombro", etcétera.

La fiesta continuó. Las mujeres del pueblo, con sus niños colgando o revoloteando entre sus pies, escuchaban atentas y satisfechas los discursos de las muchachas guerreras.

Pero el contraste entre unas y otras es enorme. Las indígenas vestidas a la usanza tradicional, con sus vestidos de cintas de colores, sin zapatos, delgadísimas, condenadas a la maternidad, a la cocina, a no entender ni hablar español. Y en el polo opuesto, las insurgentes, hijas de estas mismas mujeres o hermanas o amigas o vecinas. Las zapatistas están mejor comidas, sus curvas son más pronunciadas, calzan botas militares, llevan pantalón y uniforme, cargan un arma. Y para colmo son atrevidas, osadas, seguras de sí mismas a pesar de su juventud. No sólo hablan el español sino que ellas mismas elaboran sus propios discursos y los leen, sin vergüenza ni prejuicio alguno, delante de todos: en público y levantando la voz.

Como en todas las celebraciones, no pudo faltar el baile. Un equipo de sonido conectado a una batería de carro desgranó las melodías contenidas en un disco de vinilo.

Sólo iniciar los primeros acordes de la cumbia, las muchachas solteras del pueblo inundan la pista bailando juntas. Los chicos las separan y bailan con ellas. No se arriman por nada del mundo y jamás se miran a los ojos. Otra costumbre muy extendida es que las mujeres casadas o comprometidas no pueden bailar.

Pero desde el inicio de la guerra han llegado a estos parajes muchas mujeres mestizas y de las ciudades, la denominada sociedad civil. Las muchachas de las caravanas o de los campamentos civiles por la paz (tras la incursión militar de febrero de 1995) bailan aunque estén comprometidas, cambian de pareja e incitan a las demás a hacerlo. A las próximas generaciones indígenas les tocará digerir todas estas novedades, pues habrán crecido viendo, además de a sus madres abnegadas, a las insurgentes y a las de fuera. No habrá tanto espacio para el sometimiento a una tradición que pareciera inamovible.

Los bailes en la cañada tzeltal o en la zona tojolabal de la selva Lacandona son similares. Muchachas sobre las que se abalanzan los muchachos insurgentes para sacarlas a bailar, señoras que miran, hombres del Comité Clandestino con sus pasamontañas que, sintiéndose anfitriones, muy amablemente sacan a la pista a las forasteras, e insurgentes que bailan entre sí.

En el área tzeltal, donde las mujeres guerreras son más que en la tojolabal, ellas ríen, hablan, interpelan a sus compañeros, los persiguen y enamoran. Recuerdo a la capitán Irma en sus lances para conquistar al ya de por sí encantado mayor Rolando. Los dos con sus pasamontañas, con sus bromas, sus risas. Al final, los dos bailando, mirándose a los ojos, con sus armas rozándose.

Cuántos bailes habrá habido durante esos trece meses que duró el territorio "liberado" de la selva Lacandona (de enero de 1994 a febrero de 1995). En todos ellos hubo el mismo panorama, zapatistas y pueblo todos a una: camisas cafés con arma bailando con vestidos rosas con cintas de colores, camisas cafés y gorras cafés junto a camisas cafés con trenzas o coletas... Y armas, armas y armas. Y todas las combinaciones posibles.

Azucena, soldado raso, viene abrazada al capitán Martín, brillan sus sonrisas y sus gestos. Al cabo de los meses se divorciarían, para mi decepción. Los insurgentes se casan y se divorcian cuando les da la gana.

HAZAÑAS GUERRERAS DE LAS ZAPATISTAS

El subcomandante Marcos explicó: "En algunas zonas nuestras mujeres son muy bravas. Es lo que pasó en Ocosingo, cuando se quedaron trabados unos compañeros en el mercado por el bombardeo del ejército federal. Fue una compañera herida la que tomó el mando y la iniciativa de responder al fuego y organizar la resistencia. Era oficial de menor grado que el que estaba a cargo de la operación, que estaba congelado sin saber qué hacer".

Se refería a Isidora. Encontré a Isidora en la cañada de Ocosingo, ejerciendo de guardia personal del subcomandante, montada a caballo, altiva, armada. Ya se había recuperado de la esquirla de bomba que le había afectado la columna vertebral.

Isidora tenía en abril de 1994 alrededor de veinte años. Todos los periodistas coincidían en calificarla de guapísima; su rostro encapuchado no escondía la belleza de sus ojos rasgados, casi orientales. Llevaba una media melena recogida en una coleta que asomaba de su gorra marrón. Una verdadera amazona. Su carácter respondía a su imagen de guerrera, callada y parca.

La historia de su vida explica en parte la irreversibilidad de su decisión de desafiar la muerte y empuñar las armas.

En su pueblo estaba muy mal, no había maestro ni escuela. Ella ayudaba a su madre en la casa. Pero no tenían tierras. A saber por qué, pero dice que un día llegaron gentes del gobierno a su poblado e incendiaron todas las casas. "Nos echaron y nos quedamos sin nada." Entonces fueron a Ocosingo y ahí vivieron durante dos años, al cabo de los cuales decidieron regresar otra vez a la selva: "Nos metimos en la mera montaña, ahí hicimos un pueblito y nos quedamos ahí".

Llegó a saber de la existencia del EZLN. Y no lo pensó dos veces; sus padres estuvieron de acuerdo. De sus hermanos ella es la única que ha optado por hacerse insurgente. Isidora dice que su familia está más tranquila sabiendo que ella está en el EZLN; será porque al menos aquí tiene qué comer.

Isidora jamás pensó que iba a ser la heroína de Ocosingo. Al entrevistarla, a duras penas contó su hazaña: "Los soldados llegaron a Ocosingo el 2 de enero por la tarde. Estábamos posicionados en el mercado, el mayor Mario nos avisó de que ya venían los militares. El capitán Benito, que perdió un ojo por una esquirla ese día, nos dijo que no podíamos abandonar nuestras posiciones hasta que recibiéramos instrucciones del mando. Llegaron más de veinte camiones de soldados. Empezamos a tirar balas, yo estaba en primera línea, tenía a cuarenta milicianos a mi cargo. Nos avisaron que el capitán Benito y la capitán Elisa estaban heridos. Y allí quedé yo solita sin ningún mando, entonces tuve que controlar a la gente, mi tropa. A las nueve de la noche ya sólo quedaban heridos; entonces no sabía qué hacer, a mí también me llegaron esquirlas de las granadas en la espalda y la muñeca y una bala me tocó el pie. Pero por lo menos me podía arrastrar, aunque no caminar. Y tuve que ir sacando a rastras a todos los heridos, como podía. Me decía: 'mientras esté viva no los voy a dejar, si se quedan los van a matar'. Salimos más de treinta heridos, algunos andaban. En el mercado quedaron sólo los muertos, no eran muchos, unos cuatro. Algunos civiles murieron porque los soldados disparaban sin apuntar a todas partes. Ellos eran un chingo y nosotros muy pocos porque la mayoría de nuestras fuerzas ya se habían retirado; éramos sólo unos diez insurgentes y el resto milicianos, y los milicianos no tienen buenas armas, algunos traen rifles calibre 22 y otros escopetas de palo.

"Eran las dos de la mañana; nos metimos en un potrero para salir a la carretera. Amaneció y no sabía qué hacer ni dónde estaba el resto de los compañeros. No me podía mover a causa de las heridas que se me hincharon. Pensé que me iba a morir. Pero nos encontraron los compas y nos llevaron".

Ana María tiene un alto cargo militar dentro de la estructura del EZLN, ella se encargó de la toma de San Cristóbal de Las Casas el 1° de enero de 1994: "Votamos que se iba a empezar la guerra. Luego empezamos a preparar las tácticas. Yo mando una unidad y tienes que saber que yo tenía que ir al frente primero, antes que mis compañeros, porque yo soy el mando y tengo que dar el ejemplo. Nos organizamos por unidades. Yo mando una unidad grande donde entran muchos, muchos milicianos, entre mil o más de mil. Dentro de esa unidad grande estamos divididos en unidades pequeñas, y cada una tiene su mando también. A cada mando se le instruye, se le dice cómo va a atacar y todo eso, y cada quien sabe lo que tiene que hacer. Al tomar San Cristóbal a unos les tocó poner los retenes, poner las emboscadas, reforzar las entradas y salidas. Cada unidad cumplió una misión. A otros les tocó entrar a la presidencia. Al día siguiente, en el ataque a la cárcel del Cereso, las que entraron a abrir las puertas y a liberar a los presos eran mujeres".

La capitán Maribel tenía asignada la toma de la radio de Las Margaritas. Ella cuenta: "Como yo tengo un cargo militar dentro de las filas, ya tenía yo claro lo que iba a hacer en esa fecha, el primero de enero. Concentramos la tropa en un lugar y nos fuimos a Margaritas. Y ya cada quien iba con su trabajo. A mí me tocó la toma de la radiodifusora. En primer lugar no conocíamos la ciudad, yo nomás fui una vez, no conocía dónde era el mero lugar. El error que cometimos fue pasar frente a la puerta de la presidencia con un carro despejado; iban todos los compañeros arriba. Pasamos así y estaban los policías allí enfrente. Nomás nos quedaron viendo. Pero en cuanto nosotros salimos, llegamos a una cuadra y se nos poncha la llanta del camión. Y ahí decido yo que se bajen los compañeros y vayamos así corriendo para atravesar las siguientes cuadras que nos faltaban. Sí estaba retirado donde teníamos que llegar. Ya nos bajamos y organizo la maniobra militar para tomar el local asignado.

"Tuve que nombrar otro grupo para que nos consiguieran un carro por si nos ordenaban retirada. Y entonces empieza la balacera en la presidencia. Pero no, ahí no nos tiraron ni nada. Nomás era que ya llegó el ataque de por sí a la presidencia. El objetivo principal que iba yo a hacer es pedirles a los de la radiodifusora el favor de que pusieran un caset para que se difundiera a nivel regional nuestra lucha. Pero esto no fue posible porque no había nadie ahí, estaban festejando el fin del año con sus familias. Tomamos el local y lo mantuvimos así hasta que nos dieron la orden de retirada. Dejé el caset porque yo me regresé, en la tarde, y ya otros compañeros lo pusieron.

"Para el día 2 me tocó la misión de ir a quitar armas a los rancheros. Organizo otra vez las fuerzas así como me habían dicho y empezamos a tomar los ranchos. Recuperamos las armas que tenían ahí, 22 y de calibre grande, granadas...

"Uno de los ranchos había correteado a un grupo de compañeros antes de que iniciáramos nuestra guerra porque descubrió que eran zapatistas. No les dejaron llevar nada a los compañeros, los corrieron así a escopetazos, a granadazos. En ese entonces el mando dijo que no había que hacer nada, que mejor sálganse, se quedan en tal pueblo hasta que iniciemos la guerra y recuperamos las armas. "Y sí. No estaba el dueño del rancho, estaba otro encargado. Rodeamos el lugar y le dijimos que nos entregara las armas. Él lo que nos dijo es no, que no tenía armas. Le dijimos que vamos a entrar a revisar. Entramos a revisar y allí estaban, no las quería entregar.

"Al siguiente día yo me llevé a los compañeros que fueron correteados hace un año. Desde entonces no habían podido sacar nada, ni ropa, ni su cama, ni su casa, nada. Entonces ya fui después con los compañeros y les dije: 'bueno qué es lo que dejaron aquí'. 'No pues ésta es mi gallina, ésa es mi cama, ésa es mi casa.' 'Ahora es de ustedes', dije. Y es así como empezamos a hacer esos trabajos pero no sólo en ese lugar sino a un espacio más grande".

Maribel afirma tajante: "No vamos a dejar esta lucha hasta que no se cumplan nuestras demandas". Y respecto al futuro, a qué es lo que le gustaría ser o hacer, dice: "Depende, lo que me dé el pueblo va a ser. Si el pueblo me dice 'ya no te necesitamos como soldado', pues puedo agarrar otro trabajo que me sirva, que le sirva al pueblo".

Laura también es capitán. El subcomandante Marcos le dio el grado tras hacer su examen, como todos los capitanes, ante los miembros del Comité Clandestino Revolucionario Indígena.

Así como a Ana María le tocó San Cristóbal y a Maribel Las Margaritas, a Laura le tocó la batalla más difícil, la toma de Ocosingo.

Poco antes de salir de la selva rumbo a esa ciudad, Laura cuenta cómo se sentía: "Te da nervios, estás consciente, y al mismo tiempo tienes que saber controlarte. Tenía ochenta milicianos a mi mando y cuatro insurgentes. Como eres la capitán, tienes que darle ánimo a la gente y saber dirigirlos. Yo tengo que ir delante".

Dice que sólo tenía presente una cosa: "Sólo quieres acertar. Ver caer un soldado es una sensación increíble. Voy a disparar pero no puedo fallar, no puedo fallar ni un tiro, eso tienes en la cabeza. Y además ordenar a tu gente, darle ánimo: 'apúntenle y tírenle ya'".

Laura no hace vaticinios sobre lo que va a pasar. Es pragmática, se aferra a su arma, de la que dice que es parte de sí misma. A la pregunta de qué le gustaría hacer o ser en un hipotético futuro de paz, responde: "Seguiré en lo militar, es lo único que sé hacer. Me gusta leer y estudiar, pero... Además, como quiera que cuando ganas una guerra te queda la sensación misma de la guerra, ¿no? Quieres ser lo mismo que eras antes, lo que llegaste a aprender y esto es ser militar. Y ése es mi gusto porque el arma es como si fuera mi propio cuerpo".

El frío testimonio de Laura despierta interrogantes tales como: ¿y cuando acabe esto qué? ¿Qué posibilidades de reinserción social se abrirán para estas jóvenes guerreras, tan alejadas de la realidad cotidiana de las mujeres de sus pueblos de origen?

MARCOS ESCRIBE SOBRE LAS INSURGENTES

Doce mujeres en el año doce (segundo de la guerra)

En el año doce del EZLN, lejos, a miles de kilómetros de Pekín, doce mujeres llegan al 8 de marzo de 1996 con sus rostros borrados...

I. El ayer

El rostro amordazado en negro logra dejar libres los ojos y algunos cabellos que guardan la nuca. En la mirada ei brillo de quien busca. Una carabina M-1 terciada al frente, en posición que llaman "de asalto", y una pistola escuadra a la cintura. Sobre el pecho izquierdo, lugar de esperanzas y convicciones, lleva las insignias de Mayor de Infantería de un ejército insurgente que se autodenomina, hasta esa madrugada helada del 1° de enero de 1994, Ejército Zapatista de Liberación Nacional. Bajo su mando está la columna rebelde que asalta la antigua capital del suroriental estado mexicano de Chiapas, San Cristóbal de Las Casas. El parque central de San Cristóbal está desierto. Sólo los hombres y mujeres indígenas que comanda son testigos del momento en que la Mayor, mujer, indígena tzotzil y rebelde, recoge la bandera nacional y la entrega a los jefes de la rebelión, los llamados "Comité Clandestino Revolucionario Indígena". Por radio, la Mayor comunica: "Recuperamos la Bandera. 10-23 en espera". Las 0200, hora suroriental del 1° de enero de 1994. Las 0100 horas del año nuevo para el resto del mundo. Diez años esperó ella para decir esas siete palabras. Llegó a las montañas de la Selva Lacandona en diciembre de 1984, con menos de veinte años de edad y toda la historia de humillaciones a los indígenas en el cuerpo. En diciembre de 1984, esta mujer morena dice "¡Ya Basta!", pero lo dice tan quedo que sólo ella se escucha. En enero de 1994, esta mujer y varias decenas de miles de indígenas ya no dicen sino gritan "¡Ya Basta!", lo dicen tan fuerte que todo el mundo los oye...

En las afueras de San Cristóbal otra columna rebelde comandada por un varón, el único de piel clara y nariz grande de los indígenas que asaltan la ciudad, ha terminado de tomar por asalto el cuartel de la policía. Liberan de las cárceles clandestinas a indígenas que pasaban el año nuevo encerrados por el delito más grave en el sureste chiapaneco: ser pobres. Eugenio Asparuk es el nombre del capitán insurgente, indígena tzeltal y rebelde que, junto a la enorme nariz, dirige la revisión del cuartel. Cuando el mensaje de la Mayor llega, el capitán insurgente Pedro, indígena chol y rebelde, ha terminado de tomar el cuartel de la Policía Federal de Caminos y asegurado la carretera que comunica San Cristóbal con Tuxtla Gutiérrez; el capitán insurgente Ubilio, indígena tzeltal y rebelde, ha controlado los accesos del norte de la ciudad y tomado el símbolo de las limosnas gubernamentales a los indígenas, el Instituto Nacional Indigenista; el capitán insurgente Guillermo, indígena chol y rebelde, ha tomado la altura más importante de la ciudad, desde ahí domina con su vista el sorprendido silencio que asoma por las ventanas de casas y edificios; los capitanes insurgentes Gilberto y Noé, indígenas tzotzil y tzeltal respectivamente, rebeldes por igual, terminan de asaltar el cuartel de la Policía Judicial Estatal, le prenden fuego y marchan a asegurar el extremo de la ciudad que comunica con el cuartel de la 31 Zona Militar en Rancho Nuevo.

A las 0200, hora suroriental del 1° de enero de 1994, cinco oficiales insurgentes, varones, indígenas y rebeldes, escuchan por el radio la voz de su mando, mujer, indígena y rebelde, diciendo "Recuperamos la Bandera. 10-23 en espera". Lo repiten a sus tropas, hombres y mujeres, indígenas y rebeldes en su totalidad, traduciendo. "Ya empezamos..."

En el palacio municipal, la Mayor organiza la defensa de la posición y la protección de los hombres y mujeres que en esos momentos gobiernan la ciudad, todos son indígenas y rebeldes. Una mujer en armas los protege.

125

Entre los jefes indígenas de la rebelión hay una mujer pequeña, de por sí pequeña entre las pequeñas. El rostro amordazado en negro logra dejar libres los ojos y algunos cabellos que guardan la nuca. En la mirada el brillo de quien busca. Una escopeta recortada calibre 12 terciada a la espalda. Con el traje típico de las sandreseras, Ramona baja de las montañas, junto a cientos de mujeres, rumbo a la ciudad de San Cristóbal la noche última del año 1993. Junto con Susana y otros varones indígenas forma parte de la jefatura india de la guerra que amanece 1994, el Comité Clandestino Revolucionario Indígena-Comandancia General del EZLN. La comandante Ramona asombrará con su estatura y su brillo a los medios internacionales de comunicación cuando aparecerá en los Diálogos de Catedral llevando en su morral la bandera nacional que la Mayor recuperó el 1° de enero. Ramona no lo sabe en esa época, y nosotros tampoco, pero lleva ya en el cuerpo una enfermedad que le come la vida a mordiscos y le apaga la voz y la mirada. Ramona y la Mayor, únicas mujeres en la delegación zapatista que se muestra por primera vez al mundo en los Diálogos de Catedral, declaran: "Nosotras de por sí ya estábamos muertas, no contábamos para nada", y lo dicen como sacando cuentas de humillaciones y olvidos. La Mayor le traduce a Ramona las preguntas de los periodistas. Ramona asiente y entiende, como si las respuestas que le piden hubieran estado siempre ahí, en esa figura pequeña que se ríe del español y del modo de ser de las citadinas. Ramona ríe cuando no sabe que se está muriendo. Cuando lo sabe, sigue riendo. Antes no existía para nadie, ahora existe, es mujer, es indígena y es rebelde. Ahora vive Ramona, una mujer de esa raza que tiene que morirse para vivir...

La Mayor mira la claridad que comienza a ganar las calles de San Cristóbal. Sus soldados organizan la defensa de la antigua Jovel y la protección de los hombres y mujeres que en esos momentos duermen, indígenas y mestizos, sorprendidos todos. La Mayor, mujer, indígena y rebelde, les ha tomado la ciudad. Cientos de indígenas en armas rodean la antigua Ciudad Real. Una mujer en armas los manda...

Minutos después caerá en manos de los rebeldes la cabecera de Las Margaritas, horas después se rinden las fuerzas gubernamentales que defienden Ocosingo, Altamirano y Chanal. Huixtán y Oxchuc son tomados al paso de una columna que avanza sobre la cárcel principal de San Cristóbal. Siete cabeceras municipales están en poder de los insurgentes después de las siete palabras de la Mayor. La guerra por la palabra ha comenzado...

En esos otros lugares, otras mujeres, indígenas y rebeldes, rehacen el pedazo de historia que les ha tocado cargar en silencio hasta ese 1° de enero. También sin nombre y sin rostro están:

Irma. Capitana Insurgente de Infantería, la indígena chol Irma conduce una de las columnas guerrilleras que toman la plaza de Ocosingo el 1° de enero de 1994. Desde uno de los costados del parque central ha acosado, junto a los combatientes bajo su mando, a la guarnición que resguarda el palacio municipal hasta que se rinden. Entonces Irma se suelta la trenza y el cabello le llega a la cintura. Como si dijera "aquí estoy, libre y nueva", el pelo de la Capitana Irma brilla, y sigue brillando cuando ya la noche cubre un Ocosingo en manos rebeldes...

Laura. Capitana Insurgente de Infantería. Mujer tzotzil, brava para pelear y para estudiar. Laura llega a Capitana de una unidad de puros varones. Pero no es todo, además de varones, los de su tropa son reclutas. Con paciencia, como la montaña que la ve crecer, Laura va enseñando y ordenando. Cuando los varones bajo su mando dudan, ella pone el ejemplo. Nadie carga tanto ni camina tanto como ella en su unidad. Después del ataque a Ocosingo, repliega su unidad, completa y en orden. Poco o nada alardea esta mujer de piel clara, pero lleva en las manos la carabina que le arrebató a un policía de esos que sólo veían a las indígenas para humillarlas o violarlas. Después de rendirse, en calzones se va corriendo el policía que, hasta ese día, pensaba que las mujeres sólo servían para la cocina y para parir chamacos.

Elisa. Capitana Insurgente de Infantería. Lleva como trofeo de guerra algunas esquirlas de mortero sembradas para siempre en el cuerpo. Toma el mando de su columna en la ruptura del cerco de fuego que llena de sangre el mercado de Ocosingo. El capitán Benito ha sido herido en un ojo y, antes de perder el conocimiento, informa y ordena: "Ya me chingaron, toma el mando Capitán Elisa". La Capitana Elisa ya está herida cuando logra sacar a un puñado de combatientes del mercado. Cuando da órdenes la Capitana Elisa, indígena tzeltal, parece que pide perdón... pero todos la obedecen...

127

Silvia. Capitana Insurgente de Infantería. Diez días dentro de la ratonera en que se convirtió Ocosingo a partir del 2 de enero. Disfrazada de civil se escabulle por entre las calles de una ciudad llena de federales, tanques y cañones. Un retén militar la detiene. La dejan pasar casi inmediatamente. "Imposible que una muchacha tan joven y tan frágil sea rebelde", dicen los soldados mientras la ven alejarse. Cuando se reintegra a su unidad en la montaña, la indígena chol Silvia, rebelde zapatista, se ve triste. Con prudencia le pregunto la causa de la pena que le apaga la risa. "Allá en Ocosingo", responde bajando la mirada, "allá en Ocosingo se me quedaron en la mochila todos los casets de música, ahora ya no tenemos". Guarda el silencio y la pena entre las manos. Yo no digo nada, sólo me sumo a la pena y veo que en la guerra cada quien pierde lo que más quiere.

Maribel. Capitana Insurgente de Infantería. Toma la estación de radio de Las Margaritas cuando su unidad asalta la cabecera municipal el 1° de enero de 1994. Nueve años de vida en las montañas pasó para poder sentarse frente a ese micrófono y decir: "Somos producto de 500 años de luchas: primero contra la esclavitud..." La transmisión no se realiza por problemas técnicos y Maribel se repliega para cubrirle las espaldas a la unidad que avanza sobre Comitán. Días después deberá escoltar al prisionero de guerra, General Absalón Castellanos Domínguez. Maribel es tzeltal y tenía menos de quince años cumplidos cuando llegó a las montañas del sureste mexicano. "El momento más difícil de esos nueve años fue cuando tuve que subir la primera loma, la 'loma del infierno', después todo fue más facilito", dice la oficial insurgente. En la entrega del General Castellanos Domínguez, la Capitana Maribel es la primera rebelde que hace contacto con el gobierno. El comisionado Manuel Camacho Solís le da la mano y le pregunta la edad: "502", dice Maribel que cuenta los años de nacida desde que la rebeldía comenzó.

Isidora. Insurgente de Infantería. Como soldado raso Isidora entra en Ocosingo el 1° de enero. Como soldado raso sale Isidora de un Ocosingo en llamas, lleva horas sacando a su unidad, compuesta de puros hombres, con cuarenta heridos. Lleva también esquirlas de granada en los brazos y las piernas. Llega Isidora al puesto de sanidad y entrega los heridos, pide un poco de agua y se levanta. "¿A dónde vas?", le preguntan cuando tratan de atenderla de las heridas que le sangran despintándole el rostro y enrojeciendo el uniforme. "A traer a los demás", dice Isidora mientras corta cartucho. Tratan de detenerla y no pueden, la soldado raso Isidora ha dicho que tiene que regresar a Ocosingo a sacar a más compañeros de la música de muerte que cantan los morteros y las granadas. La tienen que tomar presa para detenerla. "Lo bueno es que si me castigan no me pueden bajar de grado", dice Isidora, mientras espera en el cuarto que le sirve de cárcel. Meses después, cuando le dan la estrella que la promueve a oficial de infantería, Isidora, tzeltal y zapatista, mira alternativamente a la estrella y al mando y pregunta, como niña regañada, "¿por qué?". No espera respuesta...

Amalia. Subteniente de Sanidad. La risa más rápida del sureste mexicano, Amalia, levanta al Capitán Benito del charco de sangre en que se encuentra inconsciente, lo arrastra hasta un lugar seguro. En vilo lo lleva y lo saca del cinturón de muerte que ciñe el mercado. Cuando alguien habla de rendirse, Amalia, haciendo honor a la sangre chol que lleva en las venas, se enoja y empieza a discutir. Todos la escuchan, aun por encima del ruido de las explosiones y los balazos. Nadie se rinde...

Elena. Teniente de Sanidad. Llegó analfabeta al EZLN. Ahí aprendió a leer, a escribir y eso que llaman enfermería. De curar diarreas y vacunar, Elena pasa a curar heridas de guerra en un hospitalito que es también casa, bodega y farmacia. Con dificultad va extrayendo los pedazos de mortero que llevan en el cuerpo los zapatistas que van llegando a su puesto de sanidad. "Hay unos que se pueden sacar y otros no", dice Elenita, chol e insurgente, como si hablara de recuerdos y no de pedazos de plomo...

En San Cristóbal, ya en la mañana del 1° de enero de 1994, ella se comunica con la gran nariz de piel clara: "Llegó una persona que está haciendo preguntas pero no entiendo el idioma, parece que habla inglés. No sé si es periodista pero trae cámara". "Voy para allá", dice la nariz y se acomoda el pasamontañas.

En un vehículo sube las armas que recuperaron del cuartel de policía y se dirige al centro de la ciudad. Bajan las armas y las reparten entre los indígenas que guardan el palacio municipal. El extranjero es un turista que pregunta si puede salir de la ciudad. "No", responde el pasamontañas de nariz desproporcionada, "es mejor que vuelva a su hotel. No sabemos qué va a pasar". El turista extranjero se retira después de pedir permiso y tomar video. En el entretanto la mañana avanza, llegan curiosos, periodistas y preguntas. La nariz responde y explica a locales, turistas y periodistas. La Mayor está detrás de él. El pasamontañas habla y bromea. Una mujer en armas le guarda las espaldas.

Un periodista, tras una cámara de televisión, pregunta: "¿Y usted quién es?" "¿Quién soy?", duda el pasamontañas mientras lucha contra el desvelo. "Sí", insiste el periodista. "¿Se llama 'Comandante Tigre' o 'Comandante León'?" "¡Ah, no!", responde el pasamontañas frotándose los ojos con fastidio. "Entonces, ¿cómo se llama?", dice el periodista mientras acerca el micrófono y la cámara. El pasamontañas narizón responde: "Marcos. Subcomandante Marcos..." Arriba los aviones Pilatus maniobran...

A partir de ahí, la impecable acción militar de la toma de San Cristóbal se desdibuja, y con ella se borra el hecho de que fue una mujer, indígena y rebelde, quien comandó el operativo. La participación de mujeres combatientes en las otras acciones del 1° de enero y del largo camino de diez años del nacimiento del EZLN queda relegada. El rostro borrado por el pasamontañas se borra todavía más cuando los reflectores se centran en Marcos. La Mayor no dice nada, sigue cuidándole las espaldas a esa nariz pronunciada que ahora tiene nombre para el resto del mundo. A ella nadie le pregunta el nombre...

En la madrugada del 2 de enero de 1994, esta mujer dirige el repliegue de San Cristóbal rumbo a las montañas. Vuelve a San Cristóbal cincuenta días después, como parte de la escolta que guarda la seguridad de los delegados del CCRI-CG del EZLN al Diálogo de Catedral. Unas periodistas mujeres la entrevistan y le preguntan su nombre. "Ana María, Mayor Insurgente Ana María", responde ella mirando con su mirar moreno. Sale de Catedral y desaparece el resto del año de 1994. Como sus demás compañeras, debe esperar y callar...

En diciembre de 1994, diez años después de haberse hecho soldado, Ana María recibe la orden de preparar la ruptura del cerco que tienden las fuerzas gubernamentales en torno a la selva Lacandona. En la madrugada del 19 de diciembre, el EZLN toma posición en treinta y ocho municipios. Ana María comanda la acción en los municipios de Los Altos de Chiapas. Doce mujeres oficiales están junto a ella en la acción: Mónica, Isabela, Yuri, Patricia, Juana, Ofelia, Celina, María, Gabriela, Alicia, Zenaida y María Luisa. Ana María misma toma la cabecera municipal de Bochil.

Después del repliegue zapatista, el alto mando del ejército federal ordena que nada se diga de la ruptura del cerco y que se maneje en los medios de comunicación como una mera acción propagandística del EZLN. El orgullo de los federales está doblemente herido: los zapatistas se salieron del cerco y, además, una mujer comanda una unidad que les toma varias cabeceras municipales. Imposible aceptarlo, hay que echarle mucho dinero encima para que la acción no se conozca.

Una vez por la acción involuntaria de sus compañeros de armas, otra vez por la acción deliberada del gobierno, Ana María, y con ella las mujeres zapatistas, son minimizadas y empequeñecidas...

II. El hoy...

Yo estoy terminando de escribir esto cuando se llega hasta mi la...

Doña Juanita. Muerto el Viejo Antonio, la doña Juanita se deja caer de la vida con la misma lentitud con la que prepara el café. Fuerte todavía en el cuerpo, doña Juanita ha anunciado que se muere. "No diga tonterías, abuela", le digo rehuyendo la mirada. "Mira tú", responde ella, "si para vivir morimos, nadie me va a impedir que yo viva. Y mucho menos un muchachito como tú", dice y regaña la abuela doña Juanita, la mujer del Viejo Antonio, una mujer rebelde de toda su vida y, a como se ve, también de toda su muerte...

Mientras tanto, del otro lado del cerco, aparece...

Ella. No tiene grado militar, ni uniforme, ni arma. Es zapatista pero sólo ella lo sabe. No tiene rostro ni nombre, igual que las zapatistas. Lucha por democracia, libertad y justicia, igual que las zapatistas. Forma parte de eso que el EZLN llama "sociedad civil", gente sin partido, gente que no pertenece a la "sociedad política" compuesta por gobernantes y dirigentes de partidos políticos. Forma parte de ese todo difuso, pero real, que es la parte de la sociedad que dice, día a día, su "¡Ya basta!" Ella también ha dicho "¡Ya basta!" Al principio se sorprendió a sí misma con esas palabras, pero luego, a fuerza de repetirlas y, sobre todo, de vivirlas, dejó de tenerles miedo, de tenerse miedo. Ella ahora es zapatista, ha unido su destino al de los zapatistas en ese nuevo delirio que tanto aterra a partidos políticos e intelectuales del Poder, el Frente Zapatista de Liberación Nacional. Ya peleó contra todos, contra su esposo, su amante, su novio, sus hijos, su amigo, su hermano, su padre, su abuelo. "Estás loca", fue el dictamen unánime. No es poco lo que deja atrás. Su renuncia, si de tamaños se tratara, es más grande que la de las alzadas que no tienen nada que perder. Su todo, su mundo, le exige olvidarse de "esos locos zapatistas" y la conformidad la llama a sentarse en la cómoda indiferencia del que sólo por sí ve y se preocupa. Todo lo deja. Ella no dice nada. Temprano, de madrugada, saca filo a la tierna punta de la esperanza y va emulando el primero de enero de sus hermanas zapatistas muchas veces en un mismo día que, al menos trescientas sesenta y cuatro veces al año, nada tiene que ver con el uno de enero.

Ella sonríe, admiraba a las zapatistas pero ya no. Dejó de admirarlas en el momento en que se dio cuenta de que sólo eran un espejo de su rebeldía, de su esperanza.

Ella descubre que nació el primero de enero de 1994. Desde entonces siente que está viva y que lo que siempre le dijeron que era sueño y utopía, puede ser verdad.

Ella empieza a tejer en silencio y sin pago alguno, junto a otras y otros, ese complicado sueño que algunos llaman esperanza: el para todos todo, nada para nosotros.

Ella llega el 8 de marzo con el rostro borrado, con el nombre oculto. Con ella llegan miles de mujeres. Más y más llegan. Decenas, cientos, miles, millones de mujeres en todo el mundo recordando que falta mucho por hacer, recordando que falta mucho por luchar. Porque resulta que eso de la dignidad es contagioso y son las mujeres las más propensas a enfermarse de este incómodo mal.

Este 8 de marzo es un buen pretexto para recordar y darle su tamaño a las insurgentes zapatistas, a las zapatistas, a las armadas y a las no armadas.

A las rebeldes e incómodas mujeres mexicanas que se han empecinado en subrayar que la historia, sin ellas, no es más que una historia mal hecha...

III. El mañana...

Si lo hay, será con ellas y, sobre todo, por ellas...

Desde las montañas del Sureste mexicano,
Subcomandante Insurgente Marcos

LOS PORQUÉS DE LAS ARMADAS

"Cuántas madres han llorado por sus hijos que han muerto asesinados por defender sus derechos y luchar por sus hermanos. Cuántas madres sufren el dolor de sus hijos desaparecidos, cuántas madres se mueren al dar a luz por falta de doctores y medicinas, cuántas madres se mueren por falta de alimentación, cuántas mujeres son maltratadas, engañadas, en los injustos salarios que reciben por su trabajo, cuántas mujeres enferman desnutridas, anémicas, que junto a sus hijos siguen padeciendo esas grandes injusticias. Cuántas mujeres encarceladas asesinadas, torturadas, desaparecidas, sólo por luchar por algo que es mejor para el pueblo, por defender sus derechos, por exigir sus demandas, por luchar en contra de un mal gobierno. Cuántas mujeres viudas o huérfanas desamparadas sufren hoy esta vida injusta."

Ésas son las palabras de la capitán Maribel en un mensaje a las mujeres de México con motivo de la Consulta Nacional por la Paz con Justicia y Dignidad.

"A nosotras las insurgentes todo esto nos pareció injusto, por eso no nos importó y no nos importa cuántos sacrificios hay que dar para acabar estas injusticias. Para nosotras el sufrimiento más grande es el que padece el pueblo de México y nuestro país entero. Pero también les podemos decir que no solamente nos dio dolor ver tanta injusticia, también nos dio valor para luchar y aquí estamos presentes como insurgentes al lado de nuestros compañeros hombres. Nos preparamos, nos armamos, porque es a lo que nos obligó el mal gobierno. Sólo así nos hizo caso, ahora nos escucha pero es gracias a la presión que ustedes hermanas mujeres han hecho en todo el país, reconocemos su valor, su apoyo."

En agosto de 1995, el EZLN inquiría en su Consulta sobre el futuro de la organización. Para este plebiscito sin precedentes, las muchachas insurgentes enviaron un mensaje en un caset de audio llamando a participar a todas las mexicanas. Una voz femenina explicaba: "Las mujeres zapatistas dijimos el primero de enero de 1994 '!Ya basta!' Y el mal gobierno nos contestó con bombardeos, tanques y metralletas. Tuvimos hermanos caídos, madres que quedaron llorando el dolor de la ausencia de sus hijos, porque la respuesta y la orden que cayó de la boca del mal gobierno fue la ofensiva militar. Pero esta sangre que se derramó para nosotros valió la pena porque la sociedad civil se despertó y el mal gobierno nos escuchó".

Las zapatistas instaban a organizarse: "Como mujeres debemos luchar para defender nuestros derechos y con la lucha lograr que seamos escuchadas, respetadas... Porque también somos seres humanos y parte de la sociedad, también tenemos valor y fuerza, y, bien capacitadas, podemos ser autoridades. Tenemos derecho, hermanas mexicanas, de luchar por nuestros derechos, para acabar con la gran desigualdad, las grandes injusticias y la explotación que durante muchos años hemos estado padeciendo. Por eso no nos hemos unido, porque hemos dejado que los malos gobernantes hagan lo que ellos quieren. Ya hemos aguantado demasiado... hemos visto caer a nuestros hermanos por balas del mal gobierno, por luchar por justicia, libertad y democracia, son golpeados, intoxicados, torturados y asesinados, como por ejemplo recordemos la matanza del 2 de octubre de 1968, esa sangre que se derramó de jóvenes estudiantes, también la matanza que el mal gobierno ha hecho contra indígenas en todo el país, en todo nuestro México. Para matar sí hay dinero, sí hay aparatos militares, sí hay tropa organizada".

El mensaje grabado prosigue: "Hacemos un llamado a las madres de los militares que les den buen consejo a sus hijos y que es injusto morir cumpliendo órdenes del mal gobierno contra el pueblo, que es su patria y su madre es la que nos recoge a todos los mexicanos".

Al final, la voz femenina dice: "Las invitamos a que participen en la Consulta Nacional el 27 de agosto de 1995. En esta consulta, hermanas, nosotras queremos saber como zapatistas, queremos conocer cuál es el pensamiento que camina en el corazón de ustedes, hermanas, para así poder orientar mejor nuestros pasos en la lucha por la democracia, la libertad y la justicia".

El discurso va precedido por una canción del Grupo Juvenil de Guadalupe Tepeyac en el exilio, varias voces y guitarra: "Me dicen el insurgente por ahí, / dicen que ando buscando la ley, / porque con otros yo quiero acabar / con el estado burgués./ Por nueve cosas vamos a luchar, / ahorita se lo voy a platicar, / cuando termine van a decidir si nos quieren apoyar. / La tierra para poder cultivar, / un techo donde poder habitar, / educación para todos igual / vamos a solicitar. / Necesitamos de buena salud, / para eso necesitamos comer, / trabajo para poder producir / también vamos a exigir. / A todo esto le voy a sumar / independencia total / para que ningún gringuito nos venga a joder / y a nuestro pueblo explotar. / Por todo esto juramos vencer, / por eso estoy decidido a luchar / y de esta forma llegar a ganar / la paz y la libertad".

Para concluir se escucha una muchacha decir: "Vivir por la patria o morir por la libertad".

Otra canción dedicada a las mujeres dice así: "A mi pueblo mexicano / aquí les vengo a cantar, / no se trata de un corrido / ni una canción popular, / es un llamado señores, / es un llamado a luchar. / No es hora ya de quejarnos, / no es hora ya de llorar, / los mexicanos conscientes / dispuestos para luchar, / debemos ya prepararnos, / prepararnos a pelear. / Ser un soldado del pueblo, / llegar a ser insurgente, / no es nada fácil señores, / se debe ser muy valiente / y decirlo con mucho orgullo / 'yo quiero ser insurgente'. / Como hoy estoy decidido, / esto se debe acabar, / aquí estoy yo compañeros, / dispuesto para pelear, / así vivir por la patria / o morir por la libertad".

VII. Las bases de apoyo zapatistas

Para llegar a La Realidad Trinidad hay que recorrer más de cien kilómetros por camino de tierra hacia el interior de la selva. Pasado Guadalupe Tepeyac empieza el ascenso al Cerro Quemado, al otro lado del cual, en la planicie, se encuentra este ejido.

Las casitas de barro, tablas y zacate, algunas con lámina, se reparten a izquierda y derecha de la carretera que surca como una línea recta el lugar . Un río sinuoso reparte sus curvas y su agua fresca por entre los jacales.

Como en la mayoría de los pueblos de la zona, cada familia cuenta con dos chozas, una para dormir y, aparte, la cocina, territorio de trabajo de las mujeres.

Era la primavera de 1995 cuando entramos a una de estas cocinas. Ruth, tojolabal de cuarenta y dos años, lleva su larga trenza a la espalda y viste como todas las mujeres de la comunidad; ella lo definirá "como mariposita": ropa de colores brillantes y fuertes, un vestido amarillo fosforescente, ribeteado con puntillas verdes y protegido con un delantal blanco y azul. Va descalza, es una mujer fuerte de carácter, guapa y segura. Ya tiene nietos aunque sólo tuvo dos hijos, "dos familias" –dice ella.

Tomamos café en unas escudillas de peltre, sentados en dos bancas de madera ante una desvencijada mesa. Las tortillas recién hechas van saliendo del comal y pasando a una jícara. Siguen las alabanzas a las bondades del café, tan calentito, tan rico. Y no hablemos de las tortillas, que no son de Maseca sino "de puro mais", hechas a mano, increíblemente sabrosas.

Ruth ríe cuando le damos las gracias, ella está tranquila y contenta de "mis visitas".

Jesús y Magdalena, periodistas, prenden un cigarro y ofrecen a los demás. Ruth se acerca, también alarga su mano y toma uno de la cajetilla extendida. Se inclina hacia la llama del mechero y lo prende. Le gusta fumar, echa el humo así todo de una vez y coge el cigarro con el pulgar y el índice, de una forma un poco masculina que contrasta con la feminidad de sus gestos y su aspecto colorido. Ése sería nuestro primer contacto con las mujeres de La Realidad, las mujeres bases de apoyo zapatistas.

Una noche de verano, bajo una lluvia intensa, las mujeres de esa familia nos relataron su historia inmediata, sus hazañas recientes. Los pocillos de café se fueron agotando alrededor de la conversación, apenas alumbrada por las brasas del fogón y una velita. Por suerte, me atreví a sacar la grabadora y prenderla sin echar a perder la confianza.

LOS SOLDADOS SE TOPARON CON LA REALIDAD

En febrero de 1995 el ejército federal penetró en la selva Lacandona. Tras ocupar Guadalupe Tepeyac y Aguascalientes, ios convoyes militares se desplazaron por tierra hasta La Realidad y más allá.

Pero en las poblaciones no encontraron a nadie. Todos los de La Realidad se subieron a las montañas. "A nosotras nos avisaron que nos vamos a salir, que nos vamos a refugiar en la montaña, ahí venían los soldados", explica Ruth.

Los niños gritaban de hambre y sed, las enfermedades gastrointestinales y las respiratorias tras dormir a la intemperie estaban diezmando la salud de los tojolabales. Una madre recuerda: "Había mucho mosco en la montaña, chaquiste, zancudo, problema, los niños con calentura..."

La actriz Ofelia Medina y dos muchachas observadoras de la ciudad de México acompañaron a la comunidad y se ofrecieron a velar por la seguridad de los indígenas si regresaban a sus casas. Y regresaron.

"Ya no queremos salir a escondernos, porque así con ese sufrimiento, con los niños llorando, aguantando hambre, aguantando sed... Y ya cuando bajamos en la tarde a la comunidad ya no estaban."

Los militares habían sacado todas la estacas puntiagudas que los campesinos tenían sembradas por doquier para impedir el descenso de paracaidistas o helicópteros. Ese mismo día "las volvimos a sembrar", cuenta la anciana Teresa.

A la mañana siguiente, ocho carros de combate pasaron de largo el pueblo por la carretera y volvieron a regresar en la noche, sin detenerse. A los tres días aparecieron de nuevo; eran muchos más y entraron en la comunidad. Llevaban "ayuda humanitaria" y estaban dispuestos a hacer su "labor social" en el centro del poblado.

Ruth explica: "Eran como setenta u ochenta soldados, diez camiones. Se metieron aquí atrás del templo, se sintió sus carros, y allí están con sus manos en sus armas y gritando por el aparato [un megáfono] que se acerque la gente, que no tengan miedo, ellos no vienen a hacer daño, ellos vienen por la paz. Pero ni qué la paz ni qué la chingada".

Las muchachas del campamento civil provenientes de la ciudad los recibieron. Pero sus gestiones para que se fueran no tuvieron ningún éxito. Ruth prosigue: "Las dos señoras fueron a hablar con ellos y les dijeron que no se entren porque las señoras y los niños tienen miedo, no queremos que entren. Pero los soldados contestaron: "–¿Y ustedes qué saben? No son del pueblo, ustedes son de fuera, son de otra parte, son extranjeras, aquí no les pertenece."

Fue entonces cuando las indígenas del poblado decidieron tomar solas las riendas del asunto. Así lo contaron las protagonistas: "Nos organizamos siete personas, siete mujeres, nos fuimos a hablar con ellos, pues lo vamos a decir que no queremos que estén gritando allí, ofreciendo cosas. Ya de ahí cuando nos acercamos nos dicen:

"–¡Buenos días! Mira, ahí vienen las señoras para recibir la alimentación que traemos.

"–No, nosotras nó venimos por eso, nosotras venimos a dar las gracias, pero no lo vamos a aceptar, porque no queremos, no estamos pidiendo eso. Gracias a ustedes que nos vienen a ofrecer, pero nosotros no lo vamos a recibir y dispensen la molestia. No queremos que nos ofrezcan medicinas, los niños tienen miedo, se asustan, hasta las mujeres se asustan, se enferman.

"–¿Por qué, señora, por qué van a tener miedo? Si nosotros no hacemos daño, venimos a dejar la alimentación, el regalo que da el gobierno...

"–Ni qué regalo ni qué la chingada, nosotras no queremos nada.

"–¡Ah, pues esta señora no quiere nada, pues es que son mujeres de zapatista!

"–Señores, nosotros no conocemos cómo es eso, conocemos, oímos rumores de esas cosas, pero ¿es nombre de su zapato que tienen ahí?

"–Bueno, pero ¿por qué no reciben, si allá en la Nueva Providencia, en San Quintín, allí están juntos con nosotros?

"–Tal vez. Pero allí es otra parte, aquí se llama La Realidad; nosotros no aceptamos, porque no sólo este pueblo necesita, varios compañeros necesitan, no sólo para nosotros queremos. Si el gobierno siente que el campesino tiene necesidad, pues que ayude pero para todos, no sólo para un pueblo o dos pueblos. Lo que pasa es que no nos siente el gobierno. El gobierno nos está mandando más soldados, más tanquetas, más metralletas. Ésa es la medecina que nos está mandando".

Otra mujer intervino:

"–Allá es Nueva Providencia, aquí es Realidad Trinidad, y aquí este ejido ya lo han montado zona liberada –yo le dije claro–. Ya lo montaron la zona liberada; ahí se me quedan mirando y se quedan mirando entre ellos.

"–No, señora, tan siquiera que me acepten apenas unas palabritas, voy a hablar.

"–No señor, es que no queremos, nosotros no queremos que entre ejército a este pueblo, lo que queremos es que retírense, váyanse ya, es lo que queremos nosotras.

"–Ah, pues estas señoras no quieren nada, no quieren nada, éstas son dirigentas, por eso no quieren nada,

"–Ni medecinas no necesitamos, ya nos ha ayudado el que nos siente, la sociedad civil, ése nos han dado un poco de medecina.

"–Ah. Y, ¿quién es el promotor?

"–Todos somos promotores, todos somos.

"–Ah, bueno. Pues nada quieren estas señoras."

Ruth toma aire. Ya están junto a la grabadora las otras mujeres de la casa, su madre y su hermana. Ellas también vivieron todo eso y contribuyen al relato de los hechos con regocijo, contentas, riéndose: "Y que se encabronan los soldados, bien enojados están, 'no quieren nada', decían. Y cuántas fotografías nos sacaron a todas, en la cara y todo el cuerpo. Nos dijeron que nos van a pegar y a dar su chicotiza:

"–Lo que quieren estas señoras es probar las armas, quieren su buena chicoteada.

"–Salga lo que salga, de por sí no sentimos la muerte".

Entonces parece ser que intervino Teresa, una mujer anciana, la partera del pueblo, y con arrojo y valentía les espetó a los militares:

"–Nosotras no necesitamos ese puñito, ese puñito no da abasto para toda la comunidad porque somos muchos. Queremos de eso pero así por tonelada, y en toda la nación, no sólo en Chiapas. Si quieren ayudar, no echen mentira. El gobierno nada más está echando mentira."

Los soldados empezaron a referirse a las dos muchachas ladinas que al principio se habían dirigido a ellos:

"–No, pues estas señoras de la ciudad los están organizando, pues, esas señoras que están ahí de lentes, esas dos están dirigiendo. Pero no las crean, son puros engaños lo que les dicen, no crean a gentes ajenas, vienen de otra nación.

"–No nos están organizando, no sabemos quiénes son. Y sálganse de nuestro pueblo porque nosotros mandamos, nadie más manda aquí, ahí está la carretera, si quieren pasar, pasen de largo, pero no queremos que nos molesten."

Fue entonces, expone Ruth, que las mujeres decidieron retirarse y preparar otra estrategia: "De ahí pues nos regresamos nosotras y nos organizamos todas las mujeres del pueblo, puras mujeres. 'Tenemos que gritar para que así se vayan, o ¿necesitan ustedes lo que les están ofreciendo?' 'Pues no.' 'Bueno, pues lo vamos a decir. Vamos a decir que nosotras no estamos dispuestas a aceptar esas cosas que están ofreciendo.'

"Éramos como ciento treinta mujeres, todas las mujeres de la comunidad, quedaron unas diez que no vinieron, tenían miedo. Algunos niños ahí estaban con nosotras."

Todas juntas y a una se dirigieron con paso firme adonde estaban los soldados con sus vehículos. Al verlas llegar, Ruth y su hermana cuentan que decían:

"Ahí vienen las señoras para recibir los regalos."

Ruth explica: "Pero quedaron así, se chivearon pues con las bolsitas que traían porque no les recibimos, les contestamos que quién se va a acercar con esas armas que tienen ahí, nosotras nos espantamos, cómo esperan que los niños se acerquen y les den consulta.

"–No, señora, acaso les vamos a hacer nada.

"–Pero nosotros no queremos que estén aquí.

"–Ah, pues para que se acostumbren vamos a venir a diario y aquí vamos a quedar ya una noche aquí en La Realidad.

"–Nosotros no queremos que vengan, nosotros queremos que se vayan, no estamos acostumbrados que nos cuiden.

"Estábamos todas las mujeres del pueblo, se llenó todo, cómo hablan las mujeres todas, unas en tojolabal, otras en español, todas a la vez:

"–Pinche gobierno, ¿no dice que quiere paz? Y aquí manda sus metralletas y tanques de guerra, así no está dando la paz, es pura mentira.

"–Ah... Ustedes son mujeres de zapatista.

"–Nosotros no lo conocemos ése, ¿qué será, pues? ¿Será gente o es animal? No, no lo conocemos. Lo que conocemos es el zapato que usa usted, nosotras no tenemos.

"Y ahí se quedan mirando los soldados. Ya el que está hablando en la bocina dijo:

"–No, señora, este... les voy a informar unas palabritas para que entiendan.

"–Es que no queremos, porque no nos está dando ayuda de verdad el gobierno, nada, nos tienen bien explotados, todos los productos que cosechamos nosotros, puro regalado lo llevan. El gobierno ahí está bien caliente en su sillón sentado, está como un Dios ahí, adorando sólo su riqueza, no tiene su Dios.

"–Ay estas señoras, cómo hablan... Lo que pasa es que están organizadas, lo que quieren son unas chicotadas.

"–Pues nos va a tocar por igual, vamos a llevar chicote nosotras y también ustedes van a llevar chicote".

Ruth cuenta: "Sólo nos quedaban mirando".

Otra señora ya mayor arremetió:

"–Mire usted como yo llegué con mi manojito de leña, nosotros así comemos todo el tiempo. Cuando es tiempo de agua, así llegamos mojados con nuestra carga, cargamos nuestro maíz y vamos a doblar nuestra milpa, ahí trabajando con machete. Trabajen ustedes como trabajamos nosotros: no van a aguantar porque no están hallados, sólo están hallados montados en sus carros. Nosotros no queremos que estén aquí molestando cuando caminamos y cargamos la leña.

"–Ah, pero si también vamos a apoyarles, vamos a acompañarles a cortar leña.

"–Nosotros no necesitamos que nos acompañe el ejército, estamos acostumbrados a caminar solos y no queremos que estén allí atrasándonos.

"–Ah, bueno. Díganme quién los organizó.

"–Pues nadie nos organizó, todavía piensa un animal, piensa por dónde pasar en el lodo para no atascarse, qué menos una persona no va a pensar. Nomás porque las palabras no sabemos pronunciarlas bien, por eso dicen que no sabemos nada, que no pensamos, pero nadie nos está organizando. No necesitamos. Siempre piensa uno qué va a hacer.

"–Vamos ya, vamos. Ya, señora, ya nos vamos, adiós."

Desde esa vez ya no volvieron a entrar los militares a La Realidad, aunque casi a diario patrullaron por la carretera que atraviesa la población, aunque sin detenerse.

142

Desde el inicio de todo, desde ese 1° de enero en que la vida de Chiapas cambió, las mujeres indígenas han venido librando diversas batallas.

Ocosingo, 6 de enero de 1994. Una larga fila de mujeres espera, frente a la ahumada presidencia municipal, a que los soldados les entreguen una bolsa de alimentos: azúcar, sal, arroz, jabón, aceite, sopa, galletas.

Pero no todas reciben sus despensas, no han contado con un requisito que los militares acaban de solicitar: presentar a los maridos. El hombre, si no está, es porque es zapatista. Estigmatizadas, con miedo y sin comida, mujeres madres de familia se retiran.

Al cabo de un año, en febrero de 1995, ellas ya no irán a pedir lo que a fuerzas les quieren entregar y se negarán a aceptar cualquier ayuda del gobierno.

13 de febrero de 1995, Patihuitz. Un convoy de periodistas accede a la cañada. Los militares con sus Hummer y sus tanques están llamando por un megáfono a la población civil. Vienen a ofrecer despensas y a cumplir la "labor social" que durante trece meses –territorio zapatista– no ha existido.

Nadie se acerca. Las cámaras de la televisión registran el éxito de los malqueridos soldados. Uno de ellos agarra a una muchacha por el brazo y la obliga a acercarse al camión y le entrega una bolsa. La joven tzeltal se presta, los soldados se sonríen –¡por fin!–, ella toma la "ayuda" en una mano y a los veinte metros, en la cuneta, la tira y se aleja corriendo, su hermoso vestido de colores y sus trenzas al viento.

Febrero, marzo, abril de 1995. El pueblo de Guadalupe Tepeyac en éxodo. Guadalupe Tepeyac, el pueblo más moderno de la selva, cien por ciento zapatista, cien por ciento asambleario, cien por ciento resignado a su destino de resistencia.

De Guadalupe Tepeyac salieron el 9 de febrero todos los habitantes; una mujer acabada de parir, una muchacha de dieciséis años que tuvo su primogénito entre las piedras y el barro de la montaña, varios niños se fueron sumando: nacieron en los primeros días de dormir amontonados, alguno antes de tiempo, por el susto y el cansancio de la madre.

Luego serían bautizados en una fiesta en uno de los pueblos que los albergaron y les dieron de comer durante unas semanas, un pueblo pobrísimo que no dudó en compartir sus pocos alimentos en una hermandad terrible de la miseria. Los guadalupanos, a cambio, les dejaban el tendido del agua y ese orgullo de saludar la adversidad con baile y buen ánimo, todos juntos, siempre, con un sentido de comunidad arraigado.

Guadalupe Tepeyac, el pueblo estigmatizado donde las muchachas jóvenes usan pantalones de vez en cuando, hecho inaudito en otras comunidades tojolabales. Los usaban cuando iban cargando comales y sartenes en uno de los éxodos selváticos, buscando nuevo refugio, sus madres con los niños de pecho, los pocos caballos y los hombres hundidos bajo la carga, todos trasladándose a un lugar seguro, formando una hilera diríase que de hormigas arrieras.

Las jóvenes guadalupanas son inconfundibles, tanto por su manera de mirar que nada tiene de temerosa ni de abnegada, como por sus faldas sencillas, sus tenis blancos, sus calcetines cuidadosamente doblados sobre las pantorrillas, sus camisetas con flores dibujadas, sus moñitos de colores y sus pasamontañas donde llevan bordado "EZLN". Y de vez en cuando, para ocasiones especiales, las guadalupanas solteras se pintan los labios, los ojos, se echan colorete en las mejillas y ahí van desafiando al mundo. Es viéndolas a ellas que una piensa: esto ya cambió, o como dice la comandante Trini: "el camino ya está abierto".

Guadalupe Tepeyac en julio de 1996 seguía en el exilio. Sus pobladores levantaron un nuevo Guadalupe. "¿Dónde?", preguntaría un periodista. "En el corazón de la selva", respondió el comandante Tacho sin vacilar. Los hombres cortaron árboles, abrieron camino, levantaron nuevas casas para todos. Las mujeres, las que perdieron todos sus espacios, tuvieron que acostumbrarse a lo nuevo, a las carencias, a lo amargo del recuerdo de sus casas anteriores, llenas de flores, con patios, con cocinas bien provistas de ollas y cazuelas. Como diría doña Herminia, la más vieja de los guadalupanos, "de nuevo empezar de nuevo".

La incursión militar de febrero también dejó su huella de dolor y odio en el resto de la zona zapatista. Las mujeres y hombres de El Prado, en la cañada tzeltal, regresaron a su pueblo después de aguantar hambre y frío en la montaña. Ellas no pudieron dar crédito a lo que vieron: los soldados se habían ensañado sobre su pobreza. Los fogones destrozados, los molinos quebrados, todos los útiles de cocina desaparecidos, algunas casas quemadas, el maíz regado por el suelo, el poco frijol meado y cagado, la ropa hecha jirones. Los lamentos de esa mañana de marzo en que, poco a poco, los de El Prado iban descendiendo y buscando sus hogares, clamaban al cielo.

144

No quedaba nada entero, ni un solo machete, ni una sola hacha, ni un instrumento de música, ni un libro, la célula solar que daba electricidad al pueblo destruida, las mangueras de canalización de agua rajadas en mil pedazos.

Las mujeres, llorando, levantaban sus brazos y abrían sus manos vacías. "Pisil", decían —"todo", en tzeltal—. Es decir, de todo no queda nada. Luego, sin hablar español, se metían en sus casas y señalaban el destrozo general. Querían que la cámara de video lo registrara, que constara ese dolor, ese precio tan alto que les había tocado pagar.

En un extremo del pueblo, sobre las cenizas, un hombre y una mujer cargada con tres niños. Los dos con la mirada perdida, los hijos sin siquiera atreverse a llorar. De su casa sólo quedaban esas cenizas. "Aquí estaba la cama, aquí la cocina", indicaba el hombre con los brazos caídos.

Pasaron las horas. Ese día por la tarde dejamos el pueblo en su dolor. La familia seguía en el mismo exacto lugar, sobre las cenizas, de pie, la mujer cargada con sus hijos, sin llorar, sin asomo de pena, perpleja. Escena escalofriante, anclada en el tiempo. Allí pasarían la noche, no había ya paredes ni techo, pero era su casa.

Días después, por decisión de asamblea y con la colaboración de todos los hombres del pueblo, se levantó de nuevo un jacal.

En la cañada de Altamirano, el ejido Morelia, la perla de la nueva vida, que durante todo el 94 había iniciado un ejemplar proceso de autonomía, había recuperado sus leyes ancestrales y nombrado sus instancias de gobierno —la Asamblea General y el Consejo de Ancianos—, quedó abandonado en un éxodo apurado; los soldados avanzaban a menos de media hora de distancia del pueblo descalzo que huía.

Por donde pasaban los morelianos se les iba sumando gente, pueblos enteros; los pies de las mujeres y los niños se iban ampollando; la falta de agua provocó que bebieran de cualquier charco y se dispararon las enfermedades gastrointestinales; la vida se impuso y varias mujeres se hicieron madres en el camino y luego arriba, en la montaña.

En los Altos de Chiapas también se vivió la alarma. Muchas artesanas cuentan que trabajaban sus tejidos por las noches ya que durante el día, por estar señaladas como zapatistas, tenían que abandonar sus casas e internarse en las frías montañas tzotziles.

Durante el mes de mayo de 1995, Bateatón, a pocos kilómetros de Patihuitz, Ocosingo, sufrió la presencia de soldados que dispararon al aire en sus entrenamientos rutinarios. "Que salgan los soldados, que no vengan a chingar a gentes civiles", pedían los pobladores ante Derechos Humanos. "Las mujeres no pueden ir a pasear o a la milpa porque somos pobres y las mujeres siempre trabajan, pero tienen miedo ahora porque nunca han visto a una persona así en shorts y uniforme y llega soldado a diario a hacer pendejadas."

"FUERA EL EJÉRCITO DE LA SELVA"

En otro extremo de la Lacandona, junio de 1995, durante una asamblea de consulta a las bases zapatistas sobre la marcha del diálogo de paz, pudimos escuchar los discursos enconados de las representantes mujeres. Tres, una tras otra, hablaron ante los más de los cuatrocientos tojolabales reunidos y los catorce periodistas presentes –que habíamos caminado dos días seguidos para acceder al lugar.

"¡Que salga el ejército!", gritaban las mujeres, puño en alto. Gabriela, una señora que dejó su niño de pecho a la amiga de al lado y caminó hasta ponerse frente al círculo de la asamblea, leyó su discurso en buen castellano: "Consideramos que nuestras demandas son justas, por eso pensamos que el gobierno nos las iba a solucionar, pero desgraciadamente vemos que no quiere paz, porque en lugar de solución nos mandó el ejército para provocarnos. Para nosotros esto es un obstáculo para los compañeros campesinos y pobres. Donde los federales se encuentran, no nos dejan trabajar con tranquillidad, lo primero que hacen es hacernos preguntas de una manera agresiva, con amenazas. En los pueblos dictan órdenes a los habitantes que se tienen que cumplir, cosa de la que ya estamos cansados, y esto lo hacen amenazando con sus armas".

Tras de Gabriela se levantó una muchacha, Hermelinda, vestida también de colores, con su falda sujeta por esos cinturones tan en boga en la selva cuyo cierre es una mariposa metálica. Hermelinda dijo, bien agarrada al micrófono, con el rostro cubierto por un paliacate: "Los ejércitos se encuentran ahora en todo nuestro territorio, no podemos hacer nuestro trabajo; cuando vamos a cargar nuestro maíz andan caminando en la carretera, por eso nos echan miedo, nos amenazan, y no podemos caminar solas porque ahí andan los ejércitos, y a veces que vamos a buscar medicina o a pasear, a comprar nuestras despensas, no podemos entrar donde están porque nos echan miedo. Como somos campesinos pobres pues siempre enfermamos, pero ahora no sabemos cómo salir por miedo. ¡Que salga el ejército!"

Una tercera oradora salió a escena, Irene, con la clara intención de sacar el problema del ámbito local y hacerlo nacional: "La situación de las mujeres en México es que nosotras, a parte de vivir en extrema pobreza, somos olvidadas, a pesar de ser las más trabajadoras para el avance de la nación, principalmente las mujeres campesinas. Trabajamos en el campo, somos amas de casa, no tenemos los servicios suficientes para facilitar nuestras labores. El gobierno nunca se ha preocupado por nosotras las mujeres, tal vez porque no nos sabemos expresar muy bien en español, porque dicen que nuestra lengua materna no es buena y no somos capaces de usar aparatos y utensilios. Pero eso es lo contrario: somos capaces, lo que nos falta es asesoría y un poco de respeto a nuestra dignidad. Necesitamos los servicios que no tenemos aquí. Nos afecta el humo de la leña a nuestros ojos en nuestras cocinas..."

El debate sobre las condiciones de trabajo domésticas que enfrentan las campesinas se extendió. Nunca nadie se ha preocupado por el humo en los ojos, reclamaba Irene, el humo en la cara, en los pulmones, no sólo una vez al día sino cada una y todas las veces en que hay que cocer nixtamal, hervir agua, hacer las tortillas, poner a cocer los frijoles o preparar el café. O sea, siempre. Y México es gran productor mundial de gas natural, decía Irene, y luego se quejan de que cada vez hay menos árboles, pero ¿cómo vamos a hacer el fuego si no?, comentaba la asamblea.

En esa comunidad de nombre zapatista Agua Azul, a dos días de camino de La Realidad hacia el sur, las mujeres perfectamente organizadas nos dieron de comer a los catorce fatigados reporteros: caldo de pollo, frijoles, tortillas recién hechas, huevos. Éramos de los primeros visitantes que muchos niños del lugar habían visto en su vida. La generosidad era sobrecogedora.

La alegría de la gente por nuestro arribo, por la buena marcha de la asamblea de consulta, nuestro cansancio resarcido por la hospitalidad, culminaron en un proceso inverso y sin precedentes. "Ahorita, los señores periodistas van a platicarnos ellos." Y así empezamos uno tras otro a contar a hombres, mujeres y niños con los ojos como platos nuestras experiencias particulares de la guerra de año nuevo, cuando los zapatistas cayeron por sorpresa en 1994. La guerra, su lucha, era real, existía más allá de ellos; nosotros éramos la prueba fehaciente.

En la mesa del diálogo de Cultura y Derechos de la Mujer Indígena –del 18 al 22 de octubre de 1995– las mujeres invitadas y asesoras del gobierno y del EZLN llegaron a un acuerdo conjunto que quedó redactado de la siguiente manera:

"Que se considere la violación en zonas de conflicto como crimen de guerra de acuerdo a lo establecido en convenios internacionales y que se haga justicia en el caso de las violaciones de las indígenas tzeltales del 4 de junio de 1994 en Altamirano y de la violación a tres enfermeras en el municipio de San Andrés Larráinzar, el 4 de octubre de 1995."

Poco después, el día 26 de octubre, la representante del EZLN en Estados Unidos, Cecilia Rodríguez, fue violada por hombres con pasamontañas y fuertemente armados cuando hacía un paseo turístico por los Lagos de Montebello. Similar a lo que les ocurrió a tres enfermeras en San Andrés, cuando fueron agredidas por supuestos zapatistas que, para muchos, podían ser soldados disfrazados.

La violación, utilizada por guardias blancas, encapuchados de dudosa procedencia y militares, parecía convertirse en una denigrante arma contrainsurgente, cuando la mayor ayuda civil para la paz en zona de conflicto es proporcionada por mujeres. Como un pájaro oscuro de horror y muerte, la impunidad permanece hasta el momento y demuestra que en México no se hace justicia y menos para las mujeres.

El 4 de junio de 1994 tres muchachas tzeltales fueron violadas tumultuariamente en el retén militar de Altamirano. Las tres hermanas iban a vender verduras al mercado, su forma de manutención en una familia sin hombres de Morelia.

Marta Figueroa, la abogada que siguió el caso, explicaba lo dura que resultó durante todos esos meses la revisión militar para las mujeres: "Para ellas el contacto físico es agresivo, mirarlas a los ojos es como decirles 'me estás escondiendo tu corazón, yo quiero vértelo'. El contacto físico más. Los soldados las revisaban corporalmente y algunos obviamente con una intención lasciva. Estas mujeres de Morelia tenían que pasar tres retenes y ellas mismas hablaban de que trataban de evadirlos.

"El padre de ellas no estaba, se había ido a vivir con otra mujer; desde pequeñitas se habían enfrentado al abandono, a todo este maltrato; la tierra que trabajaban nunca iba a ser de ellas porque estaba a nombre del papá y como no había hijo varón pasaba a ser del tío, que las tenía allí".

Tras la violación ellas accedieron a denunciar los hechos ante Derechos Humanos de la Coordinadora de Organizaciones No Gubernamentales Conpaz. Su declaración fue inmediatamente publicada en la prensa.

"El ejército mexicano las empezó a buscar, sabían de qué comunidad eran porque les tomaban los datos cada vez que pasaban el retén. Filtraron esa información a la Comisión Nacional de Derechos Humanos –institución gubernamental– y éstos intentaron presionarlas y cambiarles el testimonio. Por eso ahora nosotros los tenemos como coacusados –asegura Marta Figueroa– y durante mucho tiempo trataron de negociar que retiráramos eso. Luego los soldados entraron a su comunidad a buscarlas y lo que hicieron es hostigar a toda la gente."

Para las mujeres la pesadilla no acabó con la denuncia, sino al contrario: "Ellas tienen mucho miedo porque les dijeron que, si denunciaban la violación, las iban a matar. Y se ven por dos lados obligadas a huir, por ellas mismas y porque la comunidad de alguna manera, y eso que son parientes, las empieza a presionar para que se vayan porque tienen miedo de que mientras ellas sigan ahí el ejército los siga molestando a todos.

"Fueron a otra comunidad, obviamente zapatista, no les quedaba de otra: ellas saben que ahí no entra el ejército mexicano, se sienten más o menos seguras. La comunidad de alguna manera les cobra la estancia presionándolas un poco a que continúen con la denuncia".

La abogada dice que ella conoce lo que las mujeres sienten: "Fueron usadas mucho políticamente, por la comunidad, por Conpaz, que pasó la denuncia textual a los periodistas. A mí casi me da un ataque porque, en los casos de violación, una regla básica del Grupo es el secreto, no dar datos y menos a prensa; no podemos dar nombres ni de víctimas ni de victimarios".

Marta prosigue: "Al día siguiente un boletín de SEDENA asegura que esas mujeres no existen, que son imaginación del periodista, y se reserva el derecho de meternos a la cárcel por difamación y calumnias al ejército mexicano. La única forma de evitarlo era que se presentaran a ratificar. Pero ellas estaban muy mal; no hablan casi español, no podíamos darles apoyo emocional en terapia..."

Figueroa explica que ya daba por perdido el caso cuando "casi un mes después y por la presión de la comunidad, vienen dos de ellas, Teresa y Cristina, y ratifican ante el Ministerio Público Federal toda la denuncia, cosa que a nosotros nos protege jurídicamente".

La abogada explica cómo se dieron los hechos: "El Ministerio Público llegó en una actitud de 'no me creo nada, quién les va a hacer el favor a esas mugrosas indias'; pero después de oír a las niñas, escucharlas, hacer la traducción, ver cómo Teresa, la más grande, dibuja el croquis del lugar donde la violaron pero en vez de tomar el lápiz así lo toma así, con el puño, pero sus trazos son firmes y seguros. Muy duros. Pero los trazos y orientación de tiempo y forma indican que la más grande sabe. Es una mujer excepcional, muy muy inteligente, muy afectada pero más fuerte que las hermanas. Ella dice que tiene veinte años pero la ves y no le das más de dieciséis".

El Ministerio Público pidió una disculpa a la abogada por haber dudado de la autenticidad de la denuncia, pero a partir de entonces el Ministerio Militar atrae la competencia del caso para mantenerlo sin resolver. Figueroa protestó: "Nosotros decimos que cuando hay civiles implicados tienen que ser autoridades civiles. Por eso metimos dos amparos, a la Procuraduría Federal y al Ministerio Militar, pero fueron rechazados. Entonces los militares me empiezan a citar, la segunda notificación la traen armados en un jeep. Decía que si no me presentaba iban a usar la fuerza pública, que tenía que presentarlas a ellas. Yo fui y les dije que estoy bajo protesta, que no reconozco su autoridad, que se vayan a la fregada".

A los pocos días, Marta Figueroa volvió a ser citada para la presentación de los soldados que estaban de guardia el día de la violación: "Oí cómo los interrogaban, cómo se contradecían, y noté que estaban tan nerviosos que obviamente habían participado, por lo menos dos".

La abogada se negaba a presentar a las muchachas y podía ser acusada de obstrucción de la justicia: "Yo no quería pasarlas por los retenes, llevarlas a instalaciones militares, frente a un médico militar para que las revisara y luego que las interrogaran y las trataran como sospechosas de difamación. 'Estás pendejo, no te las voy a traer nunca', decía yo".

Entre trámites y amparos dio el mes de febrero de 1995, cuando el ejército federal entró en territorio zapatista. Las tres hermanas, junto con el resto de la población de la cañada de Altamirano, emprendieron el éxodo hacia lo profundo de la selva. Marta les perdió la pista: "No las volvemos a encontrar hasta mayo; les volvemos a plantear toda esa situación; ellas niegan querer saber nada ya de todo eso, han rehecho su vida en otro lado, con otro nombre, otra situación".

Figueroa sugiere: "La opción que tenemos ahora es hacer una denuncia internacional con todos los elementos, estén ellas o no. Si avanza y es necesaria la presencia física de ellas, yo calculo que ya habrá pasado más tiempo, estarán un poco más tranquilas. Pero nos ven como una amenaza a su nueva estabilidad".

VIII. La vida cotidiana en los Altos de Chiapas

Lejos de la selva calurosa, las montañas de los Altos de Chiapas aparecen siempre cubiertas por el velo blanco de una niebla que lo impregna todo de misterio. Al mediodía pueden asomarse luminosas, verdes, definidas por el azul intenso del cielo. Pero pronto vuelven a replegarse sobre sí mismas, como una inmensa cueva. Es la tierra de los tzotziles, los autodenominados "hombres y mujeres murciélago", mujeres y hombres de la noche.

Allí, las indígenas que visten rebozos azules o amarillos o rosa zinacanteco... "se levantan muy temprano, en la madrugada, primero prenden la lumbre y después se ponen a calentar agua que les va a servir para que su esposo y sus hijos se laven la cara y las manos; siempre la van a mantener caliente para otras cosas. Después la mujer asea la casa y luego lava el nixtamal, muele y se pone a tortear. Cuando termina de hacer las tortillas, se pone a almorzar junto con el marido y los hijos que ya regresan de traer leña: es el momento en que se cuentan lo que han soñado o lo que está pasando en la comunidad con los familiares y con los vecinos; si es que van a tener cargo civil o religioso, se dicen las ideas, se organizan para pasar con bien su cargo. Luego ella lava los trastes, tapa los alimentos. Al terminar asea el patio y a veces se va a dejar pozol al trabajo del esposo; cuando regresa se va al arroyo a lavar ropas, tejer, cuidar a los hijos más pequeños y a los borregos, o a traer más leña. Cuando se acaba el pozol se pone a hervir más, hasta que brota el maíz, y luego se pone a moler. Enseguida se ponen a preparar la comida para tenerla a la hora que regresan el marido o los hijos del trabajo o de la escuela. Luego pone a hervir el nixtamal para el día siguiente. Ya que cena, cansada del trabajo, se va a dormir." (Ponencia presentada por María Santiz y María Hernández, ambas de Chamula; Rosenda de la Cruz y Margarita Lopez, de Zinacantán, y Lucía Santiz, de Tenejapa, todas pertenecientes a la organización cultural indígena Sna Jtz'ibajom.)

Dicen las tzotziles que "cuando K'ox, el dios Sol era pequeñito, su madre Luna lo protegía de los malvados que querían hacerle daño".

"Nuestra madre Luna daba consejos a las mujeres de cómo debían cuidar a sus hijos, cómo debían tejer, cómo debían hacer para vivir mejor, cómo rezar y servir a sus pueblos mediante cargos civiles y religiosos" (Ponencia de Sna Jtz'ibajom).

Las enseñanzas de la Luna perduran hasta hoy. El astro de la noche, cuentan las indígenas, sigue dirigiendo sus mensajes a sus hijos e hijas a través de los sueños.

"Por eso una buena madre les pregunta siempre a los hijos qué soñaron, para saber cómo debe rezar y cuidar de sus almas, que son lo más importante de nuestras vidas", explica María Santiz.

"De la misma manera que la Luna, nuestras madres nos aconsejaron desde muchachas: 'Cuando tengas un hijo no le vayas a dar nada de biberón, es mejor que le des pecho para que crezca sano; debes comer bien... Cuando empiece a aprender a alimentarse el niño, que no le den de tomar café o refresco...'"

Pero si el fruto de sus entrañas es de un sexo u otro, la madre lo educará de forma distinta. El grupo de muchachas tzotziles hicieron un resumen:

"Los muchachos primero aprenden a hablar nuestra lengua materna. La mamá es quien principalmente se encarga de hablar y enseñar al niño hasta que aprende. Ya luego el padre le va enseñando más y con ejemplos lo educa en cortar y acarrear leña, hacer cercos, labrar la tierra y sembrar maíz, frijol y otros cultivos, cuidar animales domésticos. De sus abuelos y sus padres aprenden las creencias religiosas, las maneras de comportarse cuando se reúnen con el pueblo en las fiestas y el Carnaval. Actualmente muchos jóvenes terminan de estudiar la primaria y en algunas comunidades hasta telesecundaria. Algunos pueden conseguir trabajo como choferes, mecánicos, comerciantes, albañiles, trabajadores domésticos. Los pocos que son bilingües y saben leer y escribir en las dos lenguas consiguen trabajos como promotores o técnicos. Otros se van de braceros a Tabasco o hasta los Estados Unidos. Muchos ya están olvidando nuestras leyendas, nuestra cultura. Algunos se van y nunca regresan. Pero la mayoría vuelve para hablar otra vez su lengua materna, para estar con su familia celebrando las fiestas de los Santos Patronos y el Carnaval, para sentir otra vez el gusto de estar en su tierra".

La pobreza de origen marca el futuro de ellos. Pero las mujeres ni siquiera pueden llegar a imaginar una de esas profesiones, se ven condenadas desde niñas a la explotación y el trabajo en el hogar: "A las muchachas se les educa levantándolas temprano para asear la casa, tortear, lavar los trastes, lavar las ropas, preparar comidas, tejer, bordar, cargar leña. Algunas también aprenden a pastorear borregos, trabajos como ésos se aprenden para que no se pierda el uso de la ropa tradicional... Otras mamás no saben educar bien a sus hijas, las quieren educar con puros regaños: si no aprenden pronto a tortear, les pegan en la mano sobre el comal caliente o les ahúman la cara con humo de chile del brasero hasta que lloran. Pero así no es buena la educación; en el futuro pueden enfermarse los hijos y peor si los golpean en la cabeza".

MARUCH, LA FOTÓGRAFA CHAMULA

Maruch es María en tzotzil. Su nombre era citado por los fotógrafos de prensa que caían por San Cristóbal.

–¿Quién es Maruch?

–Es una fotógrafa chamula que hace unas fotos extraordinarias en blanco y negro.

José Gil Olmos de *La Jornada* fue más claro:

–¿Vas a escribir sobre mujeres? ¿Y aún no has entrevistado a Maruch?

Ahí fui, en octubre de 1995, a las oficinas de Sna Jtz'ibajom de San Cristóbal, donde trabaja Maruch, aunque a diario regresa a su comunidad junto a sus padres.

"Me llamo María Santiz Gómez, originaria del paraje Crustón, municipio de Chamula. Tengo veinte años. Ingresé en este trabajo porque tenía un primo que me dijo que si me gustaría venir a recibir el curso de teatro y aprender a escribir en tzotzil y le dije que sí. En octubre de 1993 se construyó el laboratorio fotográfico y nos enseñaron."

Maruch viste su ropa tradicional chamula, rebozo azul, falda de lana virgen negra y espesa, blusa azul, huaraches de plástico. Varias revistas han publicado sus imágenes que siempre intentan recrear el universo cultural de los tzotziles. Ella explica: "No hay indígenas que tomen fotos, y los periodistas que llegan no es lo mismo, no saben darles su significado, qué es lo que significan las imágenes, las fiestas, los trajes.

"Creo que sí soy la única fotógrafa indígena, porque la verdad no he escuchado una fotógrafa tzotzil, tzeltal, tojolabal... aunque

155

sería bonito que hubiera. Me gusta la fotografía porque hay personas que no saben leer y escribir pero pueden ver así un libro, pueden leer lo que tiene la foto y así no se pierden las tradiciones."

Por ejemplo, cuenta ella, para descubrir la explicación de algunas de sus imágenes tuvo que acudir a personas ancianas: "Me cuesta bastante trabajo porque mis papás ya no saben qué significa y tengo que salir a otra comunidad a investigar. Los viejitos me preguntan:

"–¿Para qué es? ¿Qué tanto dinero?

"–No, es que en realidad queremos saber lo que significa porque ya se está acabando, se está perdiendo todo.

"–Ah, sí, tienes razón. ¿De dónde venís, cuál es tu paraje? Si no, vamos a decirle al agente municipal...

"–No. ¿Para qué? Aquí nací, aquí es mi lugar.

"–Ah, bueno, le informo.

"Así es el trabajo", concluye Maruch.

"La idea de recuperar tradiciones con las fotos me nació pensándolo yo sola. Pensé que he visto y ya he escrito las creencias, ahora trataré de buscar el lugar para tomar la foto para ese texto."

La vida de Maruch ha sido similar a la de tantas indígenas: "La verdad es que desde mi niñez, mi papá quién sabe por qué se salió, como somos pobres, se fue a trabajar y yo quedé de dos meses que estaba embarazada mi mamá. Cuando regresó mi papá, yo ya caminaba, se tardó bastante, fueron unos tres años. Mi mamá tuvo que buscar quién va a ser mi madrina y mi madrina es mi abuelita, no hay quien me vaya a bautizar. De ahí cuando regresó mi papá, me decía mi mamá: 'Él es tu papá, que no estaba cuando naciste'. Tenía miedo de mi papá, no lo conozco".

LAS TZOTZILES Y LOS BORREGOS

Hay una ocupación que hace la mujer desde chiquita en los Altos de Chiapas. Cuidar borregos. Entre los árboles, las milpas, el pasto, aparecen las indígenas, cargando leña, lavando ropa o sentadas en una piedra bordando, o caminando solas por una vereda, seguidas y acompañadas por su rebaño.

La relación que una mujer entabla con estos animales con los que comparte horas y horas de su existencia es muy especial. Las ovejas sirven única y exclusivamente para dar lana para la confección de la vestimenta tradicional. Mueren de viejas o de enfermedad, pero nadie las come. Las mujeres las cuidan, les hablan, las miman. No es extraño ver a estos animales amorosamente cubiertos con plásticos de colores bajo la lluvia mientras sus dueñas se mojan, sin nada con qué taparse. "Y es que les da gripa a los borregos."

Maruch pasó gran parte de su vida cuidando el rebaño: "Los borregos tienen cada uno un nombre. El nombre varía, depende de cómo es el color, o buscándoles. A algunos les ponen nombres de las personas. Nosotros les llamamos Andrea, Dominga, si es la hembra. Si el borrego tiene pedazos de negro, pedazos de café, pedazos de blanco, le vamos a poner Pinto. Si es todo de color café, Chacshic –café en tzotzil–, si es bien blanco, blanco, sin ni un pedazo, ni un hilo de negro, le vamos a poner Shingan, una sagrada virgen, porque es muy bonita".

Maruch explica la compleja psicología de estos animales especialmente sensibles: "Me gusta estar con los borregos, sí, porque cuando una persona tiene ganas de cuidar, de mantenerlos, también los borregos lo sienten que están bien portados con su patrón, están bien gordos, dan bien largas sus lanas, pero hay personas que ya no les gusta, no quieren cuidar bien los borregos. Entonces se mueren, se enflaquecen y se resienten, crecen mucho sus granos en su cuerpo, y pulgas, tienen diferentes clases de pulgas, crecen, se ponen aquí a un lado de su oreja, en su nuca, y casi no se ve ya si hay lana, puras pulgas. Si se cuidan bien, si se pastorean bien, un rato en la montaña, o no un rato sino un día en la montaña, en el pasto, se sienten bien. Hay borregos que no se van luego a otro lado. Pero hay borregos que se escapan. Y también nos enojamos porque no quieren comer, o porque nunca nos dejan sentar. Lo hacen según el rezo que les dan sus dueños".

Lorenza Gómez González tiene veintitrés años, es una mujer tzotzil de una comunidad de Chenalhó, y ha sido la presidenta de la Cooperativa de Tejedoras J'pas Joloviletik. Su vida coincide en mucho con el relato de Maruch: "Yo soy la mayor de seis hermanos, tres hombres y tres mujeres. Cada día, de niñas, tenemos que salir con los borregos y, si quieren ir nuestros hermanitos, pues van. Pero es un poco difícil cuando llueve, tenemos que aguantar allí donde estamos, nos regresamos a las cinco de la tarde, hasta que llene bien su panza el borrego. Me gusta mucho cuidar los borregos, pero es un poco difícil porque así como estamos ahorita no tenemos terreno cerca, tenemos que caminar una hora o dos horas para llegar donde puedan comer bien los borregos".

Lorenza explica: "Los hombres no cuidan borregos, sólo las mujeres, así está acostumbrado, sólo las mujeres pastorean. Los hombres no, los hombres sólo limpian las milpas, trabajan las cosechas, nada más todo eso, tampoco aprenden a tejer. Las niñas trabajan más que los niños, porque entran en la cocina, tejen, también van al campo; además, van a cuidar los borregos".

Maruch, la fotógrafa, como tantas otras chamulas, tiene una anécdota con los borregos que le causa deleite contar: "A los cuatro años mi mamá me mandaba a cuidar borregos, muchos, son veinticinco borregos. Mi mamá se iba a quebrar tierra y a cargar leña con mi hermanita mayor que ya tenía seis años. Una vez, uno de nuestros borregos me empujó hacia el río y por poco me ahogué y por poco me morí. Con el cuerno me empujó. Tenía yo cuatro años. Yo solita iba, estaba chiquita. Cuando lo recuerdo, todavía me da miedo. Con los demás borregos no, pero con ése de cuernos, se llamaba Cuernudo, ya no quería ir, ya me daba miedo ir a cuidarlo. Cuando llegué a la casa, me dice mi mamá:

"–¿Qué te pasó, por qué vienes toda mojada?

"Yo le conté, pero mi mamá me volvió a mandar con los borregos, ella me dijo:

"–Yo creo que estabas jugando con el cachorro, por eso te cuerneó.

"Al otro día fuimos las dos a dar de comer los árboles de las montañas a los borregos y ese mismo cachorro me empujó otra vez al barranco. Entonces mi mamá sí creyó:

"–Debe ser verdad –dijo–, ya no te voy a decir que estabas jugando con el cachorro.

"Entonces mi mamá, de una vez lo mató, me acuerdo todavía. Se llama Cuernudo Lechjol. A veces lo cuento todavía a mi mamá y nos da risa".

Maruch nunca dejó de encargarse del rebaño: "Cuando tenía cinco años me mandaron a la escuela. Terminando la escuela, dejaba ya los útiles en la casa, me llevo sólo dos o tres tortillas con sal y me voy a cuidar otra vez los borregos. Mi mamá los cuida durante el día. Y saliendo yo de la escuela voy a cuidarlos para que mi mamá regrese a la casa a hacer los nixtamales. Mi mamá se encargaba de todo, hacer las ropas, la milpa. Las mujeres de los chamulas no siembran, hay otros municipios que siembran también, las chamulas sólo quiebran la tierra, ayudan.

"Me gustaba estudiar y también a mi hermana, pero como no hay quien cuide los borregos, mi mamá fue a pedir que se saliera mi hermana y solamente quedé yo allí en la escuela".

Cuando Maruch terminó quinto de primaria, su madre le dijo:

"–Mejor no estudias, es mejor que te salgas ya, porque hay mucho trabajo, tienes que cargar leña, tus ropas, ¿quién va a hacer tus ropas? Pues nadie, por eso es mejor que trabajes aquí en la casa.

"Yo me sentí muy triste, pues no es posible que gasté cinco años de mi primaria y ahora nada. Y le dije a mi papá:

"–Yo quiero seguir mi estudio.

"–Entonces, ¿dónde te vas?

"–Pues yo pienso que mejor ir a Romerillo –así se llama otra comunidad.

"–No hasta el próximo año, porque ya no puedes ir ahorita, ya se terminó la inscripción.

"Así, mientras estaba esperando, empecé a hacer los trajes, chamarras, abrigos, naguas de lana. Porque los borregos son para nuestras faldas, para los chujes, para los blancos que usan los hombres, para eso sirven las lanas. Yo tejía, hilaba, cardaba, todo, hacía todo.

"Al año siguiente ya fui a Romerillo. Iba diario, caminaba cuarenta minutos, así, diario. Comía igual que cuando era chiquita, sal y tortilla con repollo, casi no mucho con frijol, porque... bueno, la demás gente creo que sí comía bastante frijol, pero nosotros no teníamos dinero para comprar..."

EL ABSURDO DEL SISTEMA EDUCATIVO

Maruch no duda en contar lo absurdo y difícil de la educación en las comunidades indígenas: "La verdad es que en la escuela primaria casi no entiendo para nada el español. No entiendo nada. Porque, mira, los maestros, a nosotros los indígenas, nosotros hablamos en nuestra lengua materna, entonces los maestros llegan y leen, ya que terminan de leer, copien este dibujo, copien. Y no se dice qué es lo que significan los textos, las letras. No nos enseñan bien y por eso no servía para nada. Cuando salí, no entendía nada. Aunque los maestros son bilingües, les daba pena, o vergüenza, sí, he visto muchos, muchas personas que les da pena explicar qué significan las palabras del español.

"Entonces fui a la telesecundaria, los maestros sí enseñan ya puro español. Los maestros de la primaria sólo nos hablan de tzotzil, en tzotzil nos dicen, leen y copien, y ya, sólo eso. De leer, sí sabemos de leer y de escribir, pero no sabemos qué significa, así está pasando. Y allá en la escuela de telesecundaria preguntan qué es lo que entendemos de un texto, pues estaba muy difícil, no entendía. Los maestros preguntan:

"–¿Por qué no saben nada de español? ¿Por qué no entienden?

"–Porque así fue con los maestros de la primaria."

Según el artículo tercero de la Constitución de la República Mexicana, la educación primaria es obligatoria para todos los niños y niñas del país. En los Altos de Chiapas y en la selva Lacandona esta obligación no existe, o no es posible cumplirla, sobre todo para las niñas.

France J. Falquet, en su estudio antropológico *Las mujeres indígenas de Chiapas de cara a la escuela* (Inaremac, 1995), señala tres características de la educación en este estado: "baja asistencia escolar y altísima deserción entre el primer y el sexto grado, así como una presencia siempre menor de las niñas".

Las escuelas suelen ser chozas de madera, con suelo de tierra, pupitres desvencijados y acaso un pizarrón en un extremo. No acostumbran a llegar los libros de texto oficiales y gratuitos y en la gran mayoría de comunidades no existe más que primaria –si es que hay. Para cursar secundaria, los jóvenes deben desplazarse a otros lugares y recorrer grandes distancias a pie y con el estómago vacío. Las mujeres son las más perjudicadas, puesto que la costumbre indígena impide que se aventuren a salir más allá de los alrededores de su casa, menos a lanzarse solas a diario por las veredas. Y además, para encontrarse después de la caminata con que no hay clase. Porque el ausentismo de los maestros roza el escándalo, igual que los míseros sueldos y la escasa formación con que cuentan. Los docentes que tienen la plaza en un lugar alejado, frecuentemente llegan el martes y se van el jueves. A esto hay que añadirle que cada quince días deben ir a cobrar, lo que resta otros dos días al mes. Las madres indígenas, agobiadas con el trabajo del hogar, no ven sentido a que sus hijas pierdan el tiempo mientras podrían estar ayudando con los hermanos más pequeños o con las tortillas. Ir a la escuela cuesta a veces un dinero que no se tiene en ropa, cuadernos y lápices.

Falquet remarca que "las niñas están siempre expuestas además a un posible hostigamiento o agresión sexual en el camino o en la propia aula".

Los padres, que a veces aceptan enormes sacrificios económicos para mandar a los varones a seguir estudiando en la ciudad, muy raras veces mandan a sus hijas, por temor a la "inmoralidad" de las ciudades mestizas. Además existe discriminación hacia las niñas dentro de las aulas: "están casi siempre en extrema minoría, en especial en los últimos grados, cuando ya son suficientemente grandecitas para que 'les den pena' los varones y las clases de biología de quinto y sexto grado. Parece a veces que están allí como de paso, toleradas pero no presentes con pleno derecho. La actitud de muchos maestros refuerza esta sensación: consciente o inconscientemente, no valoran de igual forma la participación de las niñas y sus capacidades intelectuales, no las animan a seguir estudiando como lo hacen con los niños talentosos".

En diciembre de 1994, cuando se declararon los nuevos municipios zapatistas, una de las primeras medidas que tomaron los campesinos fue impedir la entrada a los maestros hasta que se definiera un plan de educación integral aprobado por las comunidades de acuerdo con las necesidades y cultura indígenas.

Porque la educación funciona en el fondo como "una gran máquina aculturadora".

Falquet señala las causas de esta "violencia cultural" y "aculturación arrasadora": los métodos de enseñanza, basados en la memorística, chocan con el aprendizaje indígena, basado en la imitación. El horario de clases y el calendario escolar no respetan el calendario rural ni el uso del tiempo en las comunidades. La lengua es un elemento de "violencia cultural", porque en vez de fomentarse el bilingüismo, se trata de lograr la castellanización total.

Además, las materias impartidas no hacen referencia para nada a la realidad de las comunidades. Abundan los valores y personajes mestizos; si se habla de los mayas o los aztecas, nunca se establece la continuidad de esas etnias con los indígenas de hoy. En el cuerpo docente existe, si no un racismo latente, un desconocimiento total por las lenguas y culturas indias. Los pocos maestros que son indígenas acusan un marcado complejo de inferioridad que les hace primar los valores del mundo mestizo.

La escolarización sirve entonces para que los indígenas asimilen su supuesta inferioridad cultural, puesto que en ningún momento les ofrece una integración verdadera e igualitaria en el mundo mestizo.

Algunas opiniones señalan que la práctica exclusión de las niñas del sistema educativo sirve a las comunidades como un mecanismo de resistencia cultural. Las mujeres se mezclan así lo menos posible con el mundo externo, mantienen costumbres y tradiciones, conservan la lengua. Pero el precio que pagan es la ignorancia, el inmovilismo social y la subyugación de sexo.

LOS PADRES Y LA ESCOLARIDAD DE LAS NIÑAS

En las comunidades tzotziles, pocas son las niñas cuyos padres no ponen objeciones a que estudien o salgan de sus casas. Maruch cuenta que tuvo suerte: "Mi papá siempre me dejó, siempre. Pero normalmente a las niñas no las llevan o los papás no las dejan ir a la escuela. Mi papá es el único de la familia que deja, los otros tíos que tengo no. Ellos dicen que para qué el estudio, cuesta dinero, los papeles, que no sé qué. Por eso mis primos trabajan todos en el campo y las mujeres también. Sólo mi papá me dejó estudiar a mí. Y de ahí terminé el estudio y otra vez vuelvo a estar cuidando borregos. Entonces ya no me gustaba tanto..."

Por suerte, esta joven chamula consiguió pasar un examen para entrar en Sna Jtz'ibajom a aprender a escribir en tzotzil, hacer teatro en su lengua, recuperar mitos y leyendas.

"Escribí un cuento que se dice 'Dos muchachos pastoreando borregos'. Lo terminé y empecé a hacer otro que acabo de terminar, se llama 'El hombre y su nagual'. Se trata de unas personas que viven en las montañas, tienen bastantes animales, borregos, gallinas, guajolotes y de ahí un señor fue a que le vendieran tan siquiera uno. No quisieron vender. Pero el que preguntó tiene fuerte el nagual, su nagual es el coyote... Bueno, es muy largo, de nueve páginas."

En los cuentos de Maruch no aparecen protagonistas femeninas. Quizás el machismo imperante en su sociedad no le permite imaginarlo de otra manera. Maruch tiene que luchar por hacer lo que hace constantemente: "Mis papás están contentos. Aunque hay otros que envidian y echan mentira de que ya tengo novio, piensan otra cosa, que yo no hago trabajo en la oficina sino que ya soy mujer de la calle. Mi mamá no me dice nada, no les cree. Pero mi papá no les cree cuando está en su juicio, pero si toma, sí les cree, se enoja, me regaña. Hace poco tiempo mi tío le dijo que 'tu hija ya está con otros, tiene bastantes amigos'. Mi papá le contestó:

"–O tienes razón o no tienes razón. ¿Por qué lo dices?

"–Pues porque está platicando con los hombres, con el hijo de tal y el hijo de tal.

"Mi papá conoce quiénes son los papás de esos hombres. Y regaña a mi mamá:

"–Pues ya nos han dicho que la hija estaba platicando con el hijo de tal.

"–Pero, ¿por qué piensas así, si ya son casados esos hombres?

"–Porque así me dijo mi hermano.

"–Pues es un triste que echa mentira.

"Entonces mi papá me dijo a mí:

"–Si quieres, mejor que te sales de aquí de mi casa, ya no quiero ver tu cara.

"Cuando él me está regañando así, yo no contesto nada, me espero a que esté en su juicio y le dije:

"–Pues sí, papá, yo me largo de aquí, pero dame ya el dinero que te he dado, el dinero con que se reparó la casa, pues yo lo quiero y ya me voy.

"Y mi papá lloró, llora, sí llora de por sí.

"–Pues no, es que así lo dijo tu tío.

"–Pues que lo diga, porque a él lo que pasa es que le dolió porque no le dimos el dinero, él quiso que le prestáramos dinero y como no, por eso echó mentira."

Maruch no quiere preocuparse por las habladurías de siempre: "Hay otras gentes que piensan que no es trabajo lo que estoy haciendo, piensan que ya estoy loca. Algunos creen que debe mantenerse la costumbre, que así pasó siempre con nuestros antepasados, así fueron las antiguas generaciones, esos sí creen que la mujer no debe salir. Pero los demás tienen envidia. Porque la verdad, en la comunidad no he visto una mujer actriz, una escritora bilingüe, no hay, aunque algunas ya son maestras no escriben en lengua materna. Tengo amigas allá en la comunidad que ya les da vergüenza hablar en su lengua. Les dije:

"–No es posible que vas a olvidar tu lengua, nuestra lengua materna, porque si ya eres maestra se tiene que escribir en lengua materna.

"–No, que ya no quiero, me da vergüenza, me da pena."

Maruch es una gran amante de su cultura y, ante la sorpresa de los que sólo vemos en la vida de las mujeres indígenas miseria y explotación, ella reivindica la belleza: "La verdad es que las que están bien acostumbradas a su trabajo tradicional es muy bonito. A mí me parece muy bonito las que trabajan, las que tejen, las que barbechan, las que hacen que todavía no se ha perdido nuestra cultura, a mí me gustan muchísimo los trabajos que hacemos."

Respecto a los zapatistas, Maruch se muestra cautelosa al contestar las preguntas: "La verdad, no sé muy bien cómo es la idea de... Bueno, creo que es importante que se levantaron porque, la verdad, los indígenas siempre que piden ayuda o solicitan algo el gobierno no acepta nunca y aunque dice que sí, que ya vamos a darles, pero

163

nunca dan. Yo creo que por eso se juntaron y se enfrentaron los zapatistas. Sí. Me sorprendió que hubiera mujeres con armas, sí, la Ramona... ¿Cómo está ahorita?"

EL EZLN Y EL DESPERTAR DE LAS MUJERES

Lorenza tiene una sonrisa enorme. Le preguntamos como a Maruch si su padre le permitió estudiar secundaria.

"Bueno, antes no. Ja, ja, ja", se ríe, se refiere a antes de que influyera el EZLN. "Yo quería seguir estudiando pero mi padre no me dio permiso porque me dijo que 'sólo te vas a buscar novio'. Pues a veces las muchachas sólo buscan su novio. Y no estudié. Mis hermanas tampoco. Yo tengo un hermanito y mi papá a él le dio permiso, pero justo él no quiso estudiar."

Como Maruch, Lorenza volvió a guardar el rebaño: "Cuando yo terminé primaria, regresé a mi comunidad y otra vez empiezo a ver las ovejas y todo eso. Otra vez a limpiar milpa, a tejer, a bordar, a cuidar los borregos, a cargar leña, a traer agua".

Pero desde que el EZLN llegó a las comunidades de los Altos y difundió sus leyes revolucionarias de mujeres todo ha cambiado, incluso el padre de Lorenza: "Hace poco, no sé qué día, le dije a mi papá que quiero estudiar. Y ahora me contestó: 'haz como tú quieras, tú lo piensas y decides'. Antes no me dejaba participar en nada, pero ya cambiaron un poco las cosas gracias a la organización, ya se nos reconoce y podemos participar".

Y prosigue: "Antes, cuando no estaba la organización, la verdad es que no nos dejan participar nunca a las mujeres, no nos dejan salir ni nada, sólo los hombres pueden participar. Pero desde que se levantaron los zapatistas, como que ya cambió bastante. Aunque las mujeres que no están organizadas siguen igual aplastadas, no cambiaron. Porque ellas no saben cuáles son sus derechos como mujeres y no saben cómo están haciendo los zapatistas".

Lorenza ha vivido en su propia piel ese proceso de apertura, igual que su madre: "Mi mamá pensó que es bueno porque ya puede salir, porque algunos hombres antes no dejaban salir a sus esposas cuando vienen aquí a San Cristóbal a vender tejidos, dicen que tienen muchos celos. Pero ahora como que ya cambió, ya cambió. Mi mamá ya la dejan participar cuando hay reunión en la tienda. Y las que no están organizadas ahí lo van viendo, pues sí, porque ya hay muchas mujeres que participan ahorita, pero antes no".

Dice Lorenza: "Cuando yo era chiquita, mi mamá me enseñó a bordar, yo aprendí a tejer con doce o trece años, a tejer nagua, hacer blusas... Si ya tienes como siete años, la mamá tiene que enseñar a su hija todo lo que se hace para alimentar a la familia. Así me enseñó a moler, tortear, cargar agua, porque nosotras tenemos que cargar agua, no tenemos agua potable, y no tenemos luz, y no tenemos carretera..."

Además de a cuidar borregos, las mujeres de los Altos de Chiapas aprenden sobre todo a tejer. Aunque ahora la ropa occidental les resulta más barata, las tzotziles siguen realizando sus bordados y su ropa típica que es parte de su patrimonio cultural y que les permite acceder al mercado turístico de la artesanía.

"Utilizamos el telar de cintura, hecho de palos, lazo, faja de cuero, hilos, cáñamos delgados, y cuando falta poco para terminar utilizamos peine de madera y alambre especial."

La técnica tradicional es muy compleja y trabajosa: "Si está larga su lana, se corta y luego se lava con amole, porque si se lava con jabón no sale bien el hilo. Luego se tiende y, cuando ya está seca, se desbarata, se carda, se cuenta en pares, se hila y se tiñe con plantas y tierra negra. Luego se prepara el telar, se teje, se lava para encogerlo y cuando está lista ya se lo puede poner uno. En un tipo de tejidos, como los chujes que utilizan los hombres y la enagua, utilizamos veinte palos. En los sencillos se utilizan ocho palos. En Tenejapa se compran los chamarros de lana teñida hechos por las chamulas; el brocado de los calzones y fajas se hace con estambre comercial. Algunas mujeres han aprendido a cardar, hacer hilo y teñir con plantas los hilos de los huipiles ceremoniales, especialmente para las vírgenes y los santos y para cargos religiosos. En Zinacantán también usan lana y algodón mezclado con estambre comercial y ya no se trabaja con veinte palos. Para el jerkail –especie de casaca de color rosa bordada de flores con borlas colgantes–, prenda que utilizan los hombres, se usan doce palos. Para el chal y la enagua se utilizan ocho y para los demás nueve palos..."

Los dibujos enrevesados que cada pueblo hace en sus bordados no son porque sí. Cada figura tiene un significado que en la mayoría de los casos las mujeres no conocen y no obstante reproducen. El rombo rojo punteado de cuatro colores representa los cuatro puntos cardinales. Luego están la rana, el hombre, los venados, las milpas. Las jóvenes indígenas de Sna Jtz'ibajom explican: "En algunos poblados como San Andrés o Magdalena algunas mujeres conservan el conocimiento de los diseños bordados, cómo deben tejerse y lo que significan. Los tejidos ceremoniales representan el espacio sagrado en que viven los santos y los dioses ancestrales: el número de hilos y la disposición de los diseños son oraciones con las que veneramos a los seres sagrados y se les tiene gran respeto a las mujeres que saben tejerlos. En Tenejapa y Chamula hay mujeres que tienen cargos religiosos especiales, como Me' Sacramento, que no necesita estar casada para desempeñar ese cargo. En otros municipios sólo los hombres veneran a las imágenes sagradas".

LA COOPERATIVA J'PAS JOLOVILETIK

Lorenza y su madre son tejedoras, como muchas mujeres de su pueblo. Cuando ella era chiquita, cuenta, se vivieron tiempos difíciles: "Para mi familia era duro, porque no sabían dónde van a vender sus prendas, no tienen dinero para comprar medicinas porque nos enfermamos mucho allí, no había doctor, tenemos que llegar a la cabecera de Chenalhó. A veces nos morimos en el camino, no alcanzamos rápido el doctor. Tenemos que caminar dos horas a la cabecera y son de pura subida".

En agosto de 1995 hacía un año y medio que Lorenza ejercía de presidenta en J'pas Joloviletik: "A mí me eligieron las mujeres en la asamblea, sí me gustó pero a veces me es un poco difícil hablar el español. Antes, yo vivía en mi casa, en mi comunidad, Culchik, municipio de Chenalhó. Trabajaba en las comunidades y allí hacemos nuestras prendas, nuestros tejidos, nuestros bordados".

Pero las indígenas no tenían un lugar donde vender sus artesanías. Es entonces cuando, poco a poco, primero apoyadas por el Instituto Nacional Indigenista y ya después por su cuenta, las tejedoras se fueron organizando.

Fue a finales de los setenta que empiezan a llegar a los Altos de Chiapas turistas que se interesan por las prendas tejidas y bordadas por las tzotziles. De esta manera, las indígenas encontrarán una fuente de ingresos familiares adicionales que implicará a su vez el inicio de su participación en la vida pública. Con la creación de cooperativas, imprescindibles para regularizar su trabajo artesanal, las tzotziles empezarán un camino emancipador que a los hombres, empobrecidos y sin trabajo, no les quedará otro remedio que reconocer.

Dicen que dos indígenas de San Andrés Sacamchén, Juana y Pascuala, fueron de las primeras en ver la necesidad de organizarse, en la década de los ochenta. En esos tiempos no existía carretera asfaltada. Las dos caminaban durante nueve horas hasta San Cristóbal con sus blusas y sus bordados.

Las propias mujeres fueron corriendo la voz y cada vez fue mayor el número de tejedoras coordinadas entre sí. El Instituto Nacional Indigenista les dio asesoría legal y la Secretaría de Educación Pública les entregó un local. Cada sexenio, las instituciones elaboraban un programa dirigido hacia las indias; pero no recogía las aspiraciones de ellas, se trataba de meras medidas asistenciales.

Durante el mandato de Carlos Salinas de Gortari se implantó la iniciativa "Mujeres en Solidaridad". Según Yolanda, asesora ladina de J'pas Joloviletik, este programa fracasó "porque cometió de nuevo el error de que no son las mujeres las que proponen los proyectos sino que ya vienen hechos y a partir de las necesidades de las mujeres mestizas".

Por ejemplo, se repartieron molinos de nixtamal por las comunidades con la idea de disminuir las horas de trabajo de las indígenas. Pero no se dio ninguna capacitación para su manejo y uso. Y sucedió que en algunos lugares no los pudieron utilizar porque se precisaba luz trifásica. En otras comunidades tuvieron mejor tino y entregaron molinos de gasolina. Pero al no recibir instrucciones de manejo, se produjeron varios accidentes, varias mujeres estuvieron a punto de morir en un incendio.

Yolanda, muchacha de treinta años que lleva diez trabajando en Chiapas, afirma: "Para mí sólo les dejaron problemas. Además, la mayor parte de esos molinos estuvieron controlados por los caciques, por los hombres. Uno de los dirigentes de SOCAMA [sindicato oficial], Mariano, era el que controlaba todos los molinos".

LA GESTACIÓN DE UN PROYECTO

En la década de los ochenta, el INI y el DIF, dentro de la política oficial de respeto a las culturas y apoyo a las tradiciones, fomentaron la creación de cooperativas o sociedades de solidaridad social y, en parte, las utilizaban. Cuando el gobernador acudía a los Altos, se llamaba a las artesanas tzotziles para que con sus mejores ropas típicas lo acompañaran del brazo.

Lorenza recuerda: "Cuando organizaron la tienda cooperativa, yo era más chiquita, pero mi mamá siempre llegaba aquí. Sufrieron mucho, porque antes trabajaban otros que maltrataban a las mujeres, no les pagaban bien, tenían apoyo para un proyecto de mujeres, pero nosotras no sabemos para qué utilizaron ese dinero. Por eso allí nos juntamos todas para que sacaran a esos trabajadores". En 1992, J'pas Joloviletik cambió su forma de funcionar. Se democratiza la estructura y las representantes indígenas de cada municipio son las que establecen el trato con los comerciantes, las que fijan precios y términos. Las indígenas, en su mayoría monolingües y analfabetas, se fueron paulatinamente apropiando de su espacio, de sus recursos y de su cooperativa.

Yolanda cuenta: "Y entonces empezamos a presionar, si el INI quería ayudar, pues que apoyara los proyectos que ellas presentaban, pero que fueran ellas las administradoras, que ellas conozcan cuánto dinero hay y en qué se está gastando.

"En 1991 es mi acercamiento con la cooperativa. Marco Antonio, director del INI, mandaba los camiones del INI a los municipios para que tuvieran transporte gratuito las mujeres para ir a sus asambleas. Llegaban como quinientas de las ochocientas setenta y tres, o sea, habiendo transporte todas vienen. Y hacía unos ollones de comida, a todas les tocaba su frijol, su tortilla, su arroz y su agua. Y felices las mujeres. Eran unas asambleas increíbles".

Pero cuando Patrocinio González Garrido era gobernador de Chiapas (1989-1994), el director del INI fue acusado de malversación de fondos y despedido. Cortaron la financiación para la cooperativa de mujeres. Yolanda recibió presiones para que abandonara su cargo; cada mañana amanecían todas las ventanas de la tienda rotas.

Y llegaron más problemas: "En una de las asambleas se presentó un hombre que decía que era periodista: 'vengo a hablar contigo porque muchas mujeres y hombres indígenas van a poner una demanda en contra tuya por un fraude que estás haciendo'. ¿Qué fraude puedo yo hacer, si yo no manejo el dinero? Sólo hacía tres meses que yo estaba en la cooperativa. Me dijo: 'Eso se va a publicar, va a ser un periodicazo en contra tuya y va a circular en varios periódicos. Pero yo quiero negociarlo contigo'.

"Quedamos en hablarlo en la tienda. Me meto en la asamblea y decido contarlo a todas. Y que se prenden las mujeres: '¿Ah sí? Pues si se va a entrevistar contigo, que se forme ahorita una comisión de mujeres y de hombres y vamos a tener nuestro plan. Nosotras nos escondemos en el cuarto de la tienda y vamos a escuchar todo lo que te dice. Si se puede grabar que se grabe para que lo escuchen las mujeres de las demás comunidades'.

"Llega el periodista, se mete en la oficina y lo dejo que me explique y cuando estaba terminando, salen todas, cierran la tienda lo rodean, se le ponen al frente los señores, que hablaban español, y le dicen: 'Tú no eres un periodista, tú eres del gobierno y nos quieres chingar. Y si estás queriendo sacarle dinero a esta compañera, es como si estuvieras sacando dinero a nuestra organización'. Y lo empezaron a insultar y a decir ahorita te vamos a desnudar y a cortar el cabello y te vamos a sacar por San Cristóbal desnudo para que sepan lo que tú estás haciéndonos, porque nos estás insultando a nosotros. Las mujeres hablando: 'Otra vez nos quieren chingar, gente como tú, y vergüenza deberías tener porque tú hasta pareces indígena y seguramente ya no quieres reconocer que eres indígena. Ya no tienes corazón, no tienes un buen pensamiento, no quieres ayudar a tus hermanos y a tus hermanas'".

Yolanda salió de la tienda hacia el teléfono más próximo y habló al periódico *El Tiempo*. No conocía a Concepción Villafuerte, pero rápidamente le contó los hechos y a la directora de esta publicación le faltó tiempo para contestar: "¿Ah sí? Ahorita yo llego con dos patrullas a recoger a ese bandido, voy para allá".

En pocos minutos apareció doña Concha con tres patrullas, con sus sirenas.

"A ver tú, fulano de tal, dame tu credencial. Señores, este señor está cometiendo un delito de extorsión." Conchita hizo que los policías lo detuvieran y se lo llevaran preso. Luego permaneció un rato con las tejedoras: "Bueno, aquí el asunto no se ha terminado. Si ustedes nada más quieren dejarlo así, así se queda, lo van a detener unas horas y hasta ahí. Si quieren que esto siga, ustedes tienen que comprometerse a hacer la demanda y tienen que ir al Ministerio Público y dar la cara".

Yolanda prosigue el relato: "Todas contestaron: 'estamos de acuerdo y vamos a seguir'. Ya nos tienes a todas, en medio de un aguacero esa tarde, no teníamos camioneta en ese tiempo, y ahí vamos como cuarenta mujeres detrás de doña Concha hacia el Ministerio Público. Y ahí se quedaron las mujeres, una resistencia tuvieron, eran la una de la mañana y nosotras seguíamos. Ellas organizaron quiénes iban a ser testigos, quiénes iban a hablar, qué iban a decir... Y logramos que el tipo se quedara como seis meses en la cárcel. Pero lo que ellas querían no era ya tanto que lo castigaran, sino que dijera quién lo había mandado. Eso nunca pudimos enterarnos".

Sobre Conchita, Yolanda dice: "Ella siempre ha trabajado sola, ella siempre solita moviéndose. Es una leyenda en este lugar".

J'pas Joloviletik resistió. Actualmente la conforman más de ocho-cientas mujeres de veintitrés comunidades de los Altos de Chiapas, aunque a principios de 1996 y debido a las presiones oficiales con-tra las asesoras y contra las zapatistas, muchas mujeres la dejaron, incluida Yolanda.

Pero la cooperativa hizo que las cosas cambiaran para muchas familias tzotziles. Lucas, el marido de Pascuala, una de las mejores tejedoras de los Altos, está encantado con la participación de su mujer en J'pas Joloviletik. Y dice: "Tienen derecho las mujeres, to-dos somos iguales. Falta organizarse más y más para que se conozca el derecho de mujeres, hombres, niños, todos. No es igual como antes que el hombre la manda a la casa a la mujer. Está cambiando poco a poco".

Yolanda explica que hay algunos hombres interesados en partici-par en la cooperativa, "y no les puedes decir que no porque también es muy valiosa su participación, además como que le dan validez al proyecto ante los otros hombres; también son los que hablan más el español, así es que nos ayudan mucho a traducir las ideas y los con-ceptos al tzotzil".

La mujer que empieza a tejer, a vender y a aportar su contribu-ción imprescindible a la economía familiar recupera poco a poco su autoestima. Ultrajada a todos los niveles, subvalorada, la indíge-na está acostumbrada a no contar, a sacrificarse. La interiorización de la inferioridad es lenta de superar; va unida a una timidez exa-gerada, a un miedo a lo externo y a la tristeza. Pero la tejedora, al reconocerse como imprescindible para su familia, adquiere a tra-vés de su artesanía seguridad en sí misma.

Marcela, presidenta de J'pas Joloviletik durante 1993, sufría malos tratos físicos de su marido. A partir de su participación en la cooperativa comenzó a cobrar fuerza; iba a las comunidades y de-nunciaba ante las demás mujeres: "pues a mí, me golpea mi marido y me encabrona y ya no quiero más". Todo aquello que durante años y años había mantenido en secreto empezaba a aflorar. Hasta que su marido la amenazó seriamente: "si vuelves a llegar a una reu-nión te voy a matar". Entonces dejó de ser la presidenta, no acudió a más reuniones. Pero como Yolanda señala, "la idea ya estaba ahí".

Cristina es mestiza, tiene veintisiete años y estuvo todo 1994 y 1995 participando en J'pas Joloviletik. Su principal trabajo fue ofrecer a las indígenas talleres de costos de producción.

"Tomamos las prendas que hacen en cada municipio y vemos cuántos manojos de hilo utilizan, cuánto te cuesta cada manojo, cuántas horas al día te sientas a tejer, cuántos días te tardas en terminar tu trabajo, y entonces vamos viendo prenda por prenda y haciéndonos una idea de cuánto cuesta este trabajo. Acordamos que íbamos a cobrar quince pesos por día de ocho horas, que es poco pero es lo que gana un hombre y por eso se les hizo justo. Entonces vimos que, por ejemplo, los huipiles de Larráinzar, que el año pasado se vendían en trescientos pesos en la tienda, resulta que cuestan seiscientos pesos de la materia prima y horas de trabajo, y eso no incluye la preparación del telar que es difícil, tediosa y tardada. Pero también vemos en qué precio se pueden vender. Un huipil de este tipo no se va a vender en seiscientos aunque lo valga."

Muchas veces, la mujer que tiene urgencia de algún dinero llega a vender su trabajo por debajo del costo en el mercado de Santo Domingo. Para Cristina ése es un gran problema porque muchas tejedoras ni siquiera tienen la disciplina de analizar cuánto les ha costado el hilo. Pero estos talleres tuvieron una consecuencia de gran significación. Cristina cuenta la transformación de las tejedoras: "Es increíble cómo ellas se van fortaleciendo, agarrando sus ideas, más seguras de sí mismas. Por ejemplo, a una compañera su esposo la golpeaba durante muchos años, pero a partir de que empezó ella a participar y a apoyar la organización y que él también lo hizo, dejó de pegarle. Y eso es inaudito, no sucede, no es normal que te dejen de golpear, es algo muy extraño. Ella se puso más fuerte, es como decir: 'el ingreso que yo traigo a la familia de mi trabajo es determinante, es la diferencia entre pasar hambre y no pasarla'".

EL ALZAMIENTO ZAPATISTA

Cuando estalló la guerra el 1° de enero de 1994, la cooperativa de tejedoras reanudó una efervescente actividad. Fue una de las primeras organizaciones en salir a la calle, en manifestarse por la paz y en exigir una solución negociada.

A raíz del levantamiento zapatista y la aparición de una Ley Revolucionaria de Mujeres, se hicieron talleres de discusión y debates sobre la importancia de mantener las costumbres y tradiciones de los pueblos indios, para eliminar aquellas que sean injustas. Fue un súbito despertar, una imperiosa necesidad de saber. Las indígenas empezaron a preguntar muchas cosas, por ejemplo, qué significa eso de "derechos humanos", pues la palabra no existe en tzotzil. El mundo de las tejedoras se veía sacudido y ellas impelidas a entender, participar, tomar partido.

A partir de enero de 1994, dice Cristina, "las mujeres ya hablan de política, ya saben que existe este movimiento zapatista, ya pueden decir de corazón si están de acuerdo o no, ya pueden hablar entre ellas de cómo han vivido durante todos estos siglos de opresión. Esto para mí es clave porque tiene que ver con sus hijas, sus hijas ya están escuchando otras palabras, otros pensamientos. Los cambios se van a estar en las niñas, en las jóvenes, porque son las que están llegando a las reuniones, aprendiendo a distinguir entre las costumbres que son buenas y malas".

Entre las mujeres de la cooperativa se extendió el orgullo de ver que la comandante Ramona del EZLN, delegada en el primer diálogo con el gobierno en San Cristóbal, no sólo es mujer, sino que además es tzotzil y lleva un huipil bordado como los que ellas tejen. Las de J'pas Joloviletik concluyeron: "Ramona nos dice que podemos, que las mujeres tzotziles tenemos ese poder, nos está diciendo que podemos salir adelante".

Yolanda explica que con la aparición de las insurgentes armadas del EZLN se empezó a poner de moda en el ámbito feminista la mujer indígena: "Antes ni existía. A nosotras, en septiembre de 1992, se nos ocurrió asistir al séptimo encuentro feminista en Acapulco, Guerrero. Fueron algunas mujeres de la cooperativa, llevábamos artesanía y una pequeña ponencia. Pero nadie, de las ochocientas o mil que participaron en ese encuentro, se interesó por la mujer indígena. Tuvimos que hacer una presión para que hubiera un pronunciamiento sobre los 500 años. Yo les digo ahora: 'Ojo maestras, porque así como hay indígenas, está el movimiento popular urbano, las amas de casa, las prostitutas, las niñas, los niños... Incorporemos también dentro de este análisis a esos sectores, vayamos abriendo espacios para que también ellas puedan participar'. La Rosario Robles del PRD decía que ya ellas representaban a las mujeres indígenas y demostraban que sí existían. Pero yo pienso: tuvieron que salir con armas, porque si no llegan a salir con sus armas quién se iba a acordar de ellas".

AMENAZA Y AGRESIONES A LA COOPERATIVA

Cuando empezó el hostigamiento más directo contra la cooperativa fue en mayo de 1994. Las tejedoras habían participado no sólo en todas y cada una de las manifestaciones por la paz sino también en el cinturón civil de seguridad alrededor de la Catedral durante el primer diálogo entre el gobierno y los armados.

A partir de entonces, la sede de la cooperativa empezó a ser vigilada y asediada. Incluso algunas noches entraban a registrarla con una clara intención intimidatoria. Por las mañanas aparecían los costales de lana desparramados o las mujeres encontraban a faltar un mantel en una de las mesas. Dos tejedoras sufrieron extrañas visitas en sus cuartos vivienda con la intención de sacarles información.

Por aquel entonces, J'pas Joloviletik asistía a las primeras reuniones de la Asamblea Estatal del Pueblo Chiapaneco. Dos militares provistos de sus respectivas charolas se presentaron en la tienda y exigieron hablar con Yolanda "sobre el conflicto en Chiapas".

El día 19 de mayo de 1994 inició un foro para mujeres sobre el artículo cuarto constitucional. Eran las ocho de la noche cuando Yolanda fue hacia su coche para irse a descansar. Al llegar al auto, se dio cuenta de que detrás había una camioneta Ford con varios hombres que la habían estado siguiendo. "Vi que el que está del lado de la ventanilla se agacha y saca algo, veo que empiezan a cargar unas pistolas. Me echo a correr, en sentido contrario, ellos aún arrancan en reversa para seguirme."

Después de este suceso, empezaron las llamadas anónimas a la cooperativa. Lorenza descolgaba el auricular y oía: "Pinche indita, te vamos a matar". Cuando Yolanda contestaba, una voz masculina le decía: "Si tú no dejas de trabajar, vamos a matar a una de tus inditas". El interlocutor profería insultos y colgaba.

Estas amenazas sembraron mucho miedo y angustia entre las mujeres de la cooperativa. Algunas dejaron de ir. Una tarde, estaba Lorenza sola en la tienda. Un hombre se coló e intentó golpearla. Yolanda cayó en una crisis emocional, no sabía cómo actuar. Lorenza no podía más, sentía que en cualquier momento podían matarla. Las reuniones de J'pas Joloviletik se convirtieron en foros donde las mujeres se sentaban a llorar.

Concepción Villafuerte intervino de nuevo. Removió cielo y tierra, puso una denuncia en la Comisión Nacional de Derechos Humanos, habló con la Secretaría de Defensa, ayudó para que en la *Doble Jornada* se publicaran los hostigamientos.

No por ello se arredraron las tejedoras. A pesar de este clima de tensión y miedo, decidieron impulsar la campaña de Amado Avendaño, candidato de la sociedad civil al gobierno de Chiapas, con registro del Partido de la Revolución Democrática.

Tras sufrir un "accidente" que casi acaba con su vida –y que acabó con la de tres personas que lo acompañaban–, Avendaño queda fuera de juego y su esposa Conchita retoma la campaña. Las mujeres tzotziles sienten renacer su fuerza y siguen adelante. En el fondo, se dan cuenta de que otras organizaciones sufren los mismos hostigamientos.

LA DIFÍCIL RESISTENCIA DE LAS ZAPATISTAS

Lorenza, como presidenta de la cooperativa, dice que todas están pasando por una etapa difícil después del alzamiento zapatista: "Ahora no se vende, no hay turismo; nosotras hacemos nuestros bordados, nuestros tejidos, pero no sabemos dónde los podemos vender, porque aquí pasa una semana y ni un centavo. Yo manejo el dinero de la cooperativa, las tejedoras llegan a pedir, pero de dónde voy a saldarles si no hay venta. En muchas comunidades hay mujeres que tienen que comprar maíz para su alimento, no tienen tierra y a veces no comen porque no tienen dinero para comprar el maíz. Así está mi familia ahorita. Así sufren las mujeres. A veces sí tienen terreno pero no creció bien la milpa y no da maíz y así sufren los niños".

Entre las tejedoras, hay muchas que están integradas en el EZLN como bases de apoyo; ésas son las que peor lo están pasando: "Las mujeres que están organizadas en eso que levantaron los zapatistas no tienen dinero para comprar jabón, para comprar sal, nada, sufren más. Hay muchas necesidades entre las mujeres organizadas, algunas que no tienen maíz, no tienen ropa. Y sufren más porque no tienen tiempo para buscar un poco de dinero. Lo que pasa es que tienen que apoyar a los que sufren del EZLN, mandar un poco de maíz y frijol, un poco de azúcar para los que no están en su casa. Pero no saben dónde van a encontrar el dinero para apoyar a los demás, sufren porque no tienen qué mandar".

Además, los y las zapatistas no aceptan jamás la ayuda oficial ni las despensas que llegan de mano del ejército que los persigue.

"Ahorita ya ni siquiera van a hacer su solicitud con el gobierno, porque antes siempre lo hicieron pero nunca les dieron nada. Por eso ahorita ya no, ya no lo aceptan, porque ya sufrieron las mujeres y ya lo conocieron cómo es el gobierno."

A pesar de las acuciantes dificultades, aquí nadie se rinde, dice Lorenza: "Las mujeres no están pensando en que lo van a dejar pendiente; quieren seguir luchando, van a seguir hasta que el gobierno cumpla con lo que piden los indígenas".

174

En Venustiano Carranza la lucha por la tierra se pierde en los anales del tiempo. En la memoria colectiva de las indígenas no existe otra realidad que la pobreza, el trabajo y los intentos de los comuneros por lograr espacios para cultivar.

A ellas les toca una parte muy cruel de la lucha, son las viudas de cientos de campesinos. Son las que quedan con los niños cuando los hombres van a tomar un predio, son las que acarrean el pozol y las tostadas en los plantones.

Las mujeres de la Casa del Pueblo de Venustiano Carranza, municipio principalmente tzotzil, han formado una cooperativa de artesanas y entre sus proyectos está abrir una tienda donde vender sus tejidos, sus bordados, los alegres colores con que visten sus faldas, las blusas, consideradas de las más bonitas y variadas de todo Chiapas.

Al entrar en la Casa del Pueblo, lo primero que llama la atención es la inmensa pintura mural con un Emiliano Zapata que decora el recinto. Por toda la pared están presentes los grandes héroes populares de América Latina: Che, Sandino, Martí... con una pequeña explicación de sus hazañas.

Una vez en el interior de la sala, sobrecoge al visitante el altar lleno de flores y velas que preside una exposición de decenas de fotografías masculinas enmarcadas, dispuestas en interminables hileras en la pared. Son los muertos. Son sus muertos, los de la lucha por la tierra, los muertos de Venustiano Carranza, la cuota de sangre pagada para que en el fondo todo siga igual. A éstos hay que añadir los que murieron sin haberse retratado jamás.

Era marzo de 1995. En la Casa del Pueblo todo eran lamentos. Unos hombres nos acompañaron al lugar de los hechos: un terreno baldío que los campesinos reclamaban para sí. Llegó la policía judicial y hubo balazos. Dos de ellos murieron. En el velatorio, dentro de una humilde casa, varias mujeres con lágrimas en los ojos acompañaban al difunto, metido dentro de su ataúd, rodeado de flores. La viuda se acercó y le acarició el rostro. Lloraba a gritos, como rezando una letanía.

Quedamos impresionados y dijimos que ya nos íbamos, nos dirigimos al coche. Pero nos alcanzaron unos hombres y nos exigieron que fuéramos a ver al otro muerto. "No pueden irse, es por los familiares, por la viuda, tienen que llegar." Nos exigían dar testimonio de esos muertos, que no fueran en vano, que al menos alguien los viera. Fuimos. Otra choza pobre; afuera, los niños y los hombres; dentro, una mujer joven desconsolada volcaba sus gritos sobre el féretro rodeado de flores. Otras mujeres la acompañaban, sentadas en sillas, formando un círculo alrededor del difunto.

Ambas, las dos viudas, quedaban solas y cargadas de hijos que alimentar.

ESTA TIERRA ES NUESTRA

Dentro de la Organización Campesina Emiliano Zapata (OCEZ), que domina este municipio, ha habido desde hace décadas una división. Han quedado por una parte los campesinos de la OCEZ-Casa del Pueblo y por otra los de la OCEZ-CNPA (Coordinadora Nacional Plan de Ayala).

El documentalista Carlos Martínez hizo un video a mediados de 1994 donde aparecen las mujeres de Venustiano Carranza contando las raíces de sus luchas, sus problemas y su vida cotidiana. María, una señora de treinta y cinco años, explica que la escisión de la organización no fue buena para nadie: "Para mí es muy triste, porque eso nos trae más pobreza, más miseria. Ya no podemos trabajar libres, no podemos trabajar con gusto, estamos ahí con esos pleitos..."

En nombre del grupo de mujeres de la Casa del Pueblo, una joven toma la palabra para manifestar sus deseos: "El futuro que buscamos es que haya paz para que ya nuestros maridos trabajen con gusto, ya no estén con el temor de que en cualquier momento los vayan a buscar en sus trabajaderos; que nuestros hijos ya vayan a la escuela sin el temor de que el grupo dividido o el ejército o gente del gobierno los vayan a buscar o los meten presos. Y después ya ni nosotras sabemos dónde está nuestra gente".

La joven de Carranza prosigue: "Queremos vivir en paz, en unión, queremos paz en Chiapas y en todas las comunidades que han sufrido represiones por parte del gobierno, ya estamos cansadas y no queremos más sustos".

Otra mujer, de mediana edad, interviene y agrega: "También quisiéramos que subieran los hijos". Carlos Martínez le pregunta sobre su descendencia: "Tengo diez hijos, pero sólo seis viven, cuatro tengo muertos. Dos viven fuera de mí, cuatro tengo en mi poder todavía".

Nótese lo expresivo de sus palabras: "que suban los hijos". Y también el hecho de que dice tener diez hijos, los muertos siguen contando. Los que no han abandonado el hogar familiar están "en su poder", los otros "viven fuera de mí".

De momento, las mujeres trabajan en colectivo en su cooperativa de tejedoras: "Cada semana tenemos asamblea. El trabajo lo hacemos pues y lo vendemos, compramos hilera, lleva mucho trabajo. Nuestra mamá nos enseñó a trabajar, nuestras abuelitas. Nosotras enseñamos a nuestras hijas, llegamos a fallecer y ya las hijas quedan trabajando, sólo así".

Una anciana explica: "Cuando la mamá mira que ya estamos grandecitas nos enseña pues, 'vas a hacer tu telita', dice, y de ahí si no lo aprendemos nos pega a las manos. Con miles de trabajos una aprende a hacer los dibujos y todo. Casi nos crió así mi mamá en puro trabajo, estuvimos así sufriendo cuando venimos criando".

Teresa refiere cómo ella aprendió el oficio: "Es la vida pues, no es un curso, el destino que nos lleva, la necesidad nos hace aprender. Yo quedé chiquita cuando mi mamá se murió. Y ni mi ropa tengo, no puedo tener porque no la sé hacer. Esa misma necesidad me hizo reaccionar y así yo aprendí a tejer de memoria."

Una mujer tzotzil de unos treinta años se asoma y descarga toda su ira contenida. Y surge de su relato el testimonio del papel de la mujer en las tomas de tierra: "Porque nosotros sufrimos bastante, sufrimos por culpa del gobierno, por culpa de los ricos también, porque de pobres siempre nos ha de costar para que logremos un pedazo de tierra, una lucha, un movimiento... Así pues, tenemos que sufrir parejo, tanto los compañeros como las compañeras, porque cuando nuestros esposos se van a una toma de tierras, la tierra que ellos necesitan, nosotras tenemos que sufrir también.

"No nos importa dejar a nuestros hijos aunque sea tomando vil pozol, frijolitos, con tal de estar nosotras también en la lucha, esperando cómo van a regresar los compañeros, o cómo están allá. Y nuestros esposos mandan pedir sus bastimentos, su pozolito es lo que se les manda porque somos pobres".

Y se extiende a hablar sobre la pobreza: "Porque... por ejemplo, sale la cosecha, maíz y frijol, no vale una cantidad lo poco que sale. En vez de que suba, el precio baja. Cuando va a salir la cosecha tenemos que sacar la deuda y pagar lo que debemos. Ni para paga de un par de huaraches queda a nuestros maridos".

También para los niños, la lucha por la tierra forma parte de la realidad cotidiana. Una señora explica: "Hay niños que miran lo que nosotros sufrimos, mis hijos dicen, '¿será que voy a ir a la comunidad o vamos a luchar pues?' 'Sí mamá, porque allá está mi papá luchando, también nosotros tenemos que seguir lo que mi papá nos está enseñando.' Y yo les digo: 'Yo voy a ir, hijos, pero sólo si ustedes quedan contentos aunque no haya quien los atienda, quien les haga sus comidas'. Ellos dicen: 'Pues de eso, mamá, no se preocupe usted, deje usted aunque sea nuestro pozol y de ahí usted se va. No sé si va usted a venir o si se va a quedar a dormir, no sé, pero nosotros nos estamos metidos en la casa. Pero cuando seamos grandes lo que mi papá nos está enseñando es lo que vamos a seguir también'".

No es fácil enseñar a los hijos el proceder correcto: "Les hacemos ver a nuestros hijos que el camino que nos enseñan nuestros padres, ése tenemos que seguir. Y nunca nos dejamos engañar si alguien nos va a decir 'te vamos a pagar cien mil o doscientos mil pesos, vení con nosotros'. Eso no, no nos dejemos engañar por esa persona. Eso les andamos enseñando a nuestros hijos, que donde está la comunidad, donde está la misma masa, nosotros pobres y nuestros compañeros, indios, como se dice que somos, ahí mismo tenemos que estar. Porque la división que hay yo creo que es idea de los ricos o del gobierno. Y siempre vemos que cuando son gente del gobierno no les hace falta nada, trabajen o no trabajen, tienen suficiente comida. Pero cuando no nos dejamos engañar, si hemos trabajado, vamos a comer, si no, no hay comida, porque no somos gente del gobierno".

Marta, otra mujer madura, explica cómo ella de niña ya vivió las luchas campesinas y que en el tiempo de sus abuelos... "ya había lucha, pero no había una casa como ésta donde estamos así ahorita, unidas. Nuestros papás hacían sus reuniones así dondequiera, se salían después que almorzaban y llegaban en la tarde. Llegaban a platicar ahí con nuestras mamás lo que habían informado o lo que escucharon en la asamblea. Y muchas veces, como hay niños, y niñas que son muy arriesgadas, si sabemos que hay una reunión o hacen junta, ahí vamos a orejear a ver lo que están haciendo. De ahí ya le preguntamos a nuestro papá y nos informa: 'pues ese grupo es una organización de compañeros...' Así fuimos creciendo y ya sabíamos qué es una organización. Ya grandes o ya casadas, ya vemos, si nuestros maridos son de la comunidad, con más razón los vamos a seguir adonde ellos van a estar".

Teresa cuenta su infancia y cómo los hombres consiguieron abrir la Casa del Pueblo, centro de reuniones y organización: "Mi papá ha sido comunero desde que yo tuve conciencia, y ha sido todo el tiempo comunero, desde que empezaban a hacer sus reuniones así, al aire libre o rentaban casas. Hicieron el gran esfuerzo de comprar este terreno y a pura cooperación la pudieron construir, la Casa del Pueblo. O sea que aquí nos reunimos para unirnos, para ver cómo vivir mejor".

Lo que más desearían las mujeres de Carranza es que sus hijos estudiaran y aprendieran alguna profesión. Teresa se queja: "Quisiéramos que nuestros hijos estudiaran, pero nuestros hijos están mal alimentados. Vemos como los hijos de los ricos, ellos tienen una dieta balanceada, y nosotros no, apenas si logramos darle huevos a nuestros hijos así, unos sus huevitos fritos, pero no tenemos más alimentación para que estudien. Por eso es que nuestros hijos no pasan año. ¿Por qué? Pues porque carecen de alimentación suficiente. Porque no nos alcanza lo que ganamos".

IX. Mujeres tzeltales en la selva

Corría el año 1995. Llegamos de noche al ejido Prado Pacayal. Como no hay luz eléctrica, un motor de gasolina alimentaba una bombilla y un radiocaset. Todo el pueblo estaba reunido en la cancha de baloncesto y algunas parejas jóvenes bailaban al son de la cumbia. Era el día de la madre y en toda la selva lo celebraban. No obstante, no parecía que las madres tuvieran especial participación. Seguían en un lado, juntas todas las mujeres, sin bailar, puesto que es costumbre que las casadas no bailen. Los hijos, como siempre, dormían en sus pechos o en el suelo, sobre plásticos o rebozos.

Las más jóvenes estaban dispuestas a disfrutar la noche, arregladas, limpias y con el pelo lleno de moñitos de colores o pasadores metálicos refulgentes, la melena suelta. Descalzas, delgadas, muy niñas.

Imágenes de la selva, imágenes de la cañada tzeltal donde las mujeres no entienden ni palabra de español. Contrastes de la selva, tan lejos estas tzeltales de las muchachas de Guadalupe Tepeyac.

Pero ni en El Prado ni en Guadalupe ni en Morelia ni en tantos y tantos pueblos hay instancias de justicia gubernamentales que regulen casamientos o problemas legales. La autonomía es un hecho o más bien una consecuencia del absoluto olvido.

Días después del baile para festejar a las madres, el representante de Prado Pacayal nos contó a Jesús y a mí cómo se resuelven los conflictos en la comunidad: se convoca asamblea. Y allí se ventilan todas las rencillas. Por ejemplo, si un muchacho "se roba" a una muchacha con el consentimiento de ella pero sin el de sus progenitores, los dos jóvenes van a la cárcel. La cárcel es una celda pequeña con una reja de madera en la puerta. Allí pasan veinticuatro o cuarenta y ocho horas.

Pero en el caso de que el muchacho haya pedido a los padres de su estimada permiso para casarse y éstos lo hubieren negado, no se penalizaría a los dos fugitivos, sino que se encerraría a los padres, por no respetar los deseos de los hijos.

"Así pasó últimamente", contó el representante, "un muchacho había ido a pedir a una muchacha y los papás de ella ni lo recibían, ni una silla le daban para sentarse, lo correteaban. Lo intentó varias veces y nada." En la asamblea donde se juzgó ese caso habló también como testigo el padre del joven. Varias veces había acompañado a su hijo a pedir a la muchacha, pero los trataron con mucho desprecio, ni siquiera les permitían entrar en la casa. Como los muchachos se querían, decidieron finalmente fugarse sin su consentimiento.

Todo el pueblo se erigió en tribunal y, en cierta manera de acuerdo con las leyes revolucionarias de mujeres, se decidió encarcelar a los padres de ella y reconocer el matrimonio de los muchachos. Con los suegros entre rejas, se festejó la unión.

En la cañada de Altamirano está Morelia. Allí también son "tzeltaleros" y las costumbres son similares, explica Regina. Y se va sobre el tema de las viudas: "Hay comunidades que apoyan a esas compañeras entre todos porque, ¿cómo va a dar de comer a sus hijos? La tienen que apoyar, darle un poquito de maíz, frijol, todo lo que se pueda. El tiempo que ella quiera estar sola puede estarlo pero tiene derecho a casarse, siempre que los dos sean libres. Lo que nosotros no estamos muy de acuerdo es que ahorita aquí hay compañeras que se quedan viudas pero muchas veces se ponen con un hombre que es casado, y es donde viene el problema, porque a la esposa de ese señor no le gusta. A esa persona se la castiga, a los dos. En un caso que hubo aquí, ahorita lo que hicieron es poner a la mujer a cargar piedra y al hombre a rozar potrero".

Regina cuenta cómo se resuelven los casos de malos tratos en Morelia, que como ejido zapatista no recurre para nada al aparato institucional de la cabecera municipal: "Si la mujer da parte de que la golpean, el marido va a ir a la cárcel. Sí lo denuncian muchas mujeres. Los hombres golpean cuando están tomados, si no están tomados no, a no ser que tengan problemas entre los dos, que el hombre está con otra mujer, y entonces tiene que entrar en la cárcel".

El enamoramiento y el matrimonio funcionan en Morelia con cierta rigidez: "Cuando se quieren juntar se tienen que casar. Tienen que pedirle a los papás; porque ahorita si una muchacha y un muchacho se van así nomás también los castigan, y si lo saben los papás también, primero se deben casar. Yo creo que ya no pasa que los papás no den su permiso. Los jóvenes deciden, ya no es tanto como antes que intervenían los papás, ya no he escuchado que pase eso. Pero si la muchacha y el muchacho ya tienen permiso, a veces se van así nomás los dos, y sí que los castigan".

La boda no tiene ninguna peculiaridad, expone Regina: "Se casan en la iglesia, hacen fiesta, el muchacho tiene que dar comida, pan, para los papás y para la gente. Algunos hacen baile, no todos. Ya no se tiene que pagar dote, pero sí le dan su parte al papá de la mujer, pan, carne y ya con eso. La muchacha pasa a vivir con los suegros. Si hay problemas con ellos, sacan su casa aparte y ahí ya se quedan haciendo su vida ellos".

LOS TALLERES PARA MUJERES

El grupo de mujeres de la Coordinadora de Organizaciones No Gubernamentales, Conpaz, se propuso un nuevo reto. Ya que la coyuntura había trastocado tanto la vida en las comunidades selváticas, era el momento de entrar en ellas y formar a las mujeres en algunos temas imprescindibles para afrontar las necesidades del momento. Iniciaron dos cursos: uno de salud y uno de derechos humanos y constitucionales de la mujer. El área de trabajo sería las cañadas de la selva y los grupos beneficiados, las comunidades de las distintas zonas.

Era 11 de mayo. El taller de derechos humanos debía empezar en Tierra Blanca, una comunidad de Ocosingo. Allí debían llegar las mujeres de todos los pueblos cercanos.

Las mestizas promotoras del curso contaban con la ayuda de María, una mujer tzeltal que ejercería como traductora cuando hubiera problemas de comunicación.

Llegamos por fin a Tierra Blanca y parecían sorprendidos de nuestra presencia. No nos esperaban. Nos invitaron a entrar en una cocina. Era la casa de otra María. Sus niños ya estaban acostados. Ella, descalza, estaba atizando el fuego para servirnos "cafecito" y para que la oscuridad no fuera total. Le preguntamos si iba a asistir al curso. Dijo que no, que tenía mucho trabajo: tortear, los niños, el agua, la leña.

Cuando por fin nos hicieron pasar a la escuelita donde podíamos dormir, ya lo vimos claro. No iban a llegar mujeres. Justo el día 12 de mayo, o sea a los dos días, se reemprendía el diálogo entre el EZLN y el gobierno en San Andrés y las mujeres no iban a salir de sus pueblos hasta saber qué iba a pasar, las asambleas no las querían dejar ir ante la incertidumbre imperante.

Pero a Tierra Blanca, después de casi seis horas de camino, llegaron tres mujeres. Venían de Santa Marta, un ejido en el interior de la cañada. La mayor de ellas, Guadalupe, de apenas veinticuatro

183

años pero muy envejecida, cargaba con sus tres niños. Las otras dos tenían catorce años y eran solteras.

Guadalupe nos alcanzó al día siguiente en la cocina. Daba de mamar a un hijo de casi dos años. Ella explicó el motivo de su visita: "Mi propósito es aprender cosas. Mi esposo me dijo que viniera, por eso no hay quien me esté tapando. En mi comunidad las mujeres ahí están, pero no saben nada. Ésta es la primera vez que me nombra la comunidad. Por eso siempre vine.

"Mi mamá sabe hablar un poco español, ella me enseñó. Y un poco fui en la escuela, pero no sé hasta qué año porque estaba bien chiquita todavía.

"Me gusta aprender a costurar y a escribir y a leer. Todo. Nomás si estoy enferma no voy al curso. También me gusta cantar y bailar, yo bailo de por sí, con que mi esposo baila también. Él busca la pareja. No me gusta estar toda la vida encerrada en la casa, porque si estoy toda la vida encerrada no sé nada de qué está pasando, no se conoce las colonias, las comunidades. Es como si está cerrado su ojo y toda la vida tiene vergüenza, miedo".

Lupe dirá luego que no sabe qué quiere decir eso de derechos humanos, "pero yo hice la lucha de venir a ver qué sale en el curso, a ver si lo puedo hacer o no".

Una muchacha tímida y delgada ha llegado de la misma comunidad, es Petrona. Tiene catorce años, seis hermanos: cinco mujeres y un hombre. Ella apenas habla. Dice que quiere aprender... lo quiere intentar. Entre las cosas que le gustan están: "aprender a coser ropas a máquina, a hacer pan, aprender más a leer y a escribir". Y resume: "Queremos aprender para avanzar más en nuestra comunidad".

Nicolasa, la tercera asistente, tiene la misma edad que Petrona y diez hermanos, siete mujeres y tres hombres. Tiene también ganas de aprender, porque no le gusta estar toda la vida en la casa, quiere saber otras cosas con las que ayudar a la gente. Es terriblemente tímida, habla tzeltal, y María, la traductora, pone en español sus parcas palabras.

Lupe, la mayor y animada, señala: "Allá en la comunidad no hay ningún trabajo de las mujeres, pero les gusta trabajar, escuchar, ir a un curso. Hay bastantes necesidades porque no tenemos nada. No hay escuela. Antes había pero como salieron los maestros... Los hombres se van a trabajar y nosotras trabajamos en las casas. A los quince o dieciséis años se casan las mujeres. La vida de casada no es igual a cuando están solteras, cuando tienen marido siempre es duro. El marido manda mucho, porque van a tener familia. Pero la mujer no se casa si dice que no se quiere casar todavía. Yo me casé porque me entraron a pedir y mi papá dijo que yo me casara, y así contenta, me gustaba mi marido".

A la pregunta de si las madres explican a las hijas el funcionamiento del sexo, ella niega rotundamente: "Sin saber nos casamos, no sabemos nada". Respecto a los métodos anticonceptivos, Lupe, ante los ojos redondos de las otras dos explica: "Ya lo dijeron en la comunidad que se puede planificar, pero yo creo que no lo hacen. También lo dijeron ahí que puede participar la mujer, pero sólo algunas lo están haciendo, las demás no lo hacen. Yo creo que no quieren".

En pocas palabras, esta madre de familia expresa el gran problema que enfrenta la lucha de la mujer en las cañadas de la selva. Con la revolución zapatista han penetrado nuevas ideas, nuevas iniciativas de liberación femenina que requieren todavía de largos años de incidencia para dar sus frutos reales. La conciencia de que los dos sexos deben participar ha impregnado más a los hombres en muchos casos que a las mujeres. Cuando sean ellas las que por su propia voluntad, y no por consejo del marido o de las autoridades comunitarias, decidan organizarse y participar, la labor de las insurgentes y de las organizaciones de mujeres habrá concluido y el proceso fluirá por sí mismo. Pero es necesario ir "despertando", como dicen ellas mismas. Pasar de no tenerse consideración a sí mismas, de autonegarse continuamente, a reconocerse como seres humanos pensantes y activos no es fácil.

Con Lupe, Petrona y la joven Guadalupe, comemos naranjas y charlamos. Los niños de Lupe lloran, gritan, juegan y sorben la fruta con verdadera devoción. Hace un calor canicular. Dentro de la escuelita de suelo de tierra donde estamos sentadas no corre el aire a pesar de que las tablas no encajan. El techo de lámina de aluminio convierte la estancia en una especie de olla a presión.

Lupe comienza a contar que desde la incursión militar del 10 de febrero de 1995 han vuelto a entrar bebidas alcohólicas en la selva. "Los hombres volvieron a empezar a tomar. Algunos que son malos pegan a las mujeres y niños. Eso nos afecta mucho porque el ejército abrió el camino para que entre el trago y ahora ya no los puedes meter en la cárcel porque si los metes en la cárcel a los que toman, dicen que van a traer los ejércitos."

En la región de Agua Azul, de donde es María, la traductora de tzeltal que nos acompaña, cada día está llegando cerveza, "cada campamento militar es un depósito de cerveza".

Las consecuencias para las mujeres son evidentes: "Cuando un marido toma hay veces que empieza a pegar y regañar a su mujer. Vienen muchos problemas con ese alcoholismo. Tengo una sobrina que está casada y la semana pasada su marido vendió un ganado y todo ese dinero lo perdió o lo gastó para la cerveza y la pobre muchacha no lo vio. Ahí siguió tomando y hasta pegó a su suegro; quién sabe que coraje le tiene. "Antes ya estábamos bien porque no entraba el alcohol, gracias a los compañeros que no lo dejaban pasar. Nos afecta la vida de las mujeres, a veces en la casa no hay nada ni jabón ni sal, no hay lo que necesita la mujer y sólo el hombre está gastando su dinero".

YA NADA SERÁ IGUAL

La conversación deriva en las distintas costumbres entre indígenas y ladinas. En los pueblos tzeltales, las muchachas no hablan con los hombres. Lupe replica: "Ah no, si es su novio y tiene permiso, sí puede, pero si no, no".

Entonces digo yo: "¿cómo nos ven a nosotras, mestizas, que llegamos, hablamos con todos, venimos revueltos hombres y mujeres, nos hacemos bromas, nos besamos en la mejilla aún no siendo pareja?"

María contesta: "Lo vemos bien porque es otra cosa, otra costumbre. Sí que nos gustaría hacer como ustedes. Así como ustedes vienen a la comunidad y hablan con los hombres, creo que ya es así el modo de hacer de una persona que sale. Todavía no sabemos nosotras pues como es la costumbre que casi no salimos [de la comunidad], nadie conocemos, ni hombres ni mujeres, sólo estamos en la casa, sólo conocemos dentro de la familia. A veces no conocemos bien ni dentro de la comunidad, no sabemos cómo estamos. A veces nos suplica nuestro papá que no salgamos, que no contestemos si uno nos dice cosas... Entonces la mujer, para que no haya un maltrato, no sale de la casa.

"Así es la costumbre, ustedes no tienen vergüenza y nosotras sí, además nosotras no sabemos español. No es que lo veamos muy mal, sino que así es cada quien. Es muy importante que haya un acuerdo y que el hombre entienda que la mujer también puede participar, que podemos hacer muchas cosas."

Reina ha estado en uno de los campamentos de paz que se instalaron después de la incursión militar del 9 de febrero de 1995. Ella ha convivido durante meses con los tzeltales de la comunidad.

186

Con las muchachas se ha reunido muchas veces, les ha hablado de sexo, les ha llevado pintalabios y colorete y sin ningún pudor les ha preguntado y las ha hecho discutir sobre la pareja. Ellas han estado encantadas. En su encierro selvático, las indígenas muchas veces no saben que hay otras costumbres y otras formas de relacionarse. Los campamentos civiles por la paz han abierto el horizonte de conocimiento para muchas. "Ya nada será igual", concluye Reina.

Pero el proceso es lento. Muchas veces son las mismas mujeres las que se resisten a romper su encierro. Aunque sus maridos no se opongan a que ellas salgan, no lo hacen, incluso se niegan.

Las que se atreven e inician todo un trabajo de concientización femenina se ven abocadas a muchas críticas. María lleva cuatro años intentando organizar a las mujeres de la zona de Agua Azul. "Los hombres dicen que nosotras, las de la organización de mujeres de la ARIC (Asociación Rural de Interés Colectivo), queremos dividir a las comunidades. Pero lo que queremos es que la mujer sepa cuál es su derecho, que también pueden dirigirse y comunicarse con otras compañeras, aprender, estudiar... Que despierten pues las mujeres. Tenemos que cambiar un poco, no estamos queriendo dividir; los que así dicen es porque quieren que toda la vida estén encerradas en la casa las mujeres."

LA PALABRA DE MARÍA, MUJER EN LA DOBLE LUCHA

María viste como las tzeltales de la cañada de Agua Azul, hermosísimas. Una blusa blanca bordada de flores alrededor del amplio escote, con puntillas blancas, y una falda de mezclilla larga y azul con cintas horizontales de todos los colores. Su cabello negro recogido en una trenza y adornado por una flor de tela roja. María tiene treinta y cinco años y no se ha casado. Tumbada en una hamaca dentro de la escuelita, expresa su deseo: "Queremos que las mujeres se organicen, se reúnan, para que aprendamos a participar en la comunidad, o en la iglesia, o en la organización. No sólo que esté con su boca cerrada y con los brazos cruzados".

Después de varios años de lucha, María dice con amargura: "A nosotras, yo y una compañera, siempre nos critican, dicen que no estamos haciendo bien nuestro trabajo, sólo estamos mostrando mal ejemplo al pueblo. Como nosotras salimos de la comunidad, se burlan diciendo que estamos con otros hombres, que estamos abrazándonos y besando en las calles de Ocosingo".

Esos prejuicios son los más arraigados en los hombres, confiesa

187

María, "y por eso no dejan salir a sus hijas, a su señora, piensan que va a buscar otro marido, así dicen en la comunidad".

María tiene que soportar todos los berrinches de los hombres: "Nos dicen que ya estamos en otro lado, que no estamos en la organización, pero no es cierto. Estamos aguantando, pero ya no queremos aguantar, queremos descansar, a ver si encuentran otras compañeras así como nosotras. Nosotras estamos aguantando las críticas, los chismes que nos están dando. Si es así o si no es así, pues que pongan a alguien que lo mire y lo vigile, pero si la gente lo cree, pues que busquen otras, ya no podemos más nosotras".

María, delgada y ligeramente triste, reemprende su relato. Le pregunto sobre los inicios de su participación política y de repente queda clara para mí la diferencia entre la teoría y la práctica. Por teoría, los indígenas de izquierda deciden que la mujer debe participar y organizarse, pero luego, cuando lo hace como le ocurrió a María, los hombres se vuelven en contra de ella y no aceptan su progreso. La historia de María es un ejemplo de ello, ahora la critican, pero al principio ella no quería cambiar su vida. Fue la comunidad que la nombró para organizar a las mujeres: "Nos nombró la asamblea, a una compañera y a mí. Nosotras dijimos que no vamos a poder, pues no tenemos el conocimiento, no sabemos qué vamos a hacer, da miedo, y al hablar en frente de la comunidad o de una reunión ya casi estamos temblando, qué vamos a decir, no podemos. Pero poco a poco nos acostumbramos a ir a la reunión y a participar y se va quitando el miedo. Al empezar lo sentimos muy duro, muy difícil. Si nosotras hacemos la lucha, poco a poco se va quitando la vergüenza. Cuando entramos no sabemos hablar bien el español, nos da pena, qué tal si no es así como lo digo..."

Lupe interrumpe la plática y expone su caso: "Mi esposo está de acuerdo si yo quiero salir, pero soy muy vergonzosa y me encierro en la casa y no salgo. Pero una parte de mí es así y otra parte no. Si tenemos todo el tiempo vergüenza no vamos a salir adelante. Nos la tenemos que quitar poco a poco".

María retoma la explicación: "Hemos visto que las compañeras que van por primera vez a un curso, a un encuentro, tienen mucha vergüenza; si hablan tapan su boca con la mano, eso es porque no podemos hablar bien castilla, por la vergüenza, por el miedo".

La mujer no siempre sigue adelante con su superación personal como María. Muchas veces prueba la libertad pero regresa presurosa a su encierro: "En mi comunidad hay una compañera que salió porque la nombraron para un curso en Don Bosco. Aceptó y se fue. Pero no se halló allí y se regresó luego. Se acordaba de que en la casa tiene pollos, puercos, y eso es lo principal para ella pues. No se halla en la ciudad porque sabe que tiene esos animalitos y que a lo mejor se van a morir.

"Yo siempre salgo y le van a decir a mi mamá: cómo está la María, y por qué siempre sale y sale. Mi mamá contesta: 'ella no tiene pollo, ella no tiene puerco, para eso estamos nosotros como padre y madre, nosotros los cuidamos'. Y así le preguntan que cómo estoy consiguiendo mi ropa pues no vendo gallina ni puerco. Me critican mucho porque siempre salgo si me llaman de la parroquia, a veces me mandan a otro estado: 've a conocer'. Y a veces hay mucho lodo, a veces está lloviendo, pero yo salgo.

"Piensan que a lo mejor estoy agarrando mucho dinero, que ya estoy con el gobierno, que cómo estoy viviendo así, que siempre salgo unos quince días o diez días y cuando hay asamblea siempre regreso ahí".

El hombre que tenía autoridad sobre María, porque no está casada, entendió y aceptó el camino tomado por ella: "Mi papá está de acuerdo. No me dice nada, no me dice 'ya no te vayas', nada más me dice que me cuide. Él sabe que salgo con las hermanas de la parroquia, a veces con las que ya conocemos. Mi papá ya sabe lo que estamos buscando, lo que queremos pues, que haya mujeres, que haya compañeras preparadas para poder enseñar y compartir con otras compañeras. Mi papá me dio la libertad, me da consejos: que hay que cuidarse allá donde vaya a ir, que hay que ver bien que no nos vaya a pasar algo en el camino..."

Fue una concatenación de casualidades las que llevaron a María a convertirse en líder de mujeres y romper la tradición del encierro femenino: "Primero me salí por una enfermedad y me quedé un año en el hospital de Altamirano. Mi papá me dijo que si me quiero quedar allí en el hospital porque no tenemos dinero para ir y regresar. Las hermanas me preguntaron si había terminado mi primaria, si sabía leer y escribir; les dije que un poquito. Entonces me dijeron que iba a entrar en el curso de enfermería. Luego regresé a mi comunidad.

"A mi tío lo picó una culebra y mi papá ya no podía irme a dejar a Altamirano y ya no fui. Me quedé en la casa.

"Hubo una reunión de zona de catequistas y entré en el curso de catequista, y al segundo curso ya era catequista. Pero la comunidad no quiso otra vez, que cómo voy a ser catequista siendo mujer: me criticaron mucho.

"Desde antes participamos en la ARIC. Empezaron a decir que las mujeres tienen que participar en las organizaciones y en la palabra de Dios. Entonces buscaron coordinadoras de zona y la asamblea nos nombró a mí y a mi compañera para que nosotras quedáramos como coordinadoras de la región de Agua Azul. Era una asamblea sólo de hombres; había algunas compañeras, pero no todas.

"Pasamos a ver en cada zona a las compañeras, reunimos sólo a las mujeres. En la región no se juntan las mujeres porque hay comunidades muy lejos. Mejor en cada zona para que puedan llegar a la reunión. Hay tres zonas en la región donde estamos y pasábamos en cada una a platicar con las compañeras y a decir qué es lo que vamos a hacer, que nosotras también podemos salir.

"Empezamos a impulsar un trabajo colectivo de pollo o de panadería, a ver qué pensábamos como mujeres, cómo vamos a participar, cómo vamos a tener algo en la comunidad.

"Cuando se reúnen los delegados de la ARIC, ahí llegamos a informar cómo van las compañeras, si se reunieron o no. En una asamblea regional decimos en qué comunidades vamos a pasar y de qué vamos a informar, y ahí nos ponemos de acuerdo y salimos.

"Nosotras salimos solitas, nadie nos acompañó; tenemos miedo: qué tal que nos pase algo en el camino. Pero gracias a Dios no encontramos nada. Éramos dos. Antes éramos cuatro, nosotras dos más dos compañeras así de catorce años, pero ellas todavía no participaban, tienen miedo, vergüenza. Pero ahí salíamos las cuatro, caminábamos en la carretera a pie, como no hay carro. Y donde lleva horas el camino en la montaña, nos vienen a alcanzar; pero de nuestra casa solitas salimos. Poco a poco se nos quitó el miedo. Era como en 1991 que empezamos. En el 92 ya recorrimos la región.

"Cuando empezó el problema del 94 ya no hicimos nada. Ya no podíamos salir porque hubo mucho miedo y problemas. Los compañeros nos criticaron otra vez porque no habíamos reunido las compañeras. 'Cómo vamos a reunirlas, si hasta ustedes no quieren salir como hombres, qué menos van a salir las mujeres de sus comunidades.'"

María explica un hecho que luego pude comprobar en distintos parajes de la selva. Cuando se trata de encuentros o recados dirigidos a las mujeres indígenas, los encargados de hacer llegar la información son prácticamente todos hombres, no ponen la suficiente atención; sólo si el mensaje lo transmiten las mujeres se tiene certeza de que llegará a su destino: "El mes de enero de 1995 hicimos unas reuniones de mujeres, en todas las zonas nos reunimos pero no llegaron todas las compañeras, llegaron pocas. Los que hablan en el radio no pasan bien la información. Creían que era un curso de parteras: eso medio decían en el radio los hombres. Pero era un encuentro de las mujeres sobre la palabra de Dios. Sólo las de unas dos comunidades llegaron".

En otra entrevista, en Morelia, Regina contaría más o menos lo mismo: "Cuando nosotras invitamos a las compañeras a una reunión del proyecto de mujeres, ellas sí vienen, pero cuando se les avisa a través de los compañeros, no vienen. Ellos dicen que sí pasan el mensaje, pero las compañeras no lo reciben. Todavía no se sabe si son ellos o son ellas".

No sólo ese obstáculo enfrentan las mujeres. También en el mundo indígena y rural surge la polémica y el afán de tildar a cualquier intento feminista de separacionista. María ha sufrido estas acusaciones: "En la última reunión dijimos que queríamos poner un nombre para la organización de las mujeres, pero los hombres se opusieron. Dicen que eso es una división como cuando se dividió la organización. Pero en otras tres regiones están de acuerdo, porque ven la necesidad de nosotras. A veces llegamos a pedir sello o firma de las autoridades y no nos lo quiere dar, quién sabe qué piensan también las autoridades, porque somos mujeres que lo pedimos.

"Es cuando vimos que queremos sacar un nombre para la organización y ya no tener que pedirles. Si hay otra reunión vamos a llegar a preguntar qué piensan de nuestro trabajo: está bien lo que estamos haciendo o no está bien, porque ya hicimos la lucha durante cuatro años, ya nos cansamos y encima nos tratan mal.

María tiene una visión conciliadora de las tensiones que se vivieron en la zona de la selva a partir de que el ejército se posicionó en todas las cañadas: "Es muy importante que nosotros como pobres nos unamos, no como ahora que hay muchos problemas entre pobres, entre hermanos, y nos criticamos, que si uno está en contra del gobierno, otro no, siempre chocamos... También por el dinero nos vendemos, pues; la otra organización [ARIC *oficial*], como son del PRI, reciben dinero. La gente dice esas cosas porque está mirando la necesidad, no tiene dinero; ahí es donde nos puede dividir el gobierno. En donde quiera ya estamos escuchando que tiene que haber coordinación para tener fuerza. Es muy importante que mujeres y hombres sepan cómo está la lucha y cómo vamos a seguir".

191

Segundo viaje con el proyecto de mujeres. Esta vez iban a ser simultáneos los cursos de salud y de derechos humanos en la cañada de Altamirano. En dicha ciudad, una de las hermanas de la parroquia advirtió: "No van a llegar las mujeres a vuestro curso". Llegamos a Belisario Domínguez sin contratiempos, ya entrada la noche.

En el camino observé ya por enésima vez la presencia de mujeres mestizas en contraste con los pocos hombres ladinos: en Altamirano, las monjas; en Morelia, dos muchachas en el campamento de paz, y en el hospitalito, las doctoras.

Pero como contraste, en las comunidades indígenas de la selva sólo había hombres. Sobre todo la primera noche. Un hombre nos recibió, otros dos nos acompañaron mientras esperábamos respuesta y otro más nos invitó a exponer la idea de los talleres ante la asamblea ejidal.

Nos llevaron a la casita de techo de zinc donde estaban todos los hombres del pueblo reunidos. Eran como unos cincuenta. Estaban sentados en bancas dispuestas como en una iglesia, en hileras. Otros estaban con la espalda contra la pared. Y delante de todos, las autoridades del pueblo frente a una parca mesa de madera vieja. La única iluminación era una vela. La ondulante llama permitía distinguir esa aglomeración de hombres rudos de campo, con sus sombreros o cachuchas, sus camisas o camisetas ajadas, sus huaraches o botas de hule.

Nos hicieron tomar lugar en una banca junto a la pared. Pareciera que nos iban a juzgar y condenar. No entendíamos nada de lo que hablaban puesto que lo hacían en tzeltal o tojolabal. Al cabo de un rato dijeron que podíamos hablar. Las mujeres de Conpaz expusieron el tema con mucho tacto, sobrecogidas por la penumbra del lugar.

Una de ellas se levantó y expuso con detalles su proyecto de formar promotores de salud femeninos en las comunidades de la zona. "Las mujeres pueden así aprender a curar enfermedades propias de la mujer, ayudar también a su comunidad, a los niños, y trabajar, eso sí, con la ayuda del promotor de salud ya existente.

"Todo lo que demos en el curso lo sabrán ustedes porque se les pasará una copia por escrito, para que conozcan lo que estamos viendo y ver si les parece bien."

Hubo un cierto revuelo. Los hombres cuchicheaban entre sí. No dedicaban ninguna sonrisa.

"Ejem", carraspeó una de las maestras del curso. Y con grandísima profesionalidad empezó a exponer el proyecto de capacitación en derechos humanos para las mujeres.

"Por la situación que se vive en la zona desde enero de 1994, creemos que es importante que las mujeres conozcan los derechos humanos. Saber qué ha de hacer si está sola porque el marido está en la milpa. Qué hacer si roban en la comunidad o si entra el ejército, cómo hacer un acta, una denuncia..."

"El curso de salud es para dos mujeres por comunidad, que deben ser nombradas. Al de derechos humanos pueden llegar tres o cuatro; tenemos previsto empezar mañana."

Cuando terminó de hablar, comenzó la discusión en lengua indígena. Entre sus largas frases se alcanzaba a distinguir alguna palabra en castellano como "parejo". Debían decir que estas mujeres quieren que todo sea parejo entre los dos sexos, cosa que no era del agrado de muchos... También se escuchaba de vez en cuando "derechos humanos". El comisariado ejidal puso el ejemplo: "como en la Biblia, para los derechos humanos van a estudiar cómo son, en qué versículo está..." (eso es lo que interpretamos que explicaba).

Por suerte, la autoridad del pueblo dijo que para él no había ningún problema en que se realizaran los cursos. Y acordaron entre todos que al día siguiente iban a convocar una asamblea de mujeres para que ellas decidieran quiénes iban a asistir.

Suspiramos aliviadas, nos levantamos y muy recatadas salimos del recinto; la asamblea continuó. Afuera la luna iluminaba los recodos de la noche.

A diferencia de otras veces y de mi experiencia respecto a la hospitalidad indígena como periodista, ahora que acompañaba al grupo de mujeres apenas nos ofrecieron un poco de café frío y una caja de tortillas tiesas.

Y eso que las que hablaron en la asamblea ejidal fueron cautelosas en extremo. Insistieron en que siempre los hombres conocerían el temario de los cursos y ellos tendrían que aprobar todo lo que se enseñara.

Al día siguiente amanecimos con nuevos ánimos y hambre. Antes de esperar un desayuno que nunca iba a llegar, dos de las mujeres de Conpaz fueron directas a la cocina de una lugareña y le pidieron permiso para utilizar su fogón de leña y preparar unos huevos de los que traían. Elena, la señora, resultó encantadora. Desayunamos en la renegrida mesa de su jacal mientras ella iba moliendo maíz y haciendo tortillas. Tenía unos veintidós años y cuatro hijos. Nos contó que estaba tomando pastillas anticonceptivas y así se sentía mejor, porque le llegaban los niños muy seguidos. Y además su madre había muerto de toxemia gravídica, determinó la doctora, es decir, en el parto, y a ella le daba miedo que le pasara igual. Nos explicó que se había llegado a un acuerdo en la comunidad para usar condones, "hulitos" les decían.

Elena estaba contenta de tenernos en su casa comiendo y hablando con ella. Se reía de nosotras porque íbamos a tener que cruzar un río para llegar al lugar donde definitivamente iba a ser el curso, decía: "Y si se caen al río, las come un pescadito, estará bueno mi pescadito, gordito, yo lo voy a asar después".

—¿Y usted, señora, no sabe que hoy hay reunión de mujeres para lo de los cursos?

—Sí, he escuchado. Pero tengo que hacer mi tortilla.

Y como ella, todas las mujeres del pueblo. Primero hicieron su tortilla —cientos de tortillas— y después, paulatinamente, se fueron acercando a la casa de reuniones. En todas estas tierras, lo que tenga que ver con mujeres implica un sinnúmero de niños y niñas revoloteando, llorando, jugando o mamando alrededor. "Es bien alegre", comentó Elena. Llegaron como cuarenta mujeres. Tras escuchar la propuesta, hablaron unas pocas, la mayoría callaba.

"No nos animamos, tenemos que irlo a consultar con el hombre. Nadie quiere trabajar en eso porque vergüenza nos da. Hay veces que malhablan los hombres si salimos y eso nos quita las ganas pues."

Las mujeres de Conpaz se esforzaban en señalar que no tenían por qué ser sólo las solteras las que asistieran al curso. También las casadas pueden. No tienen por qué saber leer y escribir, las analfabetas pueden. Mejor si entienden un poco el castellano, pero si no, se puede apoyar en una que traduzca. Las excusas y los pretextos iban cayendo; pero ellas insistían en que los hombres no lo verían bien, que había que pedir permiso...

La doctora explicó que los hombres habían estado de acuerdo con el proyecto y habían aceptado que se hiciera, que era decisión de la comunidad. También insistió en que si las que se apuntaban eran apoyadas por todas las mujeres presentes en la asamblea, todas debían comprometerse a no hablar mal ni dejar que lo hicieran otros. "Todas las de aquí van a apoyar a esa mujer a que haga su trabajo."

Muchas se quejaron de que sus maridos no las habían informado bien de esta reunión: "Lo que pasa es que los hombres no las quieren sacar a sus mujeres. Los hombres cuando arreglan una cosa no lo dicen a nosotras. De por sí así hacen los hombres. No quieren sacarla de su casa su mujer".

Otra decía: "Nos explican los maridos lo de la junta, pero a nosotras se nos va, no se nos queda grabado". Cuando hablan, estas mujeres doblan los codos y enseñan las palmas de las manos vacías en un gesto muy característico, como diciendo: así es y qué le vamos a hacer.

Ellas llegaron a una conclusión: "Es un bien para nosotras que lleguemos a cumplir lo que ustedes nos cuentan, porque la verdad es que no tenemos dónde vayan a trabajar nuestros hijos, hemos de defender sus derechos".

"Yo creo que eso de derechos humanos es como que nosotras no podemos violar a un hombre, entonces ellos no nos pueden violar a las mujeres. Nos han dicho qué es derechos humanos, pero no nos acordamos bien ya."

La reunión avanzó, ganó en confianza, en intervenciones. Ya alguna mujer parecía seducida por la idea de ir a aprender cosas nuevas. Una dijo: "Voy a preguntar a mi papá; pero es que hay mucho trabajo en la milpa y yo voy a ayudarle".

De repente, una manita llamó a un rincón. Escondida en el dintel de la puerta estaba Lupe, una muchacha de dieciséis años, soltera, que le dijo: "Yo sí voy". Lupe ya tenía permiso de sus padres y estaba dispuesta a acompañarnos ese día mismo adonde hiciera falta.

La asamblea concluyó con varios acuerdos: aquellas que querían participar preguntarían en sus casas si las dejaban, y el curso empezaría el 20 de junio en vez de al día siguiente, para que tuvieran tiempo.

Sin embargo, Lupe se fue con nosotras al lugar donde había sido convocada otra reunión al día siguiente para informar del curso. Lupe se fue corriendo a su casa y regresó al rato arreglada, con el pelo bien cepillado y amarrado por una diadema brillante; se había puesto un vestido limpio y de colores vivos, seguramente el más nuevo que tenía. Cargaba un pequeño bolso con lo indispensable.

En el largo y accidentado camino, la única que no parecía tener ningún problema era Lupita. Ella caminaba como si nada bajo el sol de penitencia del mediodía.

Cuando llegamos a nuestro destino, celebramos que unas mujeres habían preparado frijoles, tortillas y café. Ahí nos encontramos con las que habían llegado para hablar de los cursos.

La mayoría venía comisionada de las asambleas de mujeres de siete pueblos para recoger la información y llevarla a las demás. Pocas acudían dispuestas a celebrar el inicio de los talleres.

Se expusieron los motivos del curso, su forma de funcionar, y las que tenían más prisa se regresaron antes de caer la tarde a sus comunidades. Unas doce se quedaron a charlar.

Una de las doctoras les contó cosas de medicina, les explicó que durante el taller se tratarían tanto las enfermedades del cuerpo como las de la mente, las tristezas: "Porque sabemos que entre las mujeres indígenas de esta zona hay muchas que padecen de tristeza".

Algunos de los maridos acompañantes estaban sentados en la hierba a unos quince metros, lejos. Poco a poco se fueron acercando. Parecían realmente interesados, quizás celosos: ellos también quieren aprender.

Cuando les contamos a las mujeres lo que estaba sucediendo en el diálogo de San Andrés, parecían animadas con la noticia de que hubo una comandante zapatista presente, Trinidad, una indígena tojolabal ya mayor que iba a pedir lo que las mujeres necesitaban.

En ese nivel ya los pocos esposos que esperaban se habían integrado al coro y hacían preguntas. Los hombres estaban sedientos de saber y jamás habían sospechado que, cuando llegara algo que aprender, estaría dirigido a ellas, a sus mujeres.

LAS DIFICULTADES DE ORGANIZACIÓN DE LAS MUJERES

Los talleres siguieron adelante pero, como explicaría Regina, una de las mujeres más activas de Morelia, en octubre de 1995: "No sé qué está pasando con los cursos; a veces las compañeras vienen una vez y ya para la otra no vienen, vienen otras, y así se ha ido cambiando, no están viniendo las mismas. Quién sabe por qué, pero todas llevan la fecha y todo. Por eso hace meses nosotras propusimos que fuera aquí en Morelia, para ver si llegan más compañeras, pero no resultó".

Un hecho fehaciente es que las madres ven difícil abandonar la casa, el marido, y salir cargando niños a caminar horas y horas por lodazales para acudir a un taller que ofrece conocimientos teóricos pero que no cumple expectativas para su vida inmediata. Las jóvenes solteras suelen ser las únicas que pueden permitirse ese tiempo.

Regina tiene tres hijos y veintiséis años, habla un español perfecto. De muy joven empezó a trabajar en el tema de la mujer sin darle mucha importancia: "Hace ocho años me invitaron como coordinadora de las mujeres de la iglesia; pero en ese tiempo yo todavía no le ponía interés, bueno, pensaba que era un juguete; todavía no conocíamos esta lucha, sólo sabíamos leer la Biblia".

¿Cómo cobraron ellas la conciencia de que era necesario cambiar las costumbres?

"Fueron otras compañeras que empezaron a salir a otras comunidades las que trajeron la idea. Se dieron cuenta de cómo en otras comunidades las mujeres se estaban organizando así, trabajando en colectivos, que también la mujer tenía derecho de participar, que también era importante, que podía hablar; todo eso nos venían a decir las de aquí que iban a otros lados y también otras que venían a visitarnos.

"Entonces empezamos hace como cinco años a trabajar también nosotras así en colectivos, el primero que hicimos fue un grupito de panadería, pero como todavía no sabíamos bien cómo llevar el control, siempre hay errores, surgen problemas, y ahí es donde volvía a caer el trabajo y se desanimaban otra vez las mujeres".

Regina se refiere a la represión y sobre todo a las incursiones militares: "Las compañeras se desaniman mucho por todo el movimiento del ejército que ha habido, y a todas nos ha pasado lo mismo. Nos ha detenido todo lo que ha pasado con el ejército, que se ha movido por dondequiera. Pero cuando sentimos así que el ejército está un poco retirado es cuando aprovechamos otra vez. Si nos sentimos presionadas, mejor lo dejamos tantito, y ya más tranquilas empezamos otra vez".

Madres, hermanas, hijas, ellas han visto en esta comunidad los mayores desmanes de los soldados, desde la detención violenta de más de treinta hombres y el asesinato de tres ancianos de la comunidad, hasta la violación tumultuaria de tres muchachas en el retén federal. Regina no es una excepción: "Sí tienen miedo las mujeres porque hemos visto cómo el ejército ha maltratado a la gente; siempre tenemos un poco de temor a que vuelvan a agarrar a los compañeros o vuelvan a asesinar a algunos; porque hemos visto que cuando el ejército entra nunca respeta a la gente; lo que quiere hacer lo hace, si se quiere meter en las casas, se mete. No queremos que pase eso, por eso mismo tenemos que dejar el trabajo de mujeres un tiempo pero no por eso nos va a acabar la organización, sino que la organización de las mujeres siempre va a seguir, aunque sea poco a poco. Sabemos que nos va a llevar tiempo también, claro".

Regina también ha sufrido críticas de algunos sectores de las comunidades: "Sí hay chismes, porque a veces no entiende la gente, de eso vienen todos los chismes, de no entender bien". Regina afirma que, a pesar de los problemas, "somos muchas que estamos intentando trabajar en este municipio autónomo 17 de Noviembre.

El municipio 17 de Noviembre abarca comunidades de dos etnias distintas con sus dos lenguas, tzeltal y tojolabal, y con distintas costumbres que marcan algunas diferencias en el tema femenino: "También vienen muchas viejitas a las reuniones, sobre todo las tojolabales. En general las tojolabales cumplen más que las tzeltales. Cuando las avisan, aunque esté lloviendo, ellas vienen. Aquí [zona tzeltal] cuesta más y eso que es más fácil de acceso porque hay camino y pasa camión, pero las de tojolabal sí están más retiradas, tienen que venir batiendo lodo, pero llegan".

Regina prosigue: "Por ejemplo, las tojolabales son las que trabajan bastante más colectivamente. Algunas tienen tiendas, nomás que es muy difícil porque dicen que a veces, cuando está lloviendo mucho, no pueden ir a comprar sus cosas. Trabajan también más duro, hasta ayudan a los compañeros; están acostumbradas a trabajar, no les da miedo. Las tzeltales también van a ayudar a su compañero, pocas son las que no van a la milpa con su niño; pero las tojolabales dicen que trabajan más duro; están acostumbradas a hacer lo que el hombre hace, van a quebrar tierra. Eso nos platican ellas pues. Algunas hablan castilla, pero otras es más difícil porque no pueden hablar castilla. También las tzeltales, pero las que vienen sí saben español, las de tojolabal no".

Para las elecciones municipales del 15 de noviembre de 1995 se convocó a las indígenas: "La idea de que las mujeres participaran al gobierno municipal se decidió en la asamblea con todos los compañeros. De cada región iba a salir una compañera; las de tojolabal propusieron una compañera y las de tzeltal también. Por eso iba a quedar yo, pero no se pudo porque dijeron que yo no tenía estudios, ningún papel de estudio, por eso propusieron a otra compañera; ella está en todas las reuniones ahorita, pero no es de aquí, es de Altamirano".

Y la pregunta es si realmente es un requisito tener constancia de estudios siendo una mujer indígena y cuántas habrá que cuenten con ello.

X. Habla el Comité Clandestino Revolucionario Indígena

RAMONA, LA COMANDANTE TZOTZIL

"¿Por qué es necesario matar y morir para que ustedes, y a través de ustedes todo el mundo, escuchen a Ramona decir cosas tan terribles como que las mujeres indígenas quieren vivir, quieren estudiar, quieren alimentos, quieren respeto, quieren justicia, quieren dignidad?" (palabras del subcomandante Marcos, 20 de febrero de 1994). Ramona ascendió a la popularidad cuando acudió al diálogo de paz en la catedral de San Cristóbal el segundo mes del alzamiento armado. Con su huipil bordado de deliciosas y complicadas figuras rojas, Ramona destacaba por su aspecto de india de unos treinta años, recién salida de cualquier puestecito callejero de artesanías. Sus ojos, escondidos tras un pasamontañas negro que le quedaba ancho, mostraban dulzura y determinación.

Ramona se convirtió en un símbolo, en la mujer guerrera, aunque su papel es eminentemente político. Y así el movimiento zapatista puso en la cumbre de su idiosincrasia, junto a Marcos, a una tejedora tzotzil diminuta, sufrida, que apenas habla castellano.

Durante las pláticas en la catedral, Ramona solamente dio una entrevista a un pequeño grupo de cuatro reporteras. Ningún periodista hombre se interesó en ella. Pero tampoco el personaje lo necesitaba. Las imágenes valen por mil palabras, y era Ramona quien cargaba la bandera de México que luego Marcos desplegó ante la prensa en un acto de múltiples claves simbólicas, cuando el delegado del gobierno, Manuel Camacho Solís, se agarró a una punta de los colores patrios.

Las mujeres indígenas de Chiapas se sintieron orgullosas. Ramona es ni más ni menos como ellas, es ellas, y estaba en una organización armada defendiendo los derechos de todas. Meses más tarde, en el encuentro de mujeres que se realizó en San Cristóbal, las indígenas escribieron como una de sus resoluciones: "¡Qué bueno que salió Ramona! Ella creemos que nos quiere, por eso salió a caminar, ella como que nos está jalando. Nos muestra el camino de lo que podemos hacer. Ella es una persona grande, mayor".

Las tzotziles, tzeltales, tojolabales y choles cobraron nuevos bríos y salieron a las calles y ya no hubo manifestación donde no se coreara algún "¡Viva la comandanta Ramona!" Las indígenas llegaron a la conclusión de que "cuando participamos y nos reunimos se siente fuerte nuestro corazón; si no hay organización, si no hay plática, se sienten cerrados los ojos".

La comandante estaba satisfecha de participar en las conversaciones de paz y aseguró a las reporteras que aunque no habla bien español está dispuesta a seguir tomando parte en todo.

Javier, miembro del Comité Clandestino, tradujo sus palabras del tzotzil: "Yo llegué a participar en la lucha armada como estoy participando ahora tras varias experiencias. Tuve que salir de mi pueblo a buscar trabajo por la misma necesidad, pues no había de qué vivir. Cuando llegué a la ciudad, empecé a ver que la situación de la mujer allí no es la misma que en el campo. Me di cuenta de que no está bien como nos tratan, empecé a entender y tomar conciencia de la necesidad de que las mujeres nos organicemos porque no nos respetan a las indígenas, no nos toman en cuenta. En la ciudad no podemos andar solas, como indígenas estamos despreciadas, olvidadas".

La primera comandante del EZLN conocida en el mundo dice que el hecho de que la mujer participe con las armas "es muy importante porque demuestra que todos estamos por lo mismo y que las mujeres llegaron a entender también su situación y querer cambiarla, aunque muchas no directamente en la lucha armada pero sí con la disposición a participar en sus comunidades".

Ramona, parcamente traducida por Javier, puesto que ella hablaba cinco minutos y él apenas traducía sesenta segundos, expresó su idea de la vida y de la muerte: "Entiendo que es mejor morir luchando que morir de hambre. Si es necesario, si la causa es justa, si es por el bien de mi pueblo, estoy dispuesta a morir, porque no hemos encontrado otra forma de buscar la justicia".

Mucho trabajo le costó a esta tzotzil que la comunidad la reconociera. Al fin, en una gran asamblea, las mujeres la eligieron para representarlas en el Comité Clandestino Revolucionario Indígena por su trabajo organizando y defendiendo a las tejedoras.

Ramona explicó con voz suave una retahíla de demandas. Dijo que el trabajo artesanal está sumamente desvalorizado y que quieren que se abra un mercado para ellas, las tejedoras.

"También pedimos guarderías y escuelas preescolares para los niños. No hay de eso en las comunidades, los niños van directamente a la primaria ya un poco grandecitos y sería una ayuda para la mujer dejar a los niños chiquitos para que puedan desarrollarse bien. También pedimos alimentación para ellos, ya que es lo que más nos hace sufrir a las mujeres, pues se mueren desnutridos los hijos: comedores, desayunos especiales..."

La mayor insurgente Ana María, delegada para el diálogo junto con Ramona, completó el recuento de las demandas de las mujeres: "Luchamos por las mismas causas que los hombres, es la lucha de todos; pero entre las demandas del EZLN hay un apartado especial de las mujeres que antes no existía. Ellas piden derecho a la educación porque en los pueblos y comunidades indígenas para la mujer no hay nada. Yo aprendí a hablar un poco dentro de la misma lucha, en el EZLN, pero cuando llegué estaba igual que Ramona, sólo hablaba tzotzil. Se pide una escuela especial de mujeres, donde puedan superarse, estudiar, aunque ya sean mayores, aprender a leer y a escribir. También hospitales de partos, porque hasta ahorita el parto se alivia en casa, echan al niño en la tierra, en el polvo, y le cortan el cordón con un machete, el mismo que usa el hombre para el trabajo del campo. No hay condiciones para que no se enferme el niño ni para atender bien a la mujer. Se piden ginecólogos, allá no conocen qué es un ginecólogo; también se piden talleres, máquinas para facilitar los trabajos..."

Javier, el comandante que traduce a Ramona, entró en la conversación por su cuenta y riesgo y explicó el punto de vista de los hombres zapatistas: "Ellas empezaron a ayudar. Antes estaban muy dominadas, a la que van tomando conciencia vieron la necesidad de organizarse y entonces entre los hombres acordamos que se les diera derecho a participar. Antes no tenían derecho a participar, menos en una asamblea. Pero poco a poco empezaron a avanzar, a avanzar hasta que exigieron la Ley de Mujeres".

Javier contó que desde que las mujeres empezaron a organizarse, todo ha cambiado bastante; los hombres ayudan un poco más, son más conscientes del sufrimiento de las mujeres: "Es muy lamentable que antes no nos dábamos cuenta. Muchas mujeres se levantan a las dos o tres de la mañana para preparar la comida y cuando amanece salen con el hombre, ellos a caballo y ellas andan corriendo detrás cargando el hijo. Y a la vuelta encima cargan leña. Cuando llegan al trabajo, parten igual, sea café o sea milpa, incluso a veces hace más la mujer porque es más habilidosa. Regresan a casa y la mujer tiene que preparar la comida. Ellos mandan y esperan y la pobre mujer, pues, llorando el niño y cargándolo y moliendo su tortilla, barriendo la casa y, aunque ya sea de noche, van todavía a lavar la ropa porque no han tenido tiempo de hacerlo durante el día".

RAMONA ENFERMA

La comandante tzotzil desapareció del mapa durante casi un año. El 8 de agosto de 1994, tras ovacionarla y reclamarla las miles de mujeres concentradas en la Convención Nacional Democrática en la selva Lacandona, el subcomandante Marcos anunció que estaba gravemente enferma. A nivel nacional e internacional, se creó una red de comités de ayuda a Ramona, que pusieron todos sus medios a la disposición de la salud de la comandante y presionaron al gobierno para que permitiera su traslado y acceso a los hospitales.

No obstante, de Ramona no se supo nada. Su imagen no volvió a ocupar las miradas del mundo hasta el 19 de febrero de 1995, unos días después de la ofensiva militar contra los zapatistas y la ocupación de la selva Lacandona. Su mensaje en video consiguió romper el silencio y el aislamiento en que el ejército mantenía al EZLN en esos momentos de grave tensión.

Ramona aparecía en la pequeña pantalla sentada ante una mesa, portando un ejemplar del periódico *La Jornada* del 18 de enero. Detrás de ella había una sábana blanca con las siglas EZLN. Era la prueba fehaciente de que no había muerto, como habían publicado algunos periódicos alarmistas.

Una voz femenina presenta: "Comunicado del Comité Clandestino Revolucionario Indígena, Comandancia General del EZLN". Luego pasa a hablar en tzotzil y de nuevo en castellano: "... de éste, un lugar de la selva Lacandona. Habla Ramona".

Con cierta debilidad física, aunque segura, la comandante inicia su discurso: "Nuestro movimiento es indígena. Empieza hace muchos años para decirle al mundo que los campesinos de Chiapas sufrimos hambre, enfermedades. Estoy enferma. Quizás muera pronto. Muchos niños, mujeres y hombres también están enfermos. Tenemos muchas enfermedades, pero los médicos, la medicina, los hospitales, no están en nuestras manos.

"Tenemos hambre. Nuestra comida es a base de tortillas y sal. Comemos frijoles cuando hay. Casi no conocemos la leche ni la carne. Nos faltan muchos servicios que tienen otros mexicanos.

"Cuando salimos a trabajar nos explotan. Explotan a los artesanos en los mercados, explotan a las mujeres que van a servir a las casas de las ciudades, explotan a las mujeres y a los hombres que trabajan en el campo.

"Al principio, pedimos democracia, justicia y dignidad. Ahora también pedimos paz. Nosotros nos estamos esperando para el diálogo, por eso queremos que el ejército regrese a sus cuarteles, que los niños, las mujeres y los hombres refugiados en las montañas vuelvan a sus comunidades a seguir trabajando por un futuro mejor.

"Otra vez le pedimos al pueblo de México que no nos olvide, que no nos dejen solos, que nos ayuden a construir la paz que todos deseamos. Le pedimos también que protejan al Tatic Samuel [el obispo Samuel Ruiz], que tanto sabe nuestro dolor, que tanto ha luchado por la paz.

"Quiero que todas las mujeres despierten y siembren en su corazón la necesidad de organizarse. Con los brazos cruzados no se puede construir el México libre y justo que todos soñamos. Democracia, justicia y dignidad. ¡Viva el Ejército Zapatista de Liberación Nacional!"

Ramona logró con este mensaje apelar a la movilización nacional e internacional para detener el avance del ejército en las comunidades rebeldes. Era febrero y el subcomandante Marcos se encontraba cercado y huyendo a salto de mata, como él mismo explicaría. Otra mujer, en este caso la mayor insurgente Ana María, de los Altos, burló el cerco militar y consiguió hacer llegar a los medios un comunicado escrito a mano: "Usted, señor Zedillo, cree que matando indígenas y otros luchadores de nuestra patria va a poder acabar con el zapatismo; usted, señor Zedillo, quiere acabar con la lucha indígena porque lo considera un estorbo para seguir en el poder y seguirse enriqueciendo a costa de la sangre de muchos mexicanos. Pero todo esto, señor Zedillo, quedará grabado en alguna página de la historia [...]

"Queremos saber, señor Zedillo, si es su última palabra. Hasta ahorita nosotros hemos tenido la orden de replegarnos para evitar el choque con el ejército de usted; pero si no es así, estamos dispuestos, porque nosotros los indígenas no tenemos nada que perder, y estamos conscientes y dispuestos a morir si es preciso, ya no tememos a la muerte porque hemos sido siempre los muertos en vida. No tenemos nada más que miseria, explotación y falta de libertad, justicia y democracia en nuestro país. Nosotros decimos la verdad, que es lo que ustedes los poderosos quieren ocultarle al pueblo de México. Teníamos la esperanza de que algún día nuestros pueblos vivan con dignidad y justicia, con una paz, pero con dignidad y justicia".

De hecho, con el mensaje de Ramona y el comunicado de Ana María, puede decirse que en la ofensiva de febrero de 1995 las mujeres zapatistas rompieron el cerco que ahogaba al EZLN.

REGRESA LA COMANDANTE

Ramona volvió a utilizar meses después el mismo formato para lanzar sus palabras al mundo. Un nuevo video apareció en San Cristóbal un día antes de que iniciara la quinta sesión del diálogo por la paz en San Andrés, el 24 de julio de 1995. Tenía mejor voz, más fuerte. Aparecía al exterior, rodeada de vegetación, en una mañana soleada. Con su inconfundible huipil rojo, Ramona agradecía al mundo que se hubiera preocupado por ella: "Durante los últimos meses hemos sabido que miles de mujeres de México y de muchos otros países han escrito y han mandado sus firmas preocupadas por mi salud y pidiendo que reciba atención médica. No tengo palabras para agradecerles todas esas muestras de cariño y solidaridad.

"En nuestras comunidades las niñas tienen desnutrición y, cuando todavía no acaban de crecer, ya son mamás. Muchas mujeres mueren en el parto, dejando a muchos niños huérfanos. Cuando una mujer indígena tiene treinta o cuarenta años, su cuerpo ya parece viejo y está lleno de enfermedades.

"Les agradezco mucho su apoyo y que me den la esperanza de poder seguir viva y luchando. Pero ahora también les pido su solidaridad y su trabajo para mis otras hermanas, para las mujeres indígenas de todo México, para mis hermanas que trabajan en el campo, en las casas de ciudad, muchas veces recibiendo malos tratos, para las mujeres que todavía no pueden regresar a su comunidad por la presencia del ejército, para mis hermanas indígenas que han tenido que ir a vender o a pedir en las ciudades, y sobre todo para las mujeres enfermas como yo que no reciben atención médica.

"Nuestra lucha es por la justicia y por la democracia, por un país en el que las mujeres, los niños y los hombres no vivan en una miseria que los enferma y los mata, por un país donde la atención médica que hoy se pide para Ramona la tengan todas las mujeres, niños y hombres, por un país donde todo lo que pedimos en la Ley Revolucionaria de Mujeres sea posible para todas. Esto sólo será posible si en México, en todo México, se alcanza la justicia y la democracia...

"Para miles de mujeres en nuestras comunidades, se viven momentos muy difíciles. El ejército destruyó los alimentos y las semillas; se llevó las herramientas y ahora no se puede sembrar. Las mujeres vamos a creer en las palabras de paz sólo si los soldados del gobierno no están amenazando nuestras cabezas, sólo podemos creer en las palabras de paz del gobierno si su ejército no está apuntando contra la cabeza de nuestros hijos.

"¡Vivan las mujeres zapatistas! ¡Viva la comandante Trini! ¡Vivan las mujeres solidarias! ¡Que viva el EZLN!"

Ramona, ya mejor restablecida de salud, volvió a desaparecer. Sólo tuvo que quitarse el pasamontañas y pasar a ser cualquiera y cada una de las mujeres de los Altos de Chiapas.

LOS COMANDANTES Y LA MESA SOBRE LA MUJER

En los sucesivos diálogos por la paz en San Andrés Sacamchén de los Pobres –antes de los zapatistas, San Andrés Larráinzar–, los comandantes se erigieron en defensores de las mujeres y secundaron la voz de una nueva revelación, la comandante Trinidad.

El 9 de junio de 1995, el comandante David, coordinador de la delegación del EZLN, expuso a la prensa la necesidad de abrir una mesa de negociación sobre el tema de la mujer: "La mujer, tanto en los pueblos indígenas como en los no indígenas, ocupa una posición muy inferior a los hombres. Entendemos que en México nosotros los hombres somos muchos machistas, no se toma en consideración la situación de las mujeres. No se les quiere dar lugar en la historia, no se le da participación en la sociedad. Eso lo tenemos bien claro, y más en los pueblos indígenas: mujeres casi en su totalidad analfabetas, que además no tienen palabra, no tienen voz en la comunidad, menos ocupan cargos públicos.

"Por eso, como parte importante de nuestra lucha está el tema de la mujer. Pero sin embargo el gobierno no quiere que se integre una mesa de diálogo sobre la mujer. Si en la mesa de negociación no se toma en cuenta este punto, podemos preguntarles a las mujeres mexicanas y que ellas respondan, hasta que las compañeras de todo México y de otros países levanten su voz y pidan un espacio donde ellas se sientan con libertad y derecho de hablar y hacer las cosas".

Tras las palabras de David, hombre tzotzil, sereno y ecuánime, que con sus gestos y su voz muestra una profunda vida interior, arremetió el comandante Tacho, tojolabal enérgico y de fuego. Tacho demostró su coraje ante los delegados oficiales: "Se nos dijo que no puede haber una mesa de la mujer en México, que eso puede ser tratado en un apartado, en cualquiera de las mesas, que no es un punto para una mesa exclusiva.

"Luego dijeron que por qué no una mesa de jóvenes. Ya se empiezan a burlar de la propuesta. Que por qué no una mesa de niños o de ancianos. Les dijimos: 'Sí, se puede hacer'.

"Pero lo sentimos como una burla.

"La mujer en México no ha tenido un lugar y mucho menos función de carácter público, y entre los indígenas ni se diga. Por eso hay que buscar los derechos y las libertades que les corresponden. En las tropas zapatistas la mujer tiene un lugar, ha demostrado que lo puede desempeñar, puede dirigir, por eso nosotros ese punto lo ponemos como una mesa en este diálogo".

LA COMANDANTE TRINI HABLA A LAS MUJERES DEL MUNDO

Empezaba la segunda sesión de San Andrés. Llegó el convoy procedente de Las Margaritas, del interior de la selva, y se detuvo frente a la casa ejidal, sede de las pláticas de paz. De la camioneta de la Cruz Roja Internacional descendió Tacho, ovacionado por todos. Después tocó tierra una mujer. Era la comandante Trinidad. Trini llegó con la noche a los Altos de Chiapas, tapada su cara por un paliacate rojo, la mirada tranquila pero a su vez escudriñadora. Su cabello cano estaba recogido en una trenza y toda ella ofrecía una imagen entrañable, con un vestido sencillo de florecitas y unos tenis de tela.

Era la primera vez que Trini asistía al diálogo y era la única mujer de las dos delegaciones que iban a negociar la paz. Jamás se había visto ella frente a los funcionarios del gobierno, rodeada de mediadores de la Comisión Nacional de Intermediación y de legisladores de la Comisión de Concordia y Pacificación.

Esa misma noche la abordaron los reporteros para su primera entrevista; se la notaba cansada y con miedo a no responder correctamente. La comandante se sentía sola entre "puros varones" en ese San Andrés de frío y bruma, ella, una indígena tojolabal salida de la cálida selva.

Pero Trinidad se mostró optimista esa noche inaugural: "Pensamos que el gobierno sí tiene voluntad de paz porque está hablando

206

así de frente, no está mandando una cartita sino hombres de edades y hombres que en la verdad tienen conocimiento".

Pronto dejó Trini de ofuscarse ante esos "hombres que tienen conocimiento" y perdió todo complejo de inferioridad inicial. Aunque ella "no muy sé escribir, leer sí no", acabó cantándoles las cuarenta, criticándolos y tachándolos de "no tener corazón".

Porque esta comandante venía con una misión específica: traía el mandato expreso de las mujeres de su comunidad de exigir la retirada militar de los pueblos ocupados tras la incursión del 9 de febrero de 1995. Guadalupe Tepeyac, la que fue capital indiscutible de la zona liberada, "cayó en manos del enemigo" y todos sus habitantes estaban escondidos en la montaña. Y por más que Trini hiciera mil demandas al respecto, no consiguió "ablandar al cabrón gobierno".

Trini me decía: "Usted ya sabe lo que siento. Me duele, es que no es igual vivir en otro lugar que vivir en la propia casa, en el propio ejido. Y siempre se lo he dicho a la Gobernación, por favor, pongan sus manos en el pecho y así como el gobernador nos dio tierra para que la trabajemos, ¿por qué lo están llenando de ejército ahí? Ya tengo cincuenta y cuatro años y que todavía nos pongan el cerco del ejército, pues no".

La comandante tojolabal explicaba: "Los fines de mi venida son denunciar que nosotras, como mujeres indígenas que trabajamos en el campo, vamos a cargar nuestras leñas, vamos a nuestras huertas o vamos a echarnos un baño en el río; pero ahora no podemos salir ya, porque está lleno de ejército nuestras comunidades. No podemos salir ni por un lado ni por otro. Ahora están abandonadas nuestras comunidades, no pueden entrar las compañeras. Ya con el ejército dentro no se puede ni llegar a la parcela porque están los soldados, y ya se perdió el ciclo, el momento de preparar la tierra. Entonces como mujer estoy representando a todas las mexicanas e indígenas. Ojalá no sea la primera ni la última, que cada vez vengan más compañeras".

Trini ve claramente cómo se puede resolver el conflicto: "En la comunidad la gente dice que si el gobierno da una paz y saca su ejército, entonces el Ejército Zapatista quedará también conforme. No queda más. Primero que se resuelvan las demandas que dieron origen al movimiento. Las mujeres están dispuestas a la lucha, hay igualdad de hombres y mujeres en la organización".

Pero a partir del IV Encuentro de San Andrés y viendo lo infructuoso de sus esfuerzos, Trinidad concluyó, junto con los comandantes Tacho y David, que Guadalupe Tepeyac quedara como "monumento a la traición del gobierno" con sus calles y casas vacías, y que sus pobladores iban a construir un nuevo Guadalupe, "monumento a la resistencia y a la dignidad zapatista, en el corazón de la selva Lacandona".

La comandante abordó entonces a fondo el tema de conseguir una mesa de negociación para la mujer. Enfundada en una capucha de color negro, insistía: "Nosotras queremos reconocimiento porque de mujeres que somos sentimos el problema de nuestros hijos, porque realmente la delegación del gobierno no lo siente y tampoco estos hombres que vemos aquí; ellos no lo sienten porque ellos no han parido un hijo, no han tenido un embarazo, pero nosotras de madres sí, nosotras lo sentimos. Por eso queremos pasar a dialogar en esa mesa de mujeres.

"Queremos una liberación de las mujeres, que sepamos arreglar nuestro derecho, porque a nosotras nunca el gobierno nos ha tomado en cuenta. Siempre nos tienen humilladas, nunca han sido despertadas, no valen, dicen. Pero las mujeres valen, valen mucho.

"Nosotras tenemos que hablar, pues es el derecho de la mujer que debe alegar. ¿Acaso como no sé hablar bien no voy a decir nada? Así como venimos al diálogo, al menos unas palabras tenemos que hablar delante de todos".

Con las cámaras de televisión frente a ella, las grabadoras pendientes de su palabra, los fotógrafos de su gesto, Trini, venciendo el miedo, con el puño en alto, el cuerpo en su vestido de florecitas, madre y abuela, no renunciaba a decir en cada uno de sus discursos "vengo aquí representando a todas las mujeres de México, a todas las mujeres indígenas, a todas las mujeres del mundo".

Y sí, Trini nos representaba, era cualquiera de nosotras, cualquier mujer del cordón de paz, o mi Elvira, mi madre, mi abuela; si no, ¿a qué ese escalofrío ante su discurso desnudo?

LA COMANDANTE ANDREA, LA MADRE ZAPATISTA

Trinidad ya no iba a estar sola. La comandante Andrea acudió al diálogo por primera vez el 7 de junio de 1995. Llevaba un rebozo azul, un suéter de estambre azul clarito, falda oscura de tela, huaraches y un pasamontañas por donde asomaban sus dos ojos grandes y su piel morena. De la misma edad que Trini, cincuenta y cuatro años, Andrea forma parte de la generación de "comandantas abuelas" del EZLN, esas mujeres respetadas que han legitimado con su toma de conciencia la implicación de pueblos enteros.

Andrea tiene cinco hijos; todos los parió sin ayuda médica, aunque con la asistencia de una partera. No entiende español; su voz en tzotzil suena agradable y ágil. Dice dos palabras en castellano mientras hace un gesto con el dedo indicando "uno": "Primera vez venimos aquí, diálogo, da miedo un poco".

Con ayuda de traductor, Andrea cuenta: "Tengo catorce años en la lucha. Las costumbres de antes ya no son iguales a las de ahora, ahora son ya mejores los casamientos. Antes no. Ahora en nuestro municipio está bien, ya piensan más.

"Nosotras las mujeres con nuestras manos trabajamos, con el azadón, el machete, vamos a la milpa, cuidamos los frijoles. Pero las mujeres dicen mucho adentro de sus corazones cuando se ponen graves sus hijos, cuando no pueden curarlos, no pueden hacer nada porque no hay dinero. Muchas veces el hombre está borracho, toma y le pega, le da un golpe a la mujer y si el niño no se salva, se muere, entonces el sufrimiento es muy grande. Por ahora así digo".

La última frase pretende acabar con la entrevista que a todas luces inquieta a la comandante. Pero no la dejamos escapar tan rápido y atacamos con una pregunta: ¿cuándo tomó conciencia política?

"Cuando tuve entendimiento de la lucha, entendí con mis dos orejas y con mi marido, nosotros dos. Pero sobre todo entendí cuando nos juntábamos y hacíamos reuniones y escuchaba lo que decían los organizadores. Está bien, está bien, pensé. Después me escogieron a mí para decir unas palabras en una asamblea adonde yo fui con mis compañeras. ¡Pero yo no sé leer ni escribir una sola letra!"

Andrea se moría de la risa cuando, durante una entrevista con los comandantes hombres, yo me caí al intentarme levantar del suelo con una pierna dormida. Con esa anécdota, la comandante tuvo para reírse la media hora que duró la entrevista, y todas las veces subsecuentes que me vio, su pasamontañas se movía espasmódicamente y sus ojos hasta lloraban en silencio.

Durante el diálogo, Andrea se debía aburrir hasta hartarse, todos hablando en español, y de vez en cuando, ella se echaba sus "coyotitos".

SUSANA, DE SIRVIENTA GOLPEADA A REVOLUCIONARIA

La comandante Susana apareció un mes después de Andrea. Bastante alta y delgada, Susana vestía a la usanza tradicional de las chamulas, nagua y rebozo negros de lana cruda con borlas rojas colgando, blusa blanca ribeteada de bordaditos. El pasamontañas la protegía de su timidez cada vez que ella y Trinidad se ponían al frente, una a la derecha y la otra a la izquierda de David o Tacho, cuando éstos informaban, en los pórticos de San Andrés, de los avances de la negociación. Detrás de ellas esperaban los otros siete comandantes hombres.

Su nerviosismo era enorme cuando la entramos a entrevistar. Inclinó su cabeza de lana negra hacia la cabeza de lana negra de la comandante Trini, que no la había abandonado. Supimos que le preguntaba que cómo se hacía eso de una entrevista, que qué tenía que decir. Trini, veterana ya en esas épocas, le dijo que tranquila, que nosotros íbamos a preguntar, que sólo tenía que responder, era muy fácil.

"Nosotras queremos que las compañeras despierten más y más y que tengamos la palabra todas las mujeres, porque antes de la organización [el EZLN], nosotras no podemos decir nada, ni una palabra. Ahora poco a poco vamos despertando. Y así es para que más adelante podamos hablar y ver."

La forma en que las comandantes organizan a las mujeres es sencilla, cuenta: "Se hacen reuniones, nos reunimos las mujeres y solamente así podemos platicar. Sin la reunión no se puede decir nada, solamente haciendo la reunión vamos despertando. Platicamos los problemas que tenemos las mujeres, la situación, el sufrimiento y cómo estamos viviendo, que somos explotadas y que no nos respetan. Entonces a las mujeres les parece bien la lucha.

"Después de que nos organizamos las mujeres, poco a poco fuimos perdiendo el miedo, así, dentro de nuestras pláticas".

Susana dice que lleva "poco tiempo" en este trabajo, cinco o seis años. "Además de sus reuniones, las mujeres llevan adelante proyectos colectivos de cría de animales como conejos o gallinas y también de siembra de hortalizas."

Todo este trabajo fue preparado sabiendo que venía la guerra: "Sí, pues ya sabíamos. Nos ayudó y sigue ayudando un poco".

Según esta comandante tzotzil que se expresa bien en castellano, los hombres no opusieron resistencia: "No, no tanto. Casi fuimos iguales; adentro de la organización eso es igual porque no se puede distinguir, porque es todo junto. No fue tan duro con los hombres; también les pareció bien, dijeron que no era bueno lo de antes. Ya no hablan mal si una muchacha se hace insurgente. Ahorita ya es diferente, se puede ir una muchacha de insurgente y no dicen nada; además todos somos iguales, mujeres y hombres".

Para contarnos las raíces de su rebeldía, Susana explica su vida antes de conocer el EZLN: "Yo misma en lo personal sentí, conocí la explotación. Estuve un tiempo fuera, trabajando en la ciudad, salí desde muy chica a trabajar. Fue ahí donde yo conocí, está muy duro el trabajo. Me pregunté: '¿por qué estoy trabajando fuera de mi comunidad?, ¿por qué estoy sufriendo fuera, por qué no estoy en mi casa?'

"Cuando yo trabajé de sirvienta, no sabía nada, sufrí mucho. Ahí fui conociendo poco a poco, sentí la situación, era muy difícil. Como era yo chica cuando salí a trabajar, no sabía nada de español, sólo hablaba tzotzil, y sufrí en las casas particulares. Una vez fui a trabajar a la ciudad de México y ahí es donde sufrí más todavía porque fui sin hablar nada de español. Mi patrona era muy mala y me llegó a pegar y todo eso, todavía tengo la marca en la piel. No me pagaba nada, ni un centavo, y yo trabajaba mucho en esa casa y cuidaba su niño. Como no sabía nada, nadie me decía cómo se hacen las cosas, además nadie de mi familia estaba allí, estaba solita. Tenía entre trece y catorce años. Fue muy duro.

"Después de cuatro años y medio yo regresé. Ahí es donde ya comencé a conocer el EZLN y me pareció bien, pues porque desde antes de conocer el EZ yo ya sentía que la situación está así, ya sabía yo lo que estábamos viviendo. Por eso lo sentí más cuando conocí la organización del Ejército Zapatista de Liberación Nacional, lo sentí más adentro, profundamente. No está bien que nos golpeen, que nos traten mal. Entonces ya después no llegué a trabajar, sino que me puse a organizar a las mujeres. Me fui a mi comunidad y empecé. Les conté a mis compañeras que trabajando fuera sufre una, que no nos tratan bien. Tenemos que organizarnos más y no tener que salir a trabajar fuera, en las ciudades, sino que mejor nos organicemos y nos despertemos y nos unimos más las mujeres, porque si nos unimos también se puede lograr algo.

"Primero estuve organizando mujeres en mi comunidad y después ya en otro lado, otras comunidades de los Altos."

Susana reconoce que ella fue una de las principales promotoras de la Ley Revolucionaria de Mujeres: "Sí, yo decía que sería mejor que haya una ley de mujeres, y ahí fui organizando en cada comunidad para que haya una ley de mujeres. Yo participé en su elaboración, duró poco tiempo, ya no me acuerdo bien pero se hizo en poco tiempo. Es que vimos todas las mujeres, mis compañeras, que no hay respeto, pues, por eso se levantó esa ley, para que así nos respeten.

"Costó un poco para mí, es que fue una tarea muy difícil recoger las opiniones de cada comunidad. Lo que fue duro es la caminata, tuve que caminar mucho porque están retiradas las comunidades. Iba con otra compañera [seguramente Ramona], porque yo sola no puedo, porque son caminatas un poquito largas. En cada pueblo hacíamos asamblea y se recogían las opiniones de las mujeres. Luego ya se junta todo, entonces nos sentamos nosotras con los compañeros y juntamos todas las opiniones, así fue el trabajo".

En las comunidades zapatistas, afirma la comandante, "sí se respeta esta ley". Respecto a los hombres, dice, "les parece bien la ley también pues ya no se puede decir que no sirve, pues tienen que aceptar".

Para las mujeres indígenas del futuro, Susana desea "que estén libres, que lo piensen ellas, que sean libres, muy libres. Que puedan hacer lo que pidan, lo que quieran hacer. Que va a ir allá o que quiere estudiar algo y sí puede. Antes no se podía para nada, ni ir a la escuela ni nada. Yo hasta ahorita no sé leer ni escribir, porque mi papá no me dejaba ir a la escuela, pensaba que es malo, no le gustaba. Ya cambió mucho, ahorita ya toda mi familia, todas sus hijas van a la escuela, ya estudian, es muy diferente que antes".

LAS JÓVENES: LETICIA, HORTENSIA Y MARÍA LUCÍA

En octubre de 1995 llegaron tres "comandantas" nuevas en estos avatares de las negociaciones de paz, acompañando a Trini. Eran María Alicia, veinteañera de la etnia chol, de rostro ancho y rasgos casi orientales; Leticia, la tzeltal, también joven, y Hortensia, una menudita muchacha tzotzil con su huipil rojo como Ramona.

Las miembros del Comité Clandestino zapatista aceptaron ser entrevistadas pero solicitaron las preguntas por escrito. Hortensia y Leticia traían sus cuadernos y sus bolígrafos y, aplicadas, iban anotando las cuestiones que contestaron así de una vez. Primero hablaron de las transformaciones en las comunidades rebeldes:

"–El cambio que ha habido en las familias es la idea, porque cuando no nos habíamos integrado en la organización teníamos otra idea, los hombres hacían todo lo que les daba la gana. Pero ya pensamos de otra forma, ya nos estamos dando cuenta de cómo vivimos, porque antes no sabíamos si estábamos en la pobreza...

"–La mujer trabaja más que los hombres, sufre más. Antes sufrían hasta golpes, pues. Ahora hay familias que ya no viven así, sino que ayudan los hombres y trabajan igual, pues. Es el cambio que ha habido en la comunidad.

"–No nos quedó otro camino porque así es la situación de la mujer, porque nos dimos cuenta. Por eso no bastaba que los compañeros se empezaran a organizar, también nosotras teníamos que hacerlo. Y hasta hoy seguimos y no lo dejaremos hasta lograr nuestros objetivos, hasta que no veamos que nos respeten como mujeres indígenas.

"–Ahora entre hombres y mujeres se han dado cuenta que es muy importante la lucha, es importante organizarse; ahora los hombres, las mujeres y los niños y los jóvenes ya conocen cómo sufren, saben su situación. Y ellas mismas, el pueblo mismo, se da cuenta de todo lo que está pasando.

"En algunos pueblos es tan difícil cambiar sus ideas, es por las malas ideas que ha venido metiendo el sistema. ¿Quién tiene la culpa? El mal gobierno, el sistema capitalista, es lo que nos ha dominado a todos, es lo que ha venido aplastando a la gente para que no pudiera pensar, pero ahora ya despertamos. Ahora ya no sólo el estado de Chiapas sabe que existimos, sino toda la nación, a nivel nacional e internacional."

A la pregunta de si es muy difícil ser una comandante zapatista, contestaron:

"–El mismo pueblo nos nombró, por eso aceptamos. Estamos dispuestas a luchar, estamos para escuchar al pueblo, y nuestro trabajo como comandantes es consultar al pueblo, organizar, orientar y explicar cómo va el proceso de nuestra lucha. Trabajamos junto con los hombres, hacemos reuniones, hacemos nuestro plan de cómo vamos a trabajar y cómo vamos a llevar nuestra lucha, y así. Vamos a las comunidades cuando se requiere visitar a los pueblos, entonces nos encontramos bastante gente, muchos municipios, somos un chingo pues.

"–Cada pueblo se organiza, tiene su representante. Hay mujeres que dirigen, que dan política. Esas mujeres sí hacen esfuerzo porque no hay quien apoye, porque el gobierno no va a venir a resolver los problemas, el gobierno no va a venir a asesorar. Los pueblos saben, ya lo han visto durante la resistencia de quinientos tres años, que nunca el gobierno resolvió los problemas a nadie hasta que el propio pueblo ahora se ha levantado. Se ha despertado, ha tenido un espacio para trabajar –el EZLN–, para poder luchar, por eso nosotras ayudamos a las mujeres a que se organicen más, que vean de qué formas se va a poder.

"–No queremos nada con el gobierno porque el pueblo está organizado, si todo el tiempo vamos a llorar al gobierno pues nos va a querer venir a engañar para meter otras ideas, otras cosas que aquí nosotras ya no queremos. Hemos hecho un esfuerzo de formar, de ver cómo alfabetizar a las mujeres, las que no saben leer y escribir, las que no saben español, hemos buscado la manera cómo apoyarlas para que aprendan."

Interrogadas por su situación personal como jefas zapatistas, las jóvenes contestaron:

"–Miedo, duda para luchar, no, no hay. Sabemos que sí se va a lograr, sabemos que sí se va a organizar, porque nosotras estamos decididas, dispuestas con todo el pueblo.

"–Cuando vamos a la mesa de diálogo estamos frente a nuestro enemigo, la gente del gobierno, pero no tenemos miedo porque estamos dispuestas, si morimos pues nos morimos, por la dignidad, para que otras vivan.

"–Nosotras no tememos, es como ya se ha dicho, desde el 1° de enero preferimos morirnos así luchando y no morir de cólera o de disentería, porque nuestra vida ya la tenemos tomada así, nosotras sabemos que no representamos una sola mujer sino que representamos miles de mujeres."

Mientras duró la entrevista, Trini dejó que las más jóvenes hablaran y observaba fascinada cómo sus compañeras tomaban notas, leían y escribían con facilidad. Para despedirse, Trinidad abrió un nuevo tema: "El resto de México pueden hacer de la misma forma, que se empiecen a organizar las mujeres, para que así salga una mejoración, porque si no piensan organizarse, ¿cómo piensan alcanzar una vida feliz?

"Bueno, la idea que nosotras tenemos es unirnos con cualquier organización independientemente, para que así no nomás nosotras como indígenas vamos a organizarnos, pensamos en unirnos con ellas, porque si seguimos solas claro que no vamos a poder. Lo que vemos importante es unirnos con organizaciones, pero que sean independientes, porque nosotras no pertenecemos a ningún partido, pues.

"Voy a decir dos o tres palabras. En las ciudades hay otras compañeras que todavía no se han organizado bien, pero lo que podemos decir es que se organicen, que se unan en su pensamiento, en su idea. Si están muy divididas no podremos avanzar, sólo unidas podemos llevar adelante nuestra lucha".

XI. La mesa de diálogo sobre la mujer indígena

"EL CAMINO ESTÁ ABIERTO YA"

Durante la primera fase de la negociación sobre "Derechos y Cultura Indígenas", del 18 al 23 de octubre de 1995, se instalaron seis nutridos grupos de trabajo simultáneos que abordaron los temas de autonomía, participación política, justicia, cultura, acceso a los medios de comunicación y mujer indígena.

Unas cuarenta invitadas y asesoras tanto del gobierno como de los zapatistas abordaron la mesa de mujeres. Intelectuales mestizas se sentaron junto a indígenas de Chiapas y de todo el país. Pero a las blancas les tocó más que nada escuchar la voz del silencio roto de las otras.

Fue el grupo que más tiempo permaneció reunido, que más discutió. Hablar fue para las mujeres indígenas un fin en sí mismo, una revolución de las costumbres. Había que retomar los orígenes de la tristeza, hilar los caminos del olvido y del dolor, ahondar en el sufrimiento.

Las comandantes Hortensia, Leticia, María Alicia y Trini, junto a las delegadas del gobierno con las que se entendieron muy bien, presidieron en todo momento la mesa y concluyeron: "Nos dimos cuenta de que hay muchas mujeres dispuestas a luchar con nosotras. Y ahí plantearon sus necesidades, sus problemas, todo pues, y son las mismas sus demandas que las nuestras, hay coincidencia entre ambas partes. Las mujeres dijeron todo el sufrimiento que llevan, que sufren violaciones, represión y todo tipo de injusticias desde hace quinientos tres años".

Trini estaba satisfecha: "Estuvimos muy contentas los cuatro días que estuvieron ahí participando en la mesa. Nosotras animamos a las mujeres a que se organicen más para que así vayan viendo, vayan conociendo que el camino está abierto ya".

Y es que en esos cuatro días, "tanto las invitadas del gobierno como las invitadas de nosotros estuvo igual su pensamiento, porque todas somos indígenas y vamos por el mismo camino. Hasta lloraron ahí por haber dicho su sentimiento, por haber dicho lo que tenían en sus corazones y que nunca habían desocupado, nunca lo habían dicho, pero ahora sí lo dijeron, varias señoras lloraron ahí".

Las conclusiones que acabaron redactando las mujeres distaban mucho de abarcar la riqueza del debate que se dio. Pero tocaban los puntos medulares de sus reclamos: "Queremos un cambio global del modelo económico, político, social y cultural". Como punto de subrayada importancia, se demandó el derecho a la posesión de tierra para las mujeres, negado por los usos y costumbres de las comunidades indígenas, y la derogación de la reforma del artículo 27 constitucional que, con el mandato de Salinas, convirtió la tierra en materia de transacción comercial. También pidieron la modificación del artículo cuarto sobre usos y costumbres y su ley reglamentaria respecto a los derechos de las mujeres indias, y el cumplimiento del convenio 169 de la Organización Internacional del Trabajo.

La mesa, como todas las demás de este primer diálogo que fue considerado "nacional", exigió unánimemente autonomía para los pueblos indios.

También se demandó alto a la discriminación, derecho a tener representación de cincuenta por ciento en el legislativo y en todos los órganos de gobierno: tradicional, comunal, municipal, estatal y federal; la desmilitarización de los pueblos y regiones, el cese de la violencia sexual e intrafamiliar: "Que se hagan efectivos para las mujeres indígenas los pactos y convenios internacionales que el gobierno mexicano ha firmado tales como la Declaración de Viena sobre Derechos Humanos, la Convención sobre la Eliminación de toda Forma de Discriminación a la Mujer, los acuerdos de la Conferencia Mundial de Población y Desarrollo referidos a la salud y de derechos reproductivos de las mujeres, los acuerdos de la UNESCO para destinar un porcentaje suficiente de los recursos del país para la educación".

DE SALUD Y VIOLACIONES

El tema de preocupación más inmediata en la vida de las indígenas es la salud. La mujer, la madre, es el punto medular de la atención a la familia, la encargada de la manutención y de procurar por los hijos y el marido, hervir el agua, lavar ropa, adecentar la casa, cocinar, cuidar a los suyos.

Siempre que se les pide a las mujeres un deseo o una necesidad apremiante, hablan de no enfermarse, de tener buena atención médica para los niños.

El día 21 de octubre, en el salón del centro de convenciones El Carmen de San Cristóbal de Las Casas, la salud salió a discusión. Y la rabia contenida de las indias brotó de forma imparable, igual que las lágrimas de todas las presentes.

Juana María empezó: "Yo soy de San Pedro Chenalhó, ahí hay un centro de salud y no hay atención, no hay médicos, no hay medicinas. Si hay médico y llega una mujer indígena, no la atiende si no trae dinero. 'Vete a limpiar tus pies porque traes mucho lodo', nos dicen porque andan descalzas las pobres mujeres indígenas. 'No te puedo atender, sucia'."

María es una mujer tzotzil que se atreve a ir más allá y a denunciar otras prácticas que las indígenas sufren en carne propia: la violación por parte de los doctores.

"¿Por qué ocurre eso? Sólo porque somos indígenas y somos pobres, por eso nos violan en los hospitales. Se mueren las mujeres en las comunidades porque ya no tenemos confianza con los hospitales, con los médicos, las enfermeras. Siempre somos mal atendidos, siempre somos pisoteados [llora]. Si al gobierno le interesa atender la gente indígena, que sepa respetarnos, queremos que haya una traductora tzotzil, tzeltal, tojolabal, chol, mam, de cuantos idiomas existimos en nuestras comunidades en nuestro México."

La catarsis colectiva se había gestado en la pequeña aula donde dialogaban las mujeres. Y una tras otra, las indias presentaron sus agravios.

"Muchas de nosotras no tenemos confianza; mejor prefiero morirme aquí en mi casa porque si voy al hospital sólo me va a decir el doctor que yo me acueste con él."

Verónica pide centros de atención de salud con especialistas en todas las ramas de la medicina y que sean indígenas, y que mejor si hay doctoras mujeres.

Tras un breve silencio, Sebastiana, una tzotzil de Chamula, pide la palabra y conseguirá con su discurso que una ola de frío nos recorra la espina dorsal a todas las que escuchamos.

LA TRISTEZA DE LAS CHAMULAS

"Soy del equipo de salud reproductiva del Grupo de Mujeres de San Cristóbal de Las Casas y pensamos la importancia que tiene poder compartir con ustedes algo de las chamulas que nos han permitido conocer su salud en las comunidades.

"Durante el tiempo que hemos trabajado con ellas, embarazo,

parto, después del parto, se ha podido reconocer que las distintas formas de violencia están siempre relacionadas con las enfermedades de las mujeres. Los golpes, el abandono, son en muchos de los casos la causa directa de la enfermedad.

"Sin embargo, el problema más grave que impide llevar una vida más sana se encuentra en el valor que la comunidad otorga a las mujeres, que no les reconoce ni les permite reconocerse como poseedoras de su voluntad propia. De esta manera, el autoritarismo, los insultos, los golpes, las humillaciones, son aceptadas por la mujer porque así manda Dios, así la hizo, así debe ser.

"Siempre es necesario saber los nombres de las enfermedades y cuántas mujeres están enfermas... pero nosotras no queremos decirles eso, lo que queremos es contarles un poco lo que ellas nos han platicado sobre su salud. A ellas, igual que a muchas mujeres de Chiapas y de todo el país, les duele la cabeza, el estómago, las canillas, y se les hinchan las manos, los pies, y les duele el cuerpo, etcétera. Nos explican que la enfermedad les comienza siempre en la cabeza y va bajando, y esto les pasa por tristeza o espanto. Ellas dicen que la tristeza es porque las mujeres nacen con el espíritu en el cielo, no saben pensar para resolver problemas.

"Cuando trabajan mucho, no pueden descansar. Cuando el hombre pega y ni da para el jabón, ellas piensan mucho en su tristeza y la tristeza crece, entonces sí les duele la cabeza. Para que no baje la enfermedad tienen que prender velas, rezar. El espanto es cuando el hombre toma trago y pega, te patea y te tira en el suelo. Entonces, para no enfermar, hay que ver el ilol para que prenda velas, rece, amarre flores, mate el pollo.

"Cuando el hombre te tira, pero si el hombre es malo, no te da ni para la vela ni para el trago, el hombre es peor, porque tú tienes que ver qué haces para conseguir tus velas. Las mujeres no saben nunca de qué se enferman aun cuando el marido sea bueno, las lleve a ver el ilol, el curandero, para que las levante. Cuando están muy malas, nunca les dicen de qué se enferman; además ellas nunca ven el médico, ¿por qué? Porque les ve el pipí –lo interpretamos así para no usar que les ve la vagina.

"Para ellas, el embarazo, el parto, el puerperio, no significa ningún riesgo para la salud o su vida. Si va la partera, es porque el hombre no quiere que su hijo caiga en el suelo. El hombre no respeta el puerperio después del embarazo (los días sin relaciones sexuales) y luego quiere abrazar mujer, pero la mujer le da pena porque está pegajosa, porque mancha la nagua. A veces el hombre le dice 'estás apestosa'; ni así la respeta, ellas no pueden hacer nada, su voz no tiene palabra, qué pueden hacer si el hombre dice: 'Para eso te compré, ¿acaso tú pagaste el trago, el refresco cuando te pedí?'

"La mujer no puede hacer nada porque así es el costumbre, así se vive. Si la criatura pasa antes del parto, el aborto, es porque la criatura no quiso vivir; entonces el aborto no significa ningún riesgo para la salud, aunque así chorreando agua, sangrando, vamos a la milpa, cargan la leña, echan tortilla. El aborto sólo tiene significado cuando no hay hombres hijos, si no hay suficientes hijos varones, entonces sí significa que la mujer no sirve, que puede ser cambiada por otra que sí dé hijos, porque el hombre quiere abrazar hijos, así es el costumbre.

"En la comunidad sólo cuentan con apoyo de su familia si fue la familia quien la vendió. Si no fue así, aunque esté muriendo nadie le ayuda por haberse regalado sola. También es común en casos muy desesperados, golpeados, lastimados, la mujer recurre al presidente municipal o al juez municipal en busca de ayuda. Entonces le contesta: '¿Acaso aquí tomamos su trago, acaso aquí tomamos su refresco [de la dote]?'

"Así es el costumbre en la comunidad, así es la vida de la mujer, con derecho a nada; nosotras nos hemos preguntado cómo va a ser posible que la mujer piense en su salud cuando la persona ni siquiera se conoce su propia cara."

Ahora, Sebastiana interrumpe su discurso, ha hablado fuerte, con una rabia serena, mezcla de dureza e impotencia. Sus ojos están húmedos, la belleza supina de su rostro maya ensombrecida.

Sebastiana suelta sus papeles, se levanta y mira a las demás compañeras de la mesa del diálogo. Y arremete feroz: "¿Cuándo nosotras hemos gozado nuestra relación sexual? Jamás. Porque jamás te lo enseñan. Y qué triste porque en nuestras comunidades eso nunca se usa; como dicen, así es el costumbre, y no sólo estas mujeres la viven sino en todas partes".

El silencio se apodera del recinto, las mujeres enjugan sus lágrimas, todas, las del gobierno y las zapatistas, las invitadas o asesoras, las reporteras, tenemos el corazón en un puño.

Otra mujer indígena toma la palabra y empieza a hablar de lo arraigadas que están las costumbres, lo difícil que es cambiarlas, lo importante que es abrir los foros de debate para estos temas, sólo hablando, hablando y hablando se va despertando la conciencia: "Las mujeres para sensibilizarlas es bien difícil, tiene que llevarse una etapa como ahorita aquí, dialogando, esto que estamos haciendo. No sólo estamos haciendo los talleres con ellas sino también con los esposos y así. Nuestra idea es sensibilizar a jóvenes muchachas para que así ya la mujer no sólo es con derecho a nada, ésa es la verdad".

El autoanálisis llega a su máxima expresión en la voz de otra tzotzil: "Nosotras mismas hemos aceptado que somos más bien una fábrica, así lo llamemos. Y como que lo tenemos muy aceptado, por eso tenemos que sensibilizar que no somos una fábrica. Para eso son los talleres que estamos haciendo con mujeres y hombres y nosotras mismas, también, las que trabajamos en este equipo. Es bien difícil saber cómo trabajar. Porque estamos tan acostumbradas a ser manejadas por el gobierno, 'órale, si vas a un encuentro, si vas a un taller, te pago el día o te pago el pasaje'. Estamos tan acostumbrados que es tan difícil que a una comunidad le vayas a proponer, 'vamos a trabajar la salud, no te doy nada'. Lo que estamos haciendo es un trabajo pequeño, talleres y apoyo emocional".

Aída es una de las invitadas del gobierno. Su discurso es mucho menos politizado que el de las demás. No obstante, coincide en todo: "Yo soy de por la zona Lacandona, valle de Santo Domingo, municipio de Ocosingo. De allá vengo yo, está muy lejano, donde es más profunda la selva, donde está más duro para vivir, para formar la salud. Pero nosotras las mujeres nos estamos organizando por causa de este sufrimiento que han contado las compañeras y que han dicho la verdad. En una comunidad indígena es difícil salir adelante".

ENFERMAS DE HAMBRE Y DE OLVIDO

La actriz Ofelia Medina, de raza blanca, irrumpió con cifras y datos. En México, diecisiete millones de personas viven en la miseria extrema y no tienen derecho a la salud. El ochenta y siete por ciento de los niños indígenas del país padecen segundo grado de desnutrición. El cien por ciento de las indígenas mayores de diez años están desnutridas. Del sesenta y cinco al setenta y nueve por ciento de los niños indios que van a la escuela tienen déficit de talla... "El sistema de salud actual es un negocio más en beneficio de muy pocos".

Ofelia pone como ejemplo el hospital de Guadalupe Tepeyac, que tardó cuatro años en construirse y en el que se invirtieron millones de millones de pesos. Ninguna persona de la zona fue capacitada en salud de las comunidades de alrededor.

"El 9 de mayo pasado vi morir a una mujer en ese hospital. Tuvo que llegar caminando de La Realidad a Guadalupe Tepeyac [cinco horas]. La mujer venía de haber parido hacía cinco días; cargaba su niñita y su suegra cargaba esa criatura recién nacida que no pesaba ni un kilo. Esa mujer murió dentro de ese hospital que se supone es uno de los hospitales más grandes y más importantes de América Latina. Estamos enfermos de hambre, de miseria, de pobreza."

Petrona, otra mujer indígena, se apodera de la atención del foro: "Queremos que en las comunidades haya dos clínicas con doctores indígenas, una alópata y una de médicos tradicionales. Y que las mujeres sean atendidas por doctoras y enfermeras indígenas".

Isabel toma la palabra: "Hay comunidades con hospitales grandísimos pero que no se atiende como es debido, no hay medicina y los médicos son aprendices, ni siquiera son doctores. Si tenemos sólo las paredes y siguen sucediendo muertes de mujeres y niños, ¿de qué nos sirve?"

De nuevo Sebastiana quiere hablar. Agarra el micrófono y mirando a las compañeras dice: "Voy a hablar sobre el aborto, que creo debe ser despenalizado porque hay muchas niñas violadas intrafamiliarmente. Son casos que no salen afuera porque nunca se habla. A veces hasta se embarazan del propio hermano, del propio padre, sólo porque no se llega a saber. Yo estoy hablando por experiencia, por lo que he escuchado de mi comunidad, mujeres indígenas que te hablan: '¿no sabes de algo para bajar la regla?, yo ya estoy desesperada'.

"Yo pienso que se debe despenalizar el aborto y dar a conocer por qué. Yo he escuchado de compañeras indígenas que no saben qué hacer, y está la violación intrafamiliar que deja lastimada su salud en toda su vida."

En los resolutivos finales no se recogió el acuerdo que las indígenas tomaron de solicitar la legalización del aborto. Lamentablemente, por consejo de una de las mestizas, decidieron mejor no echarse a la iglesia en contra y omitir ese punto.

La soledad de las indias ante un mundo ajeno y agresivo siguió siendo el tema central: "Llega una mujer golpeada del esposo o maltratada del esposo. Llega a un hospital. Nunca se le pregunta cómo se siente, un apoyo emocional. ¿Qué te duele?, te revisa. Ellas nunca lo dicen si les han pegado porque no hay una confianza, jamás les dicen: 'Oiga, ¿cómo se siente, señora, qué le pasó?, 'No, nada'. Nosotros allá en nuestra organización tenemos una psicóloga que da apoyo emocional. ¿Qué es lo que nos mata?, ¿de dónde nos viene el dolor de la cabeza? De la tristeza. Pero el doctor nunca te pregunta cómo se siente en este momento".

Las indígenas, por pobreza y por racismo, sufren un trato inhumano, impersonal, agresivo, sin derecho a explicaciones. Ir al doctor tiene implicaciones que las aterrorizan: "También en el hospital, que les quitan la ropa, tiene que estar un buen traductor que explique bien a la mujer por qué se le quita la ropa, por qué se la va a revisar, no nada más cuando llegas al hospital porque sí, llegas, 'órale, quítese su ropa, ahorita la voy a revisar'. Cuando estas embarazada, igual: 'órale, quítese su ropa'. Sin explicar que es porque va a nacer tu bebé. Y hablo del caso específico mío. Tuve una niña y en menos de doce horas me levantaron para salir. No los pude convencer de que estaba débil hasta que me caí. Y eso que yo sé español y sé defenderme".

Los indios son los últimos en ser atendidos pero los primeros en ser despedidos. Otra mujer se queja: "Hay gente rica que está ahí y atienden primero a los ricos, a nosotras cuando les da la gana. Es un cierto dolor que hemos venido padeciendo. Siquiera nos trataran con la atención de mujeres pobres y campesinas".

"¿Cómo hemos sido siempre tratadas?", se pregunta Juana. "Nos han manejado como a un camión, nos traen de allá para acá y de acá para allá. Nunca el gobierno, ni los empleados que pelean por su candidatura, cumplen, son unos falsos. Y nosotros sí nos dejamos engañar, como somos pobres y no sabemos, somos ignorantes. Pero ya nos están cansando, es tiempo que hablemos nuestra propia palabra."

"LOS LENTES, A NIVEL NACIONAL"

Roselia, la maestra tojolabal, hace hincapié en un tema reiterado durante todo el debate, el de la calidad de los médicos asignados a los hospitales en zonas indígenas: "En el cuerpo de los indios hacen su práctica los que se inician como médicos para darles mejor servicio a los mestizos".

Roselia pone ejemplos y hace reclamos: "Un niño que tenía un tumorcito lo intervinieron los practicantes y ese niño ya no tiene movimiento. Una mujer de mi mismo apellido se desangró en el parto porque estaba demasiado retirada del médico. Quiero ver médicos indios, en mi región no hay uno solo. Necesitamos un trato humanitarista. Otra cosa que me llena de tristeza es nuestra gente que se pone a llorar en las banquetas de las ciudades porque no tienen dinero para pagar el hospital y si están jóvenes no les dan. Yo exijo que no se cobre porque los indios no tenemos dinero para pagar".

La conclusión unánime la pone en palabras esta maestra tojolabal: "Debe haber atención médica para los indígenas, ¡pero ya! No dentro de uno, dos o tres años; debe haber atención médica ya, porque nuestra gente se muere. Que se den medicamentos, vitaminas para las mujeres, para que ya no estén amarillas, para que agarren color y aguanten, para que lleguen a los hospitales. Y que allí se den los nutrientes, que se dé la dotación de alimentos de que se habla en la escuela, que si leche, que si carne, eso que los niños indígenas no conocen".

La charla se extiende y se ensancha, no deja recodo por tocar ni agravio por ahondar en él. En los hospitales no dan ni tortillas ni pozol, lo que están acostumbradas a comer las indias. Surgen demandas que pueden parecer paradojas, chistes de mal gusto, pero que en el fondo reflejan la realidad más cruda, como la voz de Mariana Pérez, partera chol: "Queremos que esos lentes sean a nivel nacional".

Los indígenas tienen muy buena vista, comentaba un día un extranjero admirado, ninguno lleva gafas. Las mujeres tejedoras, las abuelas artesanas, fuerzan su mirada entre los hilos de colores, igual los niños que nunca leyeron un pizarrón, no sabrán que otros ven lo que ellos no. Los dolores de cabeza, las jaquecas... Pero, ¿a quién le importa hacer una campaña para que los más olvidados reciban los avances de la óptica?

"QUE LA PRESENCIA DE LA MUJER NO SEA YA UNA BURLA"

Roselia Jiménez Pérez, de treinta y tres años, india tojolabal, había sido invitada por el gobierno a participar en la mesa de Cultura y Derechos de la Mujer Indígena. Procedente de Comitán, Roselia es maestra de educación primaria y presidenta de la Unidad de Escritores Mayas Zoques, que tiene sus oficinas en San Cristóbal.

"Agradezco sinceramente al EZLN, se lo agradezco muchísimo, que se dé este diálogo. Yo quiero mucho a las mujeres zapatistas, estoy muy contenta y orgullosa de estar frente a ellas, porque como dice la comandante Trini, que es tojolabal igual que yo, este camino se ha abierto ya: ellas lo han trabajado y ya se hizo con sangre."

Su gran preocupación es que las cosas no queden igual después

223

de este esfuerzo hecho: "Yo, desde que entré aquí, lo primero que dije es: 'Por la dignidad de la mujer, por la dignidad de los pueblos indios, por la sangre que se ha derramado en México, por favor, que la presencia de la mujer aquí no sea ya una burla, que haya ya respuesta, que veamos ya los avances'. Por eso yo pedía ayer recursos para la mujer, para que podamos organizarnos en encuentros municipales, estatales y nacionales y poder analizar cuáles fueron las respuestas.

"Yo voy a seguir paso a paso, día a día, la respuesta. No quiero que sea una burla, que nos vayan a traer a sentarnos en esta mesa como siempre nos han usado."

Roselia, con una rabia y una convicción profunda, se extiende: "Yo ya quiero ver a la mujer estudiando, manejando sus recursos, yo ya quiero ver a la mujer participando. Y queremos un pronunciamiento para que dentro de los mismos pueblos, de la misma comunidad, el hombre acepte que ya vamos a hablar las mujeres. Se dio con sangre, dicen las comandantes zapatistas; yo lo reconozco, es un dolor tremendo que llevamos, porque es nuestra familia la que se murió y somos nosotros los que abrimos este paso..."

Sobre la mesa de debate donde han participado las invitadas y asesoras del gobierno y del EZLN, Roselia se queja de las indígenas: "Ellas decían cuando llegaron el primer día: 'Perdón, porque no sé hablar español, perdón porque no puedo expresarme, perdón porque no sé si me entienden...' Yo les dije que por favor dejemos de estar pidiendo perdón. En una ocasión Salinas de Gortari pidió que se pidiera perdón por ser pobres. Nosotros seguimos pidiendo perdón por no hablar el español. Yo les pedí y supliqué que eso se quede ya enterrado, nosotros no tenemos que pedirle perdón a *nadie*".

¿Cuáles son las demandas que tú defiendes en esta mesa de diálogo? "Yo lo que estoy pidiendo acá es que se creen fondos regionales que maneje la mujer. La educación es fundamental, que se creen albergues en Tapachula, Tuxtla, San Cristóbal, donde están las universidades, para que la mujer se pueda ir a estudiar y tenga un lugar donde quedarse y se las apoye con becas.

"Con la condición de miseria en que se encuentran nuestras hermanas en las comunidades, jamás se va a poder llegar a nada porque se están muriendo de hambre. Pero si se dan becas, se crean los albergues, la mujer ya puede venir a estudiar.

"Y también que se creen proyectos para hacer producir la tierra, o montar granjas de animales. Ojalá sea considerado y suelten los recursos y sean manejados por un concejo municipal, cincuenta por ciento de hombres y cincuenta por ciento de mujeres; ambos pueden luchar por el beneficio de los pueblos."

SOBRE LAS LENGUAS INDÍGENAS

Roselia habla de su vida: "Soy hija de una tojolabal de González de León, mi mamá es de Lomantán, yo nací en Comitán; ellos no quisieron que yo aprendiera la lengua porque decían que no era bueno, pero ellos jamás dejaron de hablarla. Somos cuatro y afortunadamente dos nos apropiamos de ese gran tesoro que es la lengua tojolabal, y dos no lo hablan".

Roselia, que es escritora en tojolabal y ama sus raíces indígenas, exige de una vez por todas acabar con el sentimiento de inferioridad de las culturas ancestrales de México: "Estoy pidiendo la oficialización de las lenguas indias, la introducción en los contenidos educativos de nuestros valores culturales, porque actualmente los pobres niños han sido educados con un contenido ajeno. Ahí es donde empieza la desvalorización de la lengua, la discriminación, donde se pierde la cultura. Llegan los maestros, y si no son maestros de la misma lengua, ¿qué se puede hacer? Trauman al niño, lo espantan, le crean complejo de inferioridad. Eso no es correcto, los niños tienen derecho de estudiar en su propia lengua, en una primera etapa.

"Aquí en México impera el racismo, la discriminación. Imagínese, nosotros, para que pudiéramos estar aquí en San Cristóbal, me dio tristeza, teníamos en algunos hoteles hecho un contrato, pero cuando supieron que iban a llegar indios dijeron que no.

"La culpa la tiene definitivamente el gobierno y también la gente que no tiene esa capacidad de pensar en los que son sus raíces, porque quieran o no quieran, nosotros somos la identidad profunda de los mexicanos.

"No sé por qué en lugar de aprender a dominar una lengua indígena aprenden primero el inglés. Todas las instituciones de gobierno, que aunque no den nada están para los indígenas, como el INI, SEDESOL, etcétera, dan trabajo a muchísima gente mestiza, pero antes de aprender una lengua de la región o del estado aprenden el inglés. Eso es parte de ese complejo de identidad que tiene el mexicano.

"Yo pido reconocimiento oficial de las lenguas y que se incorpore su estudio en las universidades, en las escuelas preparatorias, las secundarias, porque de esa manera se van a valorar las culturas.

"Pero si no lo quieren aceptar, pues no sé yo dónde tienen su identidad los mexicanos, porque de España no son. Afortunadamente nosotros tenemos nuestra identidad y la estamos defendiendo. Estas tierras, antes de ser de los que viven acá, son de nuestros primeros padres. Nosotros estamos heredando esa sabiduría y estamos convencidos de la grandeza y el florecimiento en que vivieron nuestros primeros padres. No me avergüenza, gracias a Dios, ser india tojolabal.

"Aunque haya venido del lado del gobierno, estamos pugnando por nuestra autonomía, que no es más que el derecho a vivir como vivimos, a nuestra organización, que se nos dé lo que nos corresponde, no para pisotear los valores sino para levantarnos, para heredar a la niñez un buen futuro, ya no éste de discriminación, racismo y todo lo negativo que pueda existir."

DOBLE DESVENTAJA

La charla con Roselia se extiende de forma imprevista. Su historia personal no ha sido fácil. Cuando ella estudiaba para maestra, su profesor la intentó mil veces desanimar: "Tú sólo puedes trapear y fregar los suelos de los mestizos". Luego pasó a dirigir a los escritores, "hubo hombres que no lo aceptan y dicen que si yo había aceptado el cargo es porque no soy mujer. Ésa es una mentalidad que tiene que cambiar".

En la discusión de la mesa de mujeres indígenas se produjo una pequeña fricción entre algunas asesoras e invitadas indias y otras mestizas. Para Roselia, las mestizas no debían participar tanto: "Yo agradezco mucho la participación de las asesoras que no son indias, pero pienso que es muy importante que tome la palabra la mujer india, porque aquí se está analizando eso, la cultura y derechos de las indias; por eso me gustaría más que salga de la mujer india; porque somos nosotras las que nos hemos echado los tercios de leña encima, las que cada día estamos comiendo tortilla con frijol y chile, y muchas veces ni frijol, sino tortilla con sal. Somos nosotras las que estamos ahí sufriendo por querer hablar.

"Lo que pasa que las indias y las mestizas pugnamos porque se nos reconozcan derechos muy diferentes. Nosotras estamos en doble desventaja que ellas. Necesitamos romper esas barreras, hay capacidad. Aquí hay mujeres que manejan derechos humanos, autonomía, muchas cosas que nos pueden servir."

Para esta tojolabal la vida cambió desde el 1° de enero de 1994, asegura, y lo expone en frases poéticas: "Ya no somos los mismos. Antes estaba la esperanza pero con la cara agachada; indio que hablaba, de hecho así es, indio que muere. Pero afortunadamente desde el levantamiento armado nuestra gente dice que ya estamos con la mirada levantada y nos sentimos orgullosos. Y las mujeres también. Ya somos otros. Yo creo que nos infundieron ese valor, ese valor para hablar y para decir las cosas.

"Y el hecho de que estén aquí cuatro mujeres enmascaradas es la dignidad. Esa máscara representa la esperanza. Se limpió la dignidad. Aunque nos tengamos que abrir paso en el desprecio, como en el caso de los hoteles. Son bloques, son rocas los corazones de los mexicanos. Pero hay mexicanos también que están con nosotros, que están luchando por nuestra misma causa, por transformar la dolorosa realidad en que se vive, no de ayer, sino de siglos. Y en determinadas épocas se tiene que morir nuestra gente por reclamar sus derechos y vivir con dignidad. Esta etapa nos ha tocado vivir ahora, qué bueno.

"Yo les decía a las hermanas zapatistas: 'perdón por no ponerme las armas encima, por no tener ese valor...' Pero estoy con ellas, estoy con el lápiz, estoy con el pensamiento.

"Luchamos por nuevas relaciones entre las personas que tienen que acabar con el marco de vivir en la servidumbre, en la explotación, queremos ser iguales, vivir en paz pero con dignidad, con justicia, con libertad".

XII. Nuestro corazón ya no es el silencio

"Nuestro corazón ya no es el mismo ni nuestro pensamiento. Mi abuela y mi madre se fueron en silencio y sólo conocieron los colores del huipil de la Virgen del Rosario. Hoy, mis hijas siguen durmiendo en la tierra con hambre y enfermas, pero la paz que queremos es otra, aunque tenemos que caminar mucho para conseguirla. Me puedo ir de esta tierra, pero mi corazón y mi pensamiento son otros, ya no es el silencio."[1]

El primero de enero marcó un rompimiento en México y un antes y después en Chiapas. Las indígenas empezaron a reaccionar, a querer saber, a unirse y participar más que nunca. La primera Convención Estatal de Mujeres Chiapanecas tuvo lugar en agosto de 1994 y consiguió juntar a unas veinticuatro organizaciones. Para la segunda sesión, en octubre de 1994, ya eran cien las organizaciones presentes. Los problemas que enfrentaron fueron muchos. Pero las indígenas por vez primera pasaron a ser protagonistas y estuvieron en primera fila en las tomas de tierra, ocupaciones de alcaldías, cortes de carreteras, y en todas y cada una de las marchas por la paz, por la salida del ejército de la zona de conflicto, por la resistencia civil, a favor del gobernador en rebeldía Amado Avendaño, por el obispo Samuel Ruiz...

En diciembre de 1994 se instaló, en el INI de San Cristóbal de Las Casas, el Gobierno de Transición en Rebeldía de Chiapas, mientras, paralelamente, en Tuxtla Gutiérrez tomaba posesión el gobernador oficial, Eduardo Robledo Rincón.

La Convención Estatal de Mujeres decidió adherirse al gobierno de Avendaño y crear una Comisión de Mujeres cuya plataforma de trabajo y reivindicación fuera la vida cotidiana: higiene, drenaje, luz eléctrica, gas, agua potable.

La falta de recursos, la guerra de baja intensidad que se vivió en el estado, así como los problemas de funcionamiento unitario, llevaron al fracaso el intento y a la diáspora hacia las organizaciones propias.

---

[1] Pascuala, en el folleto *Mujeres indígenas de Chiapas,* Kinal Antsetik, México, 1995.

Mientras en las asambleas se peleaba el espacio para las mujeres, en las instalaciones del INI, donde tenía su sede el gobierno rebelde, una indígena fue violada por hombres del grupo Pro Mejoramiento de la Raza.

En febrero de 1995, con la ofensiva del ejército federal contra el EZLN y sus líderes, el trabajo de las mujeres volvió a detenerse, o más bien a fluir bajo tierra. El miedo se apoderó de las comunidades. Pueblos enteros tuvieron que huir desesperados en un éxodo incierto. Con los meses, algunos pudieron regresar a sus casas, otros no. Los habitantes de Guadalupe Tepeyac fueron los condenados a no volver.

El trabajo de muchísimas indígenas a raíz del alzamiento zapatista fue analizar su propia vida e intentar definir cuáles son las costumbres a mantener y los derechos a recuperar.

Los agravios, reclamos y análisis que han hecho las mujeres indígenas desde 1994 hasta la fecha no cabrían en un tomo.

"Si la mujer está sola, ¿cómo es posible no tener tierra? Las mujeres no tienen derecho a la tierra, pero las mujeres tienen que comer; es una costumbre de los antiguos, pero, ¿por qué?

"¡No todas las costumbres son buenas! Hay unas que son malas... Una costumbre 'chopol' es que a las niñas las casan chiquitas y no importa si se van llorando. Esa costumbre no se debe respetar. Una costumbre 'lek' en mi comunidad es que cuando la mujer está más grande puede decidir si le conviene casarse. Esta costumbre se debe respetar.

"Las mujeres tienen la costumbre de sólo andar con un hombre. Esa costumbre es buena y se debe respetar. Los hombres tienen la costumbre de tener dos o tres mujeres, a veces son hermanas, esa costumbre no nos gusta, es mejor si no se respeta.

"En las organizaciones casi siempre son los hombres los que hablan y los que deciden todo. Hablan en español y muchas mujeres no pueden entender. Quedamos fuera.

"Tenemos una casa con piso de tierra, con pared de palos y lodo, le entra agua por el techo y las paredes. No tenemos agua en todas las casas, hay una llave para toda la comunidad. En otras no hay ni agua. No hay letrinas, tampoco baños. Algunas comunidades tienen luz, pero muchas no tienen luz.

"Lo que queremos es una casa con tres o cuatro cuartos, uno donde duerman los hombres, otro, las mujeres, otro para los papás, un lugar para nuestras cosas, un lugar para los animales y la cocina aparte. Donde no puede entrar el agua cuando llueve. Queremos agua, luz y por lo menos letrinas porque no hay agua. Queremos saber si el gobierno lo va a dar y cuándo. Si es regalo o va a ser a crédito. Nosotros queremos pedir esto para que se cumpla lo que dice la Constitución.

"Por no saber cómo cuidarnos, tenemos muchos hijos y no podemos darles todo lo que dice la Constitución. No existe ayuda para nosotros para cumplirlo. Los niños tienen que trabajar desde muy chiquitos. Mi hijito carga agua de ocho de la mañana a seis de la tarde todos los días por tres pesos al día.

"Queremos leyes para castigar a los padres que abandonan a sus hijos y no dan ayuda económica.

"Queremos apoyo para que las niñas vayan a la escuela, que haya libros en nuestros idiomas. Tenemos que aprender el español para que no nos dé vergüenza defendernos. Queremos aprender a escribir novelas, cuentos, pintar, dibujar, diseñar ropa, practicar los deportes. Que haya escuela para adultos."

SALIR, ROMPER. LAS MUJERES ZAPATISTAS SE LEVANTAN EN MARCHAS

Amaneció frío, con lluvia. Era el Día de la Mujer y se iba a celebrar como nunca, como un gran acto libertario; había que salir de la cocina, de la casa, de la comunidad, de la región y lanzarse a la calle, para muchas por primera vez. Por primera vez y junto con otras, dejar al marido con los hijos más crecidos y lanzarse a conocer la ciudad.

Las cuatro mil mujeres indígenas que invadieron San Cristóbal de Las Casas el 8 de marzo de 1996 provenían de los rincones más recónditos de la geografía rebelde de Chiapas. Las choles del norte, vestidas como campesinas pobres, mujeres de dolor y hambre; las tzeltales y tzotziles de los Altos, de las verdes y escarpadas montañas frías, de huipiles bordados y chujs de lana; las mujeres mariposa de la selva, tojolabales y tzeltales, con todos los colores del mundo a cuestas, colores intensos y sin recato, ofensivos ante el gris de la vestimenta de los ladinos.

¡Qué afrenta para lo inamovible! Las indias llegaban alegres y a montones desafiando el racismo, el silencio secular, con gritos y vivas atronadores. Y para colmo, con sus rostros negados para negar el olvido. Tras sus paliacates y pasamontañas, las sumisas de siempre, las triplemente explotadas –indias, pobres y mujeres–, estaban de fiesta y de marcha. Salían a conocer, salían a ver, salían para encontrarse entre ellas mismas y desafiar el mundo con su lucha zapatista.

Qué importaban el viento, el frío, el largo camino, el mareo en el camión o los hijos en la espalda. Ninguna quiso perdérselo. Todas a una: "Las mujeres tienen ya consigna, queremos para todos una vida digna", gritaban desacompasadas.

Algunos hombres se movían presurosos a lo largo de la serpiente de mujeres, eran los comités clandestinos regionales y locales, encargados de la coordinación y seguridad del evento. Resultaba sorprendente ver cómo a algunos de ellos les habían endilgado el hijo más pequeño. Y es que el día era de ellas, ellas eran el foco de las cámaras, las voces de las consignas, las protagonistas. Como un vaso de cristal estrellado contra el suelo y roto en mil añicos, ellas irrumpían.

"Las mujeres dejaremos el fogón para llevar a Zedillo al paredón."

Amenazantes, las jóvenes de la selva, crecidas ya en el EZLN, con sus faldas simples o ataviadas con pantalones tejanos, aullaban: "¡El fusil está guardado, pero nunca abandonado!" Paso marcial de muchachas en lucha por "democracia, libertad y justicia", rezaban las pancartas. Los lemas los llevaban apuntados en papeles y se notaba que los habían preparado en asambleas y que los habían ensayado, porque apenas empezaba la megafonía, ya todas acababan la frase levantando el puño en un gesto circular, no de puñetazo al cielo, como indica la costumbre izquierdista, sino de rueda oscilatoria. "Mujeres zapatistas de valiente corazón, pronto cambiaremos la nación."

Uno detrás del otro, sigilosos, como flotando en el aire, los pies de las mujeres entraban en la ciudad del desprecio, algunos pies sucios hasta la pantorrilla de un barro que habla de la lejanía de las comunidades, otros pies descalzos y, aunque callosos y maltrechos, hermosos como sostén del cuerpo, la mayoría de los pies enfundados en esas sandalias de plástico de menos de diez pesos pero de colores, porque los colores son el único requisito que las indias ponen a su pobreza.

Ahí van las de los Altos, delante, menos cubiertas de rostro que las de la selva, pero con más niños, ese futuro de la humanidad pendido del cuerpo. Su pancarta de apertura reza: "Viva el FZLN". Y con ello queda demostrado que las indias son las primeras en abrir el Frente Zapatista de Liberación Nacional, el movimiento civil al que llama el EZLN, y sacarlo a la calle en concentración masiva.

El dueño de una concesionaria de autos las miraba desfilar por delante de su negocio, perplejo: "Pero si no saben a lo que van, son acarreadas, ni entienden lo que dicen".

232

¿Será que son acarreadas?, pregunto. "Lo que pasa es que la gente de San Cristóbal no puede entender que los indios piensen, y menos las indias", comenta un colega periodista.

Ellas han venido por su propio pie, de su asistencia no van a sacar más que la emoción de haber participado y el cansancio y el frío y, posiblemente, una buena gripa. Los cartelitos que traen colgados de un palo parecen expresar sus inquietudes... Además demuestran que esta hazaña no ha sido improvisada sino deliberadamente pensada, organizada. Las mantas y pancartas han sido escritas con dedicación y cuidado, con ilusión. En una gran sábana sostenida por dos palos está dibujada una mujer con vestimenta tradicional tojolabal, la ancha falda, la blusa festonada, descalza y empuñando un fusil. Las palabras escritas las dicen las mujeres siempre: "Exigimos el retiro inmediato de las fuerzas armadas del mal gobierno de nuestros pueblos y regiones...", "Exigimos el derecho de la mujer en la participación política y social de nuestro país".

Las consignas que corean las de los Altos son significativas. Se trata de palabras a las que todas contestan "sí" o "no" a voz en grito según de lo que se trate: "¿Tanques?", "¡No!" "¿Escuelas?", "¡Sí!" "¿Aviones?", "¡No!" "¿Hospitales?", "¡Sí!" "¿Cárceles?", "¡No!" "¿Tierra?", "¡Sí!"

Una creatividad desbocada amanece entre las indias que buscan rimas en todas sus demandas: "Las mujeres zapatistas tomamos el candil y si fuera necesario tomaremos el fusil".

Empieza el acto en la plaza de la catedral, cuando ya la larga marcha ha recorrido las calles principales. Las mujeres escuchan los discursos, se sientan en el suelo, hablan en corros, sacan de sus morralitos algún tamal, una bola de pozol, compran un poco de café a un vendedor ambulante, descansan.

En la escalerita de madera para subir al estrado se concentran las oradoras. Inician el acto las tzotziles –no sin antes una inauguración formal de un hombre, miembro del Comité Clandestino de los Altos.

"Hermanas, les hacemos este llamado para que caminemos juntas en esta lucha, unamos nuestras verdades y hagamos nacer un solo pensamiento para luchar contra el mal gobierno. Unámonos todas las mujeres que anhelamos una vida nueva, levantemos la bandera de la dignidad de la mujer y juntas luchemos."

Unas octavillas decían: "Este 8 de marzo en Chiapas cobra una importancia histórica nueva: la participación de las mujeres en am-

233

plias luchas sociales ocupando la tierra, en bloqueos, plantones, marchas, etcétera, por mejorar las condiciones de vida, por la democracia, contra el mal gobierno, contra la miseria y el hambre... Hoy saludamos el '¡Ya basta!' de las mujeres zapatistas y su Ley Revolucionaria de Mujeres".

El acto fue maratónico, como todas las demostraciones de valentía y vigor zapatistas. Duró hasta las cuatro de la tarde. Luego las mujeres de la selva se retiraron hacia el bulevar para abordar los camiones con los que regresarían a sus comunidades. Las de los Altos regresaron a las montañas e iban a continuar la celebración en el gran Aguascalientes de Oventik.

"Estas indias ya se van, pero pronto volverán." Olas de mujeres se dispersaban por las calles como poseídas por una fuerza centrífuga que a principios de la mañana había sido centrípeta. Algunas aprovecharon para hacer algunas compras en las tiendas, alucinadas por mercancías para muchas desconocidas. Y sin sacarse el pasamontañas adquirían algo de comida, alguna pieza de ropa para los hijos, unos prendedores de colores para el pelo, sobre todo.

Con "el corazón más fuerte", las mujeres indígenas regresaron a sus comunidades, a sus cocinas. Ahora ya más seguras que nunca de que algo se ha roto en Chiapas y les ha permitido a ellas salir.

Bibliografía

Barrios, Walda y Leticia Pons, *Sexualidad y religión en los Altos de Chiapas*, Universidad Autónoma de Chiapas, México, 1995.

Benjamin, Thomas, *Chiapas, tierra rica, pueblo pobre*, Grijalbo, México, 1995.

Boda antigua en Zinacantán, Sna Jtz'ibajom, Dirección General de Culturas Populares, México, 1992.

Castellanos, Rosario, *Oficio de tinieblas*, Joaquín Mortiz, México, 1966.

Convención Estatal de Mujeres Chiapanecas, *Escribiendo nuestra historia*, 1994.

De Vos, Jan, *Historia de los pueblos indígenas de México. Vivir en frontera. La experiencia de los indios de Chiapas*, Centro de Investigación y Estudios Superiores en Antropología Social, CIESAS-INI, México, 1994.

Falquet, France, *Las mujeres indígenas de Chiapas de cara a la escuela*, INAREMAC, México, 1995.

Freyermuth, Graciela, "La práctica médica indígena en los Altos de Chiapas", en Armendáriz, María Luisa (comp.), *Chiapas, una radiografía*, Fondo de Cultura Económica, México, 1994.

García de León, Antonio, *Resistencia y utopía*, Era, México, 1985.

Garza, A. et al., *Skop Antzetik. Una historia de mujeres en la selva de Chiapas*, Centro de Estudios Universitarios, Universidad Autónoma de Chiapas, México, 1990.

Gómez Ramírez, Martín, *Ofrenda a los ancestros en Oxchuc*, Consejo Estatal de Fomento y Difusión de la Cultura, DIF-Chiapas, México, 1991.

Holland R., Willian, *Medicina maya en los Altos de Chiapas*, INI-Consejo Nacional para la Cultura y las Artes, México, 1963.

Juliano, Dolores, "Chiapas: una rebelión sin dogmas", en *Cuadernos para el Debate*, Casa de la Solidaritat, Barcelona, España, 1995.

Leyva Solano, Xóchitl, "Hacia el Ahlan Kinal", en Armendáriz, María Luisa (comp.), *Chiapas, una radiografía*, Fondo de Cultura Económica, México, 1994.

Lloyd, Jane Dale y Laura Pérez Rosales (coords.), *Paisajes rebeldes*.

Una larga noche de rebelión indígena, Universidad Iberoamericana, México, 1995.

Medina, Andrés, *Tenejapa*. *Familia y tradición de un pueblo tzeltal*, Serie Nuestros Pueblos, Consejo Estatal de Fomento a la Investigación y Difusión de la Cultura, DIF-Chiapas, México, 1991.

Morales Bermúdez, Jesús, *Ceremonial*, Gobierno del Estado de Chiapas, Dirección General de Culturas Populares, México.

Moscoso Patrana, Prudencio, *Las cabezas rodantes del mal*. *Brujería y nahualismo en los Altos de Chiapas*, Miguel Ángel Porrúa/Gobierno del Estado de Chiapas, 1990.

Mujeres indígenas de Chiapas. *Nuestros derechos, costumbres y tradiciones*, Kinal Antsetik, México, 1995.

Pozas, Ricardo, *Juan Pérez Jolote, biografía de un tzotzil*, Lecturas Mexicanas, SEP/Fondo de Cultura Económica, México, 1984.

Rojas, Rosa et al., *Chiapas: y las mujeres qué*, La Jornada, México, 1995.

Rus, Diana, *La crisis económica y la mujer indígena*. *El caso de Chamula, Chiapas*, INAREMAC, México, 1990.

Socios de la Unión de Tierra Tzotzil, *Kipaltic, la historia de cómo compramos nuestra finca*, Jan Rus y Salvador Guzmán (comps.), INAREMAC, México, 1990.

Trabajo en las fincas, Jan Rus, Diane Rus y José Hernández (comps.), INAREMAC, México, 1986.

Viqueira Albán, Juan Pedro, *María Candelaria, india natural de Cancuc*, Fondo de Cultura Económica, México, 1993.

Voces de la historia. *Nuevo San Juan Chamula, Nuevo Huixtán, Nuevo Matzam*, DESMI/CEI UNACH, México, 1989.

Fotocomposición: Alfavit, S. A. de C. V.
Fuentes Impresores, S. A.
Centeno 109, 09810 México, D.F.
12-II-1997
Edición de 2 000 ejemplares

Chiapas
en Ediciones Era

Resistencia y utopía
Memorial de agravios y crónica de revueltas y profecías acaecidas en la provincia de Chiapas durante los últimos quinientos años de su historia
Antonio García de León

EZLN: Documentos y comunicados
Tomo 1: 1o. de enero / 8 de enero de 1994
  Prólogo de Antonio García de León
  Crónicas de Elena Poniatowska y
  Carlos Monsiváis
Tomo 2: 15 de agosto de 1994 / 29 de septiembre de 1994
  Prólogo de Antonio García de León
  Crónica de Carlos Monsiváis

Revista *Chiapas*

NÚMERO 1

Recursos estratégicos • Historia económica • Problemas agrarios •
Convención de Aguascalientes • Congreso Indígena • Movimiento
campesino • Cronología • Documentos

NÚMERO 2

Autonomía • Mesa de Derechos y Cultura Indígena •
Simbolismo y nuevo lenguaje político en la lucha zapatista •
Problemas de salud y conflictos agrarios

NÚMERO 3
Razones y resonancia del zapatismo • Mujeres zapatistas •
Política y cultura • Otros Chiapas • Foro para la Reforma del
Estado • Encuentro Intercontinental • Entrevista • Libros